浙江省哲学社会科学规划课题后期资助

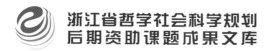

浙江省哲学社会科学规划
后期资助课题成果文库

要素市场扭曲对产业技术创新的影响及其机制

Yaosu Shichang Niuqu Dui Chanye
Jishu Chuangxin De Yingxiang Jiqi Jizhi

戴魁早　著

中国社会科学出版社

图书在版编目(CIP)数据

要素市场扭曲对产业技术创新的影响及其机制研究／戴魁早著. —北京：中国社会科学出版社，2018.9（2018.11 重印）

（浙江省哲学社会科学规划后期资助课题成果文库）

ISBN 978-7-5203-3410-5

Ⅰ.①要… Ⅱ.①戴… Ⅲ.①产业经济-技术革新-研究-中国 Ⅳ.①F124.3

中国版本图书馆 CIP 数据核字（2018）第 247954 号

出 版 人	赵剑英
责任编辑	宫京蕾
责任校对	秦 婵
责任印制	李寡寡

出　　版	中国社会科学出版社
社　　址	北京鼓楼西大街甲 158 号
邮　　编	100720
网　　址	http://www.csspw.cn
发 行 部	010-84083685
门 市 部	010-84029450
经　　销	新华书店及其他书店

印刷装订	北京君升印刷有限公司
版　　次	2018 年 9 月第 1 版
印　　次	2018 年 11 月第 2 次印刷

开　　本	710×1000　1/16
印　　张	18
插　　页	2
字　　数	295 千字
定　　价	80.00 元

目　　录

第一章

导　　论

本章是开局篇和布局篇，将顺着以下思路讨论四个问题：（1）阐述提出本书研究选题的理由；（2）分析国内外的相关研究现状和趋势，找准研究问题的角度和起点；（3）界定重要概念，并提出本书的研究思路和研究方法；（4）进一步界定本书的研究范围，概述本书研究的主要内容及创新之处。

第一节　问题提出与研究意义

一　问题提出

增强本土企业自主创新能力是中国当前乃至今后较长时间调整产业结构和转变增长方式的中心环节[①]。然而，中国本土企业的自主创新能力滞后于经济发展现实需求（张杰等，2011a）。国内外大量的研究表明，自主创新能力的提高既源于技术创新投入的持续增长，还在很大程度上依赖于技术创新过程中创新资源利用效率的提升张［Zhang 等，2004；杰弗逊（Jefferson）等，2006；吴延兵，2006；戴魁早和刘友金，2013a；帕克（Park），2015；俞立平等，2016；Nguyen 等，2016；Kontolaimou 等，2016］。因此，在当前形势下，促进技术创新投入的持续增长以及不断提高技术创新活动的效率对提升本土企业的自主创新能力有着重要的现实意义。

大量文献对中国技术创新（下文或称"创新"）的影响因素进行了

---

① 摘自 2010 年 10 月 18 日中国共产党第十七届中央委员会第五次全体会议通过的《中共中央关于制定国民经济和社会发展第十二个五年规划的建议》。

探索。研究发现，企业规模［胡（Hu），2001；周黎安和罗凯，2005；安同良等，2006；吴延兵，2009；LinHai mei 等，2016］、盈利能力（张西征等，2012）、产权结构（吴延兵，2009；解维敏和方红星，2011）、知识产权保护（李平等，2007；Lin 等，2010；Erin 等，2014；吴先明等，2016）和市场化进程（方军雄，2007；戴魁早和刘友金，2013a；李平和刘雪燕，2015）等都是影响创新投入的重要因素；而企业（或产业）创新过程中的效率高低则主要受到市场结构（杰弗逊 et al.，2006；吴延兵，2006；聂辉华等，2008；李广瑜等，2016）、企业所有权制度（方军雄，2007；李春涛和宋敏，2010）、制度环境（成力为和孙玮，2012；戴魁早，2015）和技术来源（俞立平等，2016）等关键因素的影响。

既有文献从不同视角深刻解释了这些因素如何影响中国的技术创新，然而，这些研究大多忽视了一个典型事实的影响。这一典型事实是，中国各地区要素市场因发育程度滞后于商品市场发展而存在着较为严重的市场扭曲现象，这种扭曲主要体现在要素流动障碍和要素价格扭曲等方面（张杰等，2011a、2011b；林伯强和杜克锐，2013；毛其淋，2013；谭洪波，2015）。众所周知，要素市场是 R&D 资金与 R&D 人员等技术创新要素聚集、流动和配置的平台，因而要素市场的发育或扭曲程度也可能会对企业的创新投入和创新资源的使用效率产生直接且重要影响。由此我们自然有这样的疑问：中国各地区的要素市场扭曲对企业或产业技术创新有着怎样的影响呢？

在当前创新驱动发展战略已经成为国家战略[①]以及发展高技术产业[②]已经成为中国优化产业结构、转变经济增长方式、培育国家竞争优势重要战略的背景下，对这个问题进行解答有着重要的理论价值和现实意义。基于此，笔者有针对性地设计"要素市场扭曲对产业技术创新的影

----

① 党的十八大明确提出了中国要实施创新驱动发展战略，促进经济发展方式的加快转变。而提高产业自主创新能力是实施创新驱动发展战略的重要方面。只有拥有强大的自主创新能力，才能在激烈的国际竞争中把握先机、赢得主动。国内外大量的研究表明，自主创新能力的提高既源于研发投入的持续增长，还在很大程度上依赖于创新过程中创新资源利用效率的提升。因此，在当前形势下，促进创新投入的持续增长以及不断提高创新活动的绩效对提升本土企业的自主创新能力有着重要的现实意义。

② 高技术产业作为利用高技术研发成果进行产品生产和服务的部门，技术创新是推动其发展的核心动力。所以，本书选择高技术产业作为实证研究的对象。

响及其机制"这一课题，试图从理论和实证两个层面对上述问题进行较为系统地解答，进而揭示要素市场扭曲作用于产业技术创新的内在规律。

二　研究意义

本书试图在技术创新等领域的现有研究文献的基础上，拓展传统产业组织 SCP 分析框架，系统地探讨要素市场扭曲影响中国高技术产业技术创新的内在规律。本书的理论价值和现实意义主要体现在以下几个方面：

首先，本书通过从理论和实证两个层面系统地回答了要素市场扭曲如何影响企业或者产业的技术创新行为、技术创新过程和技术创新绩效，从要素市场扭曲的视角构建一个研究技术创新的 FCPP 理论分析框架，丰富和补充了技术创新与要素市场扭曲等领域的研究成果，具有重要的理论价值。

其次，本书系统地考察了要素市场扭曲对中国高技术产业技术创新的影响及其机制，为解决中国高技术产业技术创新问题提供一个新视角；在理论上为培育和提升产业技术创新能力提供了一种新研究思路，在应用上为培育和提升产业技术创新能力提供了一条新实现途径。

最后，本书的研究，可以从中国高技术产业发展的实际出发，系统地探讨要素市场扭曲对中国高技术产业技术创新投入、创新效率和创新产出的影响，为政府从要素市场扭曲视角提升高技术产业的技术创新能力提供了理论依据、实现途径和政策启示，具有重要的实践意义。

第二节　国内外文献综合评述

一　市场结构对技术创新的影响研究现状

本书拟拓展传统产业组织理论 SCP 分析框架，研究要素市场扭曲对技术创新的影响，因此关于技术创新的决定因素主要梳理和归纳市场结构与技术创新之间关系的相关文献。

（一）国外研究现状综述

①国外的理论研究。熊彼特认为，只有大企业才可负担得起研发项目费用，较大而且多元化的企业可以通过大范围的研发创新来消化失败，创

新成果的收获也需要企业具有某种市场控制能力①。熊彼特具有启迪性且具有争议性的研究激发了人们对创新问题的研究兴趣②。而阿罗（Arrow，1962）的理论模型显示，竞争条件下的创新激励大于垄断条件下的创新激励，创新者能够从竞争产业中得到低成本曲线所带来的全部潜在收益；而在垄断产业中，由于采纳创新前存在垄断利润，低成本带来的收益不再全部归创新者所有③。德姆赛茨（Demsetz，1969）则认为，阿罗是在不平等的基础上比较垄断和竞争的④；如果消除不平等这一前提，垄断企业创新激励更大⑤。卡米尔和斯卡瓦特（Kamien&Schwartz，1970）采用德姆赛茨模型以相同的初始产出水平对不同产业进行了比较，结果证明，如果产业

---

① 熊彼特关于企业规模和市场力量促进创新的理论是对传统经济理论的巨大挑战。新古典经济学将自由竞争市场视为促进经济增长的最有效的市场结构，并通过静态分析证明完全竞争是一种福利最大化的制度。熊彼特批评了主流经济学没有认识到资本主义包含着的变化，认为资源配置机制的效果应该以动态时间而不应以某时刻来衡量，要获得长期的福利最大化可能必须牺牲短期的效率。熊彼特还指出，企业拥有市场力量并没有消除竞争，而是出现了新的竞争方式。企业虽然通过创新在竞争中获得了有利地位，但其他企业也会以同样的方式取代现有企业的地位，这种创造性破坏过程推动了资本主义的发展。盖尔布莱什（Galbraith，1952，1956）进一步强调了企业规模在创新中的重要性，认为大企业是引致技术变化的最完整的工具，是技术创新的最有效的发明者和传播者。

② 引出了与熊彼特密切相关的两个假说：（1）大企业比小企业承担着更大比例的创新份额；（2）市场力量与创新之间存在着正相关关系。熊彼特假说提出后，探究市场结构与创新激励关系的努力从未间断，涌现出一系列理论和实证研究文献。

③ 戴维斯（Davies，1989）指出，"这一结论可能会被看作一种模糊的断言，即正是由于可以首先赚到非正常利润，垄断企业才相对缺乏创新动力"。泰勒尔（Tirole，1988）认为，垄断者在采纳创新时是"自我替代"的，而竞争性企业通过创新变成垄断者。

④ 德姆赛茨指出，两个额外的问题会影响阿罗的分析：（1）假定创新者具有垄断势力，这使得它可以在两个不同的市场上对特许使用费实行差别定价；（2）阿罗忽视了两种市场在产量上的差异：虽然阿罗假定两个市场具有完全相同的需求和成本条件，但在垄断条件下的产出仍然会低于竞争条件下的产出。德姆赛茨认为分析时应该考虑到这样的事实：由于相对于竞争企业而言，垄断者的产量较少，因而其对所有生产要素（包括创新）的使用都会少一些。垄断对产出的限制影响可以通过使假定产业创新前产量相等的办法来消除。创新者将从垄断企业那里获得更多的回报，那么垄断条件下的创新激励将大于竞争条件下的创新激励。

⑤ 阿罗模型和德姆赛茨模型中包含着一些重要的隐含假设。它们忽略了创新过程中存在的竞争，在分析中没有包含研发成本，也忽视了研发项目的不确定性（Needham，1975）。在模型中包括竞争、不确定性、研发成本等要素后，众多学者对市场结构与技术创新关系做了进一步深入研究。

的需求曲线弹性相同，那么垄断者创新的激励会更大①。

　　由于阿罗模型和德姆赛茨模型没有包含研发成本，也忽视了研发项目的不确定性（Needham，1975），众多学者对市场结构与技术创新关系做了进一步深入研究：首先，一些学者运用决策论模型进行了研究②（Barzel，1968；卡米尔和斯卡瓦特，1974，1975，1976，1978）③，研究发现，根据创新的收益性，完全垄断或中等水平的竞争都对创新活动最有利；在完全竞争的情况下，企业根本不会进行研发。其次，也有一些学者运用博弈论模型进行了探讨 [Scherer，1967；Loury，1979；Reinganum，1979）；李（Lee）&Wilde，1980；Dasgupta 和 Stiglitz，1980]，主要结论是，竞争企业数目的增加会导致行业推出某一创新的预期时间提前，并且（在开发成本固定的情况下）会使企业的均衡投资率上升到较高水平，而且竞争性的进入者会导致企业数量超过社会最优数量④。最后，还有一些学者运用非对称模型进行了分析⑤（吉尔比特和纽伯雷，1982；范登粕格

　　① 比较的内容包括不同的产业结构（垄断与竞争）和不同的产业需求弹性。他们证明，不论产业结构如何，产业需求曲线的弹性越大，创新激励也就越大。通过对竞争产业和垄断产业进行比较，他们还发现，卡米尔、斯卡瓦特（1970）还评价了德姆赛茨模型在政策方面的不当。克拉克（Clarke，1985）也认为，对于有关产业的垄断和分散化政策而言，阿罗使用的比较标准好像更为恰当。恩格（Ng，1971）指出，当两个产业的创新前产出和创新后产出都相等时，阿罗的主要结论仍然有效。

　　② 这一类模型都涉及创新项目开始后不同因素对企业创新速度选择的影响（即创新时机）。追求利润最大化的企业将创新和模仿的报酬效应、研发成本函数、竞争激烈程度视为既定的外生变量。在决定最优研发进度和创新的推出日期时，企业会在因推迟创新所节约的成本与由于推迟而丧失的潜在获利的机会成本之间寻求平衡。通过这种方式，可以考察模型中的某些确定参数（例如，以竞争的激烈程度作为市场结构的衡量指标）对研发速度以及资源配置的影响。

　　③ 卡米尔和斯卡瓦特模型详细阐述了每一个企业如何考虑到竞争对手的存在，并把市场不确定性整合进各自的研发活动中。

　　④ 这些研究的一个重要含义是，企业之间的策略互动可能会对行业内最终形成的均衡局面产生重大影响。由于博弈论模型考虑到市场结构的变化对整个行业的影响，它在政策方面更为适宜。

　　⑤ 非对称（所谓非对称是根据企业创新前和创新后的利润流对其做出区分）模型提出如下问题：哪种企业（现有企业、垄断者、潜在进入者）更有可能采用新技术？在什么情况下某种技术领先模式（行动–反应还是优势递增）更有可能出现？主要成果有：吉尔比特和纽伯雷（Gilbert&Newbery，1982）把企业区分为现有企业、垄断者与潜在进入者三种类型，当行业利润开始下降时，垄断者可以采取先发制人的行动来保持垄断地位，这可能导致"睡眠专利"的产生。范登粕格等（Fudenberg，1983）研究了多阶段专利竞争模型。格罗斯曼和夏皮罗（Grossman&Shapiro，1987）认为，市场领先者分配给研发活动的资源总是多于跟随者。克里梅兹（Clemenz，1992）的结论为，与社会最优水平相比，纯粹垄断和伯特兰寡头竞争对研发的投入都很少。马拿巴和奥森尼欧（Malerba&Orsenigo，1993，1995）将创新活动分为广化模式和深化模式。

等，1983；格罗斯曼和夏皮罗，1987；克里梅兹，1992；马拿巴和奥森尼欧，1993，1995），研究认为，小企业或者大企业对创新的贡献都是一个以相关技术体制为特征的函数。[①]

[②]国外的经验研究[②]。首先，企业规模对技术创新投入影响的经验研究结论不尽相同：一是认为两者之间是一种单调线性关系［曼斯菲尔德（Mansfield），1964；Comanor&Scherer，1969；Shrieves，1978；Jaffe，1988；Braga&Willmore，1991；Nguyen 等，2016］。二是发现存在一个规模的临界值，在临界值之前，R&D 强度随规模而增加；而在那些很大规模的企业中，R&D 强度随规模下降［Scherer，1965；索伊特（Soete），1979；Scherer，1980；卡米尔和斯卡瓦特，1982；杰弗逊等，2006］[③]。三是认为企业规模对 R&D 支出几乎没有影响（Scherer，1984；Cohen&Klepper，1996[④]；张等，2004；Park，2015）。

其次，关于市场势力对技术创新投入影响的经验研究主要体现在三个方面：一是市场力量对技术创新投入的影响会受到技术机会或市场环境的作用亚当斯（Adams，1970；）Rosenberg，1976；Shrieves，1978；李，2005）[⑤]。二是市场集中度与技术创新投入强度呈现倒 U 型函数关系（Scott，1984；Levin 等，1985；Braga&Willmore，1991；杰弗逊等，2006）。三是认为不仅市场结构影响技术创新投入，而且技术创新投入也

①　总的来说，理论模型是在不同的假定条件下考察了技术创新的决定要素。因此，从理论模型得出的结论会因某一特定假设不同而有相当大的差异，即模型的有用性依赖于研究人员所关注的特定假设。

②　理论模型只有通过实证检验才能得到确认。正因如此，熊彼特假说不仅激发了创新理论模型的发展，而且触发了用统计数据和实证方法验证该假说的广泛研究。实证检验主要集中在两个方面：企业规模与技术创新之间的关系，市场力量与创新之间的关系。在实证文献中，通常又把创新分为技术创新投入与技术创新产出两个方面。

③　由于这些研究采用的是企业层面的数据，忽视了企业的多产品特性，也掩盖了企业与企业下属经营单位（business unit）在生产经营活动上的差异，其研究结论也受到了质疑。

④　美国联邦贸易委员会（Federal Trade Commission，FTC）通过调研提供了经营单位数据，学者们利用这一数据集对规模与创新之间的关系做了更精细的分析（Scherer，1984；Cohen 和 Klepper，1996）。

⑤　亚当斯（1970）、李（2005）等认为市场力量与产业 R&D 强度的关系取决于产业 R&D 专用性程度，专用性程度高的产业中，市场集中度对 R&D 强度有显著负作用；专用性程度低的产业中，市场集中度表现出显著正作用。

影响着市场结构的形成（Dasgupta&Stiglitz，1980；Levin&Reiss，1984；Lunn，1989；Erin等，2014）[①]。

再次，企业规模对技术创新产出影响的经验研究结论不尽相同：一是认为大企业的创新产出高，如 Acs 和 Audretsch（1987，1998）的研究表明，产业资本密度越大、市场集中度越高和广告密度越大时，大企业拥有创新优势；布兰德尔（Blundell）、Griffith&Van Reenen（1995，1999）、盖尔（Gayle，2001）的研究发现，企业市场份额对创新产出数量有显著正影响；盖尔（2001）研究发现，企业市场份额和企业规模对专利被引次数有显著正影响。二是小企业的创新产出水平高［鲍恩德（Bound）等，1984；Kontolaimou等，2016]。三是中等规模的创新产出较低，如帕卫特（Pavit）、罗布森和陶恩生德（Robson&Townsend，1987）的研究发现，大企业和小企业有更高的创新产出，中等规模企业的创新产出则较低[③]。四是认为企业规模对创新产出没有明显的影响［克拉福特（Kraft），1989；弗雷曼和索伊特（Freeman&Soete），1997；张等，2004；Erin等，2014]④。

最后，对市场力量与技术创新产出关系的研究得到了不同的结论：一是肯定市场力量对技术创新产出有正的影响（曼斯菲尔德，1963；曼斯菲尔德等，1971；Scherer，1967；克拉福特，1989；杰弗逊等，2006；Nguyen等，2016）。二是认为市场力量与创新数量之间呈现倒 U 型特征，并且四厂商集中度为 54% 时创新数量达最大（Levin等，1985）。三是发现市场力量与技术创新负相关，如科伊勒（Koeller，1995）、布兰德尔等

---

① 典型的模型结构包括 R&D 强度、广告强度和市场集中度三个方程。许多学者（Farber，1981；Connolly&Hirschey，1984；Levin&Reiss，1984；Lunn，1989）的分析表明，市场集中度对 R&D 强度有显著正影响，而 R&D 强度对市场集中度也有促进作用；而且市场集中度对技术落后产业的 R&D 强度有显著正影响，但对技术先进产业的 R&D 强度表现出负作用。

② 鲍恩德等（1984）运用美国 1976 年 2582 个企业数据和 4553 个专利数据，研究发现，小企业占有 4.3% 的销售收入份额、3.8% 的 R&D 支出份额，却拥有 5.7% 的专利份额。

③ 帕卫特、罗布森和陶恩生德（1987）的研究表明，创新也存在着显著的部门差异，小企业在机械、设备制造业中是主要创新者，而大企业在饮食、化工、电子以及军事设备产业中占据主要地位。

④ 如弗雷曼和索伊特（1997）研究发现，大企业和小企业的创新能力依赖于不同的产业和市场条件。而克拉福特（1989）的研究表明，企业规模对新产品销售收入份额有不显著正影响。

（1999）、张等（2004）、帕克（2015）等的研究发现，集中度对创新产出数量有显著负影响；而且用专利数量表示创新产出水平时，仍发现市场势力存在显著负作用。

（二）国内研究现状综述

近年来，市场结构与技术创新之间的关系受到了国内学者越来越多的关注，从研究结论来看，大致可以分为以下几类：

①市场结构与技术创新之间存在线性关系。如胡（2001）的研究表明，销售收入和政府 R&D 对私人 R&D 有显著正作用；在政府 R&D 方程中，企业科技人员数量和私人 R&D 有显著正作用①。周黎安和罗凯（2005）发现，企业规模对创新有显著的促进作用，但是企业规模对创新的正向关系主要来源于非国有企业，而不是国有企业②。吴延兵（2007）的研究也支持熊彼特企业规模促进创新的假说，即随着企业规模的扩大，R&D 支出和新产品销售收入也相应地增加，但并没有发现熊彼特关于市场力量促进创新假说的证据③。白俊红（2011）④的研究发现，超越对数生产函数更适宜表达中国的创新生产过程；企业规模、市场竞争对创新效率有显著的线性正向影响；国有产权和三资产权比重对创新效率均产生抑制作用；是否控制技术机会将影响结果的稳定性。张杰等（2014）的主要发现是，中国情景下竞争和创新投入之间呈现显著且稳健的正向关系；竞争只对民营企业创新研发活动产生激励效应，而对国有及外资企业均未

---

① 胡（2001）运用的 1995 年北京市海淀区 813 个高科技企业横截面数据，设立了包括生产函数、私人 R&D 投入和政府 R&D 投入的联立方程模型。在私人 R&D 投入方程中，解释变量包括销售收入、政府 R&D、利润、外贸进出口权、产品质量评价以及企业所有制虚拟变量和产业虚拟变量。

② 周黎安和罗凯（2005）运用中国 1985—1997 年 30 个省级水平的面板数据，应用动态面板模型方法对企业规模与专利数量之间的关系进行了实证检验。他们认为，企业规模与创新的关系要以一定的企业治理结构为条件，单纯的规模化和集团化并不一定能够保证企业的创新能力。

③ 吴延兵（2007）运用的是 1993—2002 年中国大中型工业企业产业面板数据和 2002 年四位数制造产业横截面数据两个样本，研究还发现，界定清晰的产权结构有利于激励技术创新和提高创新效率，不具有排他性的模糊的产权结构对技术创新和创新效率具有抑制作用。

④ 白俊红（2011）运用的是 1995—2007 年中国高技术产业分行业面板数据，以新产品销售收入为创新产出，研发资本存量和研发人员全时当量为创新投入，通过建立超越对数形式的随机前沿模型，实证检验了企业规模、市场结构及产权结构等因素对创新效率的影响。

产生激励作用①。

②市场结构与技术创新之间存在倒 U 型关系。如聂辉华等（2008）②发现企业的创新与规模、市场竞争之间均呈倒 U 型关系，即一定程度的规模和市场竞争有利于促进企业创新；与其他所有制企业相比，国有企业具有更多的创新投入，并且这种相对优势伴随企业规模变大而更加显著；国有企业的创新效率较低，私营企业的创新效率较高。高良谋和李宇（2009）③ 的研究发现，组织惯性是大企业锁定现有技术轨道实现定向性技术创新的主要因素，竞争性市场是小企业突破现有技术范式实现非定向性技术创新的主要动因，倒 U 型关系的形成是组织变量与市场力量对不同规模企业技术创新选择性作用的结果。寇宗来和高琼（2013）发现，企业规模和市场集中度与研发强度之间存在显著的倒 U 型关系，与其他所有制相比，股份制和有限责任制企业的创新投入激励要更大些，而国有企业和私人企业则无明显差异。张莉和李绍东（2016）的研究结果表明，企业规模与研发经费比重和新产品产值之间都呈现显著的倒 U 型关系④。

③市场结构与技术创新之间存在其他关系。一是市场结构对技术创新的影响不显著。如杰弗逊等（2004）的研究表明，企业规模和市场集中度对 R&D 支出强度并没有显著影响，而外资企业和港澳台地区企业比国

---

① 张杰等（2014）一文的研究结论还有深刻的政策含义，即现阶段通过继续推进全面的市场化改革，减少垄断来提升市场竞争化程度是促进中国企业创新能力提升的根本性制度措施。

② 聂辉华等（2008）利用 2001—2005 年中国规模以上工业企业构成的面板数据，运用 Tobit 模型考察了影响中国企业创新活动的因素。以研发密度衡量创新活动，我们发现企业的创新与规模、市场竞争之间均呈倒 U 型关系，一定程度的规模和市场竞争有利于促进企业创新；与其他所有制企业相比，国有企业具有更多的创新活动，并且这种相对优势伴随企业规模变大而更加显著；国有企业的创新效率较低，私营企业的创新效率较高。我们特别区分了市场势力和市场集中度，发现后者可能不适合作为衡量市场竞争程度的指标。

③ 高良谋和李宇（2009）认为，基于分区处理的多周期倒 U 关系动态模型解释了大、小企业相互转化过程中企业规模与技术创新的动态连续关系，为大、小企业共存以保持产业技术创新活力提供了理论依据。

④ 张莉和李绍东（2016）还发现，企业规模对经济绩效具有显著的正向影响，技术创新变量中只有研发人员全时当量对技术效率的影响呈现显著的正向影响，表明在企业技术创新过程中人力资本投入相对于研发经费是更为重要的影响因素。

有企业有更高的 R&D 强度，而集体企业的 R&D 强度最低[①]；戴魁早和刘友金（2013b）发现，企业规模对中国高技术产业研发人力投入影响不明显。二是两者之间存在 V 型结构关系。如安同良等（2006）依据江苏省制造企业调查问卷的统计结果分析表明，行业是影响企业 R&D 支出强度（R&D 支出/销售额）的重要因素；小企业、中型企业和大企业的 R&D 强度存在着倾斜的 V 型结构关系；外国企业的 R&D 强度最高（3.11%）、国有和集体所有制企业的 R&D 强度最低（1.53%）、股份和有限责任公司以及港澳台公司的 R&D 强度位于两者之间（2.81%）。三是两者之间存在三次曲线关系。如孙早等（2016）针对战略性新兴产业的企业创新进行的研究发现，企业规模与企业技术创新之间存在着"〜"型三次曲线关系，而且在中央控股企业和私有制企业中，企业规模与企业创新之间体现为"〜"型关系，但这种关系在地方政府控股的企业中并不存在；市场力量对企业创新的正面效应主要反映在中央控股企业中，地方政府控制的企业和私有制企业尚未形成足够的市场力量来促进企业创新[②]。

二　国内外关于要素市场扭曲的影响研究

文献检索结果显示，内生于经济体制转型国家的要素市场扭曲会对寻租活动、资源配置效率和出口等产生较为突出的影响[③]。具体来说：

第一，要素市场扭曲会造成整个经济社会中"寻租"活动的盛行。这是因为，在那些制度不完善的转型国家中，由于政治体制改革的普遍滞后性和复杂性，对官员权力的监督处于相对较滞后的状态，官员利用手中权力与企业进行寻租交易活动难以受到制度的有效制约，从而导致

---

① 杰弗逊等（2004）利用中国 1997—1999 年 5451 个大中型制造企业面板数据，研究了 R&D 支出、新产品销售收入的决定因素。在 R&D 支出方程中，以 R&D 支出强度为被解释变量，以企业规模（用销售收入表示）、二厂商集中度、利润、企业类型和产业类型虚拟变量为解释变量。研究还发现，当在模型中加入产业虚拟变量后，各种不同产权性质的企业在 R&D 支出强度上并没有显著差异。

② 孙早等（2016）一文的政策含义是，在以国有经济为主导的战略性新兴产业中，适当提升企业规模和增强企业控制市场的力量有助于企业创新，但前提是应当避免在国内市场上过度强化国有特别是中央控股企业的垄断地位，从而对企业创新产生抑制效应。

③ 还有少数文献关注了要素市场扭曲对就业（康志勇，2012）、产业结构演进（郑振雄和刘艳彬，2012）、投资行为（冼国明和石庆芳，2013）和财富转移（张曙光和程炼，2012）等的影响。

寻租活动的盛行（Shleifer&Vishny，1994；Hellman 等，2003）。克拉森斯等（2008）、卡佳和米安（Khwaja&Mian，2005）、余明桂等（2010）的研究也表明，发展中国家的企业倾向于与政府建立政治联系的目的在于向掌握要素资源分配权的政府官员寻租，从而获得某种要素资源①。其结果是，在那些广泛存在寻租机会的经济体中，企业会更有动力投资于寻租活动；寻租活动产生的超额收益会吸引更多的社会资源和人才从实体投资领域转移到非生产的寻租活动中去（Connolly 等，1986；Murphy 等，1993）。

第二，要素市场扭曲会造成非常高的效率损失②。如蔡昉等（2001）发现，中国普遍存在的城乡和地区间劳动力市场的扭曲③影响了要素配置效率，由此产生的效率差异促使了近年来中国地区之间收入差距的扩大。而赵自芳与史晋川（2006）则认为，中国要素市场的扭曲导致了产业效率的损失，如果能消除这种影响，则在投入保持不变的条件下，可以使全国制造业总产出至少提高11%。海尔森和克勒劳（Hsieh&Klenow，2009）通过一个局部均衡模型来计算扭曲政策所导致效率损失，结果发现，消除要素市场扭曲可以使中国工业企业的全要素生产率提高30%—50%。陈永伟和胡伟民（2011）把关于资源错配和效率损失的讨论纳入传统的增长核算框架中，提出了测度要素价格扭曲引起的资源错配对于 TFP 以及产出变动影响的方法；研究发现，中国制造业内部各子行业间的资源错配大约造成了实际产出和潜在产出之间15%的缺口，并且在这些年中，扭曲没有得到显著的纠正。罗德明等（2012）在一个随机动态一般均衡模型框

① 要素价格扭曲所导致的寻租活动的后果之一是，寻租活动对企业创新研发活动等实体投资活动产生转移效应和挤出效应，进而导致该经济体可持续发展动力下降（Murphy 等，1993；张杰等，2011a）。

② 各级政府出于积极促进当地经济发展目的而对部分关键要素市场的控制所形成的要素市场扭曲，事实上对中国的经济发展产生了多方面的影响。虽然对要素市场进行一定程度的控制，有利于政府将资源作为招商引资的一个重要竞争筹码，从而为当地 GDP 增长、就业岗位创造以及社会安定提供良好发展机会，但是会迫使经济发展依赖于投资驱动型的增长模式，而偏离企业所在地区的禀赋条件，这种情形下，中国粗放型经济增长方式就不能被改变（张杰等，2011b）。

③ 要素价格扭曲的主要成因可能是，中央政府和地方政府的财政分权改革，导致了地方政府为了获得"GDP 锦标赛"竞争的胜出而积极展开招商引资竞争，在拼投资的竞赛中，地方政府经常将压低的地方工业用地价格作为重要的招商引资的筹码之一（靳涛，2008；张杰等，2011b）。

架下，引入了垄断竞争的中间产品生产企业与内生化的进入退出选择，刻画了要素市场面临政策扭曲的国有与私有企业，定量模型表明，约有80%的效率损失可归结为要素市场政策扭曲对于企业生产率动态的直接影响。姚战琪（2009）、毛其淋（2013）的研究表明，要素配置扭曲对中国工业企业的生产率增长产生了显著的负面影响。而林伯强和杜克锐（2013）利用面板数据的固定效应 SFA 模型和反事实计量的方法，对我国1997—2009年要素市场扭曲的能源效应进行实证分析；结果表明，要素市场扭曲对我国能源效率的提升有显著负面影响，消除要素市场扭曲年均可提高10%的能源效率和减少1.45亿吨标准煤的能源浪费，要素市场扭曲的能源损失量占总能源损失量的24.9%—33.1%。袁鹏和杨洋（2014）的研究则发现，要素的价格扭曲和非效率配置，增加了经济运行成本，制约了中国整体经济效率的改进。

最后，要素市场扭曲对出口也会产生重要影响。如张杰等（2011b）认为，在以出口为导向的中国经济发展战略背景下，地方政府所采取的要素市场控制策略，可能会导致中国企业出口成本与出口行为的改变，进而促使企业将这种要素市场扭曲所产生的低成本因素转化为出口优势，从而激励了中国企业的出口动机；在此基础上，采用中国国家统计局2001—2007年工业企业统计数据库的数据进行了实证检验，结果发现要素市场扭曲激励了中国本土企业出口，同时也激励了外资企业的出口动机，但这种激励效应要小于本土企业；要素市场扭曲程度较高的地区中本土企业的利润率相对较低，且扭曲程度越高，有出口的本土企业利润率越低[①]。施炳展和冼国明（2012）利用1999—2007年中国微观企业数据，从要素价格扭曲视角审视了中国企业出口行为，研究发现，中国工业企业要素价格存在严重负向扭曲并有增加趋势；东部地区、外资、港澳台资和私营企业扭曲程度最高；总体上看，要素价格负向扭曲促进了中国企业出口[②]。冼

---

① 张杰等（2011b）一文还探究了中国的内部失衡是否也为外资企业提供了"特殊"的出口优势，即外资企业是否利用了转型时期中国特定阶段的制度或政策的失衡，获得了出口优势。该文还进一步探讨了在当今全球新贸易与分工格局下，这种源于中国内部制度或政策的失衡所产生的"租"或者说是扭曲收益，是否为中国本土的出口企业所获得。

② 施炳展和冼国明（2012）的研究结论意味着，中国出口奇迹离不开要素价格负向扭曲；中国企业将国内"生产要素应得"通过低价出口形式转移给了国外消费者；贸易规模扩大、贸易结构优化的同时，更应注意贸易利益分配。

国明和程娅昊（2013）使用 1999—2007 工业企业数据样本也得到了相似的结论，即资本、劳动及中间品的要素价格相对扭曲程度对企业出口倾向起到推动作用，企业将获得的成本优势转化为出口优势，这表明低廉的要素价格是中国产品国际竞争力的重要来源[①]。耿伟（2013）[②] 则进一步研究了要素价格扭曲是否提升了中国企业出口的多元化水平，结果显示，要素价格扭曲总体上提升了中国企业出口多元化水平，特别是产品多样化水平，这一促进作用对新出口企业、私营企业、大规模企业、政府补贴企业作用更为显著；从多元化角度看，要素价格扭曲在短期具有一定积极意义，但政府补贴、企业规模扩大是发挥这一积极意义的重要制约因素。

三　要素市场扭曲对技术创新的影响研究[③]

目前仅有少数文献涉及要素市场扭曲对技术创新的影响研究，从研究内容来看，可以大致分为以下两个方面：

[①]　冼国明和程娅昊（2013）一文的测算结果显示，中国制造业企业存在严重要素价格扭曲，不同要素的价格扭曲程度差异化较大。劳动力价格扭曲现象普遍存在，经济发展以牺牲劳动力价格市场化为代价。国有企业比重较大的行业资本价格相对较低，而私营企业比重较大的行业则资金成本较高。能源、原材料相关行业以及外资企业比重较大的行业中间品价格偏低。

[②]　耿伟（2013）的测算结果显示，中国企业多元化水平呈上升趋势，特别是持续出口的企业；本土企业多元化水平高于外资企业，国有企业多元化水平最高；47%—50%的企业仅出口 1—3 种产品，48%—57%的企业仅对 1—3 个贸易伙伴出口，56%—62%的企业贸易关系系数小于 10，这说明中国企业多元化水平还有较大上升空间。

[③]　因本书核心内容由戴魁早和刘友金（2015a，2015b，2016a，2016b）以及戴魁早（2016）修改和补充形成，所以文献未综述这些研究成果。具体文献包括论文《要素市场扭曲与创新效率：对中国高技术产业发展的经验分析》载《经济研究》2016 年第 7 期（人大复印资料《产业经济》2016 年第 12 期全文转载）（戴魁早和刘友金，2016a）、论文《要素市场扭曲如何影响创新绩效》载《世界经济》2016 年第 11 期（人大复印资料《产业经济》2017 年第 1 期全文转载）（戴魁早和刘友金，2016b）、论文《要素市场扭曲、区域差异与 R&D 投入：来自中国高技术产业与门槛模型的经验证据》载《数量经济技术经济研究》2015 年第 9 期（戴魁早和刘友金，2015a）、《要素市场扭曲的研发效应及企业差异：中国高技术产业的经验证据》载《科学研究》2015 年第 11 期（戴魁早和刘友金，2015b）、论文《地方官员激励、制度环境与要素市场扭曲：基于中国省级面板数据的实证研究》载《经济理论与经济管理》2016 年第 8 期（戴魁早，2016）。

一是关注了要素市场扭曲对技术创新投入的影响。如张杰等（2011a）使用 2001—2007 年间工业企业样本考察了要素市场扭曲对研发资金投入的影响。研究发现，在要素市场扭曲程度越深的地区，要素市场扭曲对中国企业研发资金投入的抑制效应就越大；要素市场扭曲对不同特征企业研发资金投入的抑制效应存在显著差异，要素市场扭曲所带来的寻租机会可能会削弱或抑制企业研发资金投入；要素市场扭曲对外资企业研发资金投入也产生了抑制效应，外资企业可能也利用寻租活动来获得中国要素市场扭曲所带来的低成本要素投入和租金收益；要素市场扭曲是造成本土企业和外资企业竞争力差距的重要因素之一。而郑振雄和刘艳彬（2013）采用大中型工业企业面板进行的实证发现，中国要素市场扭曲造成的资本、劳动价格被压低，使得企业以廉价的资本、劳动代替技术要素投入，造成各产业研发支出强度偏低。

二是关注了要素价格扭曲对技术创新的影响。如李平和季永宝（2014）在构架资本和劳动价格扭曲指标的基础上，选取中国 1998—2011 年的省际面板数据研究了要素价格扭曲对专利产出的作用，结果表明，资本和劳动的要素价格扭曲抑制了中国制造业的技术创新产出；原因是，要素价格扭曲使得企业以廉价的资本和劳动代替技术要素投入，这就造成各产业研发支出强度偏低。而黄鹏和张宇（2014）基于中国工业企业微观企业数据，利用半参数估计方法计算了国有企业的要素价格相对扭曲程度；在此基础上进一步利用构建基于面板的二元选择模型验证了劳动力价格相对低估对企业研发投入的影响；结果表明，源于制度性因素所造成的，广大民营企业面临的更为严重的劳动力价格的相对低估情况严重抑制了企业的研发投入，放松对民营企业的体制性束缚是激发企业研发动机的关键。白俊红和卞元超（2016）则采用中国省级面板数据实证分析了劳动力要素市场扭曲和资本要素市场扭曲对中国创新生产效率损失的影响，研究发现，中国劳动力要素市场扭曲和资本要素市场扭曲均呈现出较强的扭曲态势；劳动力要素市场扭曲和资本要素市场扭曲对创新生产效率损失均具有显著的正向影响，即二者均显著地抑制了中国创新生产活动的开展及其效率提升；此外，反事实检验结果表明，消除了劳动力和资本的要素市场扭曲，中国创新生产效率将分别提升 10.46% 和 20.55%。

四　中国高技术产业技术创新的影响因素①

国内学术界从不同角度研究的中国高技术产业创新的影响因素，相关文献可大致分为以下几个方面：

首先，有的文献关注了国际技术溢出对中国高技术产业技术创新的影响。如蒋殿春和夏良科（2005）的研究发现，FDI 的竞争效应不利于国内企业创新能力的成长，但会通过示范效应和科技人员的流动等促进国内企业的创新活动；在国内企业中，国有企业和其他所有制企业受 FDI 的影响不尽相同，国有企业被 FDI 激发了更强的创新动力。而孙玮等（2010）的研究则发现，外商投资企业的 R&D 溢出是促进我国高技术产业技术创新的主要外部力量。陈仲常和马红旗（2010）则在利用熵权法建立综合指标评价模型计算了我国高技术产业创新能力的基础上，考察了国际技术贸易对高技术产业创新能力的影响，结果表明，技术贸易对高技术产业技术创新能力具有结构性特征，1998—2002 年间技术贸易的直接效应为负、间接效应为正，而 2003—2007 年间技术贸易的直接效应为正、间接效应

① 关于中国高技术产业技术创新的其他主题研究还有很多，从研究内容来看，主要集中在以下两个方面：一是运用不同方法对中国高技术产业技术创新的投入产出效率进行了测算。由于方法和数据的不同，这些研究的测算结果不尽相同。如朱有为和徐康宁（2006）、李邃等（2010）、李向东等（2011）采用随机前沿方法对中国高技术产业的创新效率进行了测算，结果显示，考察期内高技术产业研发创新效率整体偏低，但其时间演变基本呈现出逐年上升的良好态势（李向东等，2011）；而且各省区高技术产业创新效率存在明显差异，东部高于西部，西部又高于中部，一定程度上显示出创新效率与经济发展的较好结合（李邃等，2010）。而官建成和陈凯华（2009）则综合运用数据包络分析的松弛测度模型和临界效率测度模型，对中国高技术产业技术创新活动的技术效率、纯技术效率、规模效率、规模状态进行了测度；研究表明，虽然中国高技术产业纯技术效率在逐年改善，但规模效益较差，规模效率逐年削弱，且生产规模处于最优状态的份额仅占38%。成力为等（2011）利用了三阶段 DEA－Windows 方法测度了高技术产业的相对效率差异，研究发现，创新效率主要受制于低配置效率，而且内外资部门创新效率的差别主要在配置效率上，创新研发效率的差别主要在规模效率上，研发效率和纯技术效率差异不显著。二是评价了中国高技术产业的技术创新能力（宋河发和穆荣平，2009；徐玲和武凤钗，2011），苟仲文（2006）从中国高技术产业创新机制入手，定性地探讨了创新体系中技术创新、产业链创新、产业集聚创新、应用创新和政策创新五方面创新内容的形成机理；研究认为，高技术产业这五个方面的创新是创新体系中不同运行机制互相作用的结果，从而形成了高技术产业完整的创新体系。

为负。

其次，有的文献分析了技术来源对中国高技术产业技术创新的影响。如孙玮等（2010）认为，直接引进国际技术不仅没能帮助技术创新能力提升，反而呈现出显著的逆向技术扩散；相比于技术引进，国内技术购买对高技术产业技术创新效率影响较小。而谢子远和黄文军（2015）运用17个高技术产业1995—2012年的面板数据进行的实证研究发现，技术改造经费支出对专利产出主要体现为替代效应，但对新产品销售收入具有积极影响；外部技术获取整体上提升了高技术产业的专利产出水平，其中技术引进对专利产出产生了显著负面影响，但当与消化吸收费用支出产生协同效应时，其对专利产出的促进效应就会显现出来；消化吸收费用支出对新产品销售收入产生了显著的促进作用，而购买国内技术则有利于提升专利产出水平。俞立平等（2016）则采用2000—2012年高技术产业面板数据，利用面板数据模型全面研究了技术来源的四种渠道对技术创新产出的作用，研究发现，自主研发对技术创新产出的贡献最大，弹性系数为0.336，更新改造和技术引进的弹性系数分别为0.175、0.129，购买国内技术的作用并不显著；而且自主研发和技术引进具有明显的地区效应，二者对东部地区技术创新的推动作用明显，而西部地区的技术创新以更新改造为主。

再次，有的文献探讨了产业集聚对中国高技术产业技术创新的影响。如魏江和朱海燕（2006）探讨了高技术产业集聚区技术创新过程模式的演化，研究认为，高技术产业集群需要借助模块分包运作模式在配套企业之间进行更加丰富的技术学习活动，在群内企业之间架起协同配套网络，达到集群内网络资源共享，从而实现网络化创新。而张秀武和胡日东（2008）的实证结果则表明，区域内的产业集群因素和区域间的知识溢出都对区域高技术产业创新产出影响显著。朱秀梅（2008）对高技术产业集群技术创新的路径和机理进行了实证分析，研究发现，隐性知识溢出对高技术产业集群创新具有重要推动作用；吸收能力既对企业创新绩效具有直接作用，也对知识溢出与企业创新绩效的关系具有调节作用。而周明和李宗植（2011）利用空间面板模型分析方法进行的实证分析表明，省域内的产业集聚因素和省际间的知识溢出显著影响区域高技术产业的创新产出。杨浩昌等（2016）则在分析产业聚集影响技术创新的机制基础上，运用2005—2012年我国省级面板数据进行了经验验证，结果显示，高技术产业聚集能够促进技术创新且存在区域差异，东部高技术产业聚集对技术创新的促进作用大于中西部地区①。

最后，还有的文献研究了制度环境对中国高技术产业技术创新的影响。如成力为和孙玮（2012）、戴魁早和刘友金（2013a，2013b，2013c）着重考察了市场化制度变迁的影响；成力为和孙玮（2012）采用了政府扶持、行业开放和要素市场三个指标衡量行业市场化进程的实证考察发现，政府资金扶持在长期内对创新效率产生了负向影响，而行业开放及要素市场发展都显著提高了创新效率；戴魁早和刘友金（2013a，2013b，2013c）通过构建较为全面的行业市场化进程指数进行的研究发现，市场化进程促进了中国高技术产业研发投入的增长以及创新效率和创新产出水平的提高，但是行业市场化指数的五个方面指数（包括政府与市场关系方面指数、要素市场发育指数、产品市场发育指数、非国有经济发展指数和制度环境指数）对技术创新影响存在明显的差异。而赵娜和王博（2016）着重关注了知识产权保护这一制度因素的影响；通过多寡头古诺博弈模型的理论分析发现，知识产权保护对企业技术创新呈先促进后抑制倒 U 型的影响效应，且影响程度与企业所处的行业特征有着密切关联；进而采用了中国 2008—2014 年高技术产业 106 家上市企业微观层面的经验验证，实证结果验证了理论分析的结论②。戴魁早（2015）则选取 1997—2009 年中国高技术产业的省际层面面板数据，考察了制度环境对高技术产业创新效率的影响及其区域差异③；研究发现，制度环境是影响创新效率的重要

---

① 该文的政策启示在于，培育高技术产业集群，发挥人才、资金的推动作用和利用外资的技术外溢效应，以及深化经济体制改革对于促进高技术产业技术创新具有重要意义。

② 赵娜和王博（2016）认为合理的知识产权保护制度、企业技术更新换代及其科研管理水平的提高都将对中国企业技术创新产生重要影响，研究结论对改革和完善当前中国知识产权保护制度具有重要理论意义和参考价值。

③ 区域差异具体体现在，东部、中部和西部地区制度环境改善对技术创新效率提高的贡献度差异明显，分别是 19.5%、11.8% 和 23.4%；制度环境五个方面指数中，非国有经济发展仅在西部地区有显著的正向效应，产品市场发育只对东部地区产生了促进作用，而要素市场发育则在西部地区影响不显著；虽然政府与市场关系、法律制度环境对各地区技术创新效率都有着积极促进作用，但影响大小也有着明显的差别（戴魁早，2015）。

因素，并且这种影响已经呈现明显的区域差异性。①

五　现有文献的综合性评述及存在的不足

综上所述，国内外在产业组织理论框架下研究市场结构对技术创新影响的文献仍未考虑要素市场扭曲的影响，关于中国高技术产业技术创新的决定影响的文献也未考察要素市场扭曲的作用。而要素市场扭曲对技术创新影响的相关文献，仍然存在以下一些不足：

第一，关于要素市场扭曲对技术创新的研究，仅仅考察要素市场扭曲对研发资金投入的影响，未涉及要素市场扭曲对研发人力投入的影响研究。众所周知，研发人力投入也是技术创新投入的重要方面，因而考察要素市场扭曲如何影响研发人力投入具有重要的现实价值。而且，这些文献所采用的要素市场扭曲指标会抹平地区间相对扭曲程度，也会出现与事实不符的负值。此外，这些文献尚未研究要素市场扭曲对技术创新的重要环节——技术创新效率和技术创新产出的影响。

第二，关于要素价格扭曲对技术创新影响的文献，大多关注要素价格扭曲的影响。事实上，中国的要素市场扭曲不仅包括要素价格扭曲，还包括要素市场分割。可见，既有文献所采用的要素价格扭曲指标无法反映要素市场扭曲的全貌。

---

① 需要说明的是，影响中国高技术产业的因素很多，这里无法一一列出。文献检索结果显示，本土技术溢出（魏守华等，2009）、人力投入和资本投入（支燕，2009）、产权结构（戴魁早和刘友金，2013a，2013b，2013c；李广瑜等，2016）、企业绩效（姚公安和李琪，2009）、市场结构（余泳泽，2009；戴魁早和刘友金，2013a，2013b，2013c；李广瑜等，2016）以及企业知识基础（刘岩和蔡虹，2011）等都是影响中国高技术产业技术创新的重要因素。此外，李培楠等（2014）基于2007—2012年中国制造业和高技术产业数据，运用面板回归方法和BP神经网络方法进行的实证研究发现，在技术开发阶段，内部资金、外部技术以及人力资本中研发人员比重对产业创新绩效具有正向影响，人力资本中研发人员数量和政府支持对产业创新绩效具有负向影响；在成果转化阶段，人力资本对产业创新绩效具有正向影响，外部技术对产业创新绩效具有负向影响，内部资金对产业创新绩效具有"倒U型"关系，政府支持对产业创新绩效具有"正U型"关系。

第三，既有文献大多考察要素市场扭曲对技术创新某个方面的影响，而技术创新的含义很丰富，从技术创新成果的实现环节来看，可大致分为创新行为（技术创新投入）—创新过程（技术创新效率）—创新绩效（技术创新产出）。可见，既有文献尚没有较全面系统地探讨要素市场扭曲对技术创新的影响。此外，既有研究也没有针对中国高技术产业技术创新问题进行专题研究。

基于此，本书试图拓展传统产业组织理论 SCP 分析框架，在国内外已有研究的基础上，采用更合理的要素市场扭曲衡量指标，从理论和实证两个层面系统地考察要素市场扭曲对技术创新的影响，进而揭示要素市场扭曲影响中国高技术产业创新行为、创新过程和创新绩效的内在规律，为解决中国高技术产业自主创新能力的提升问题提供一个新的解决思路，以及相应的理论依据和政策建议。

第三节　研究思路和研究方法

一　重要概念的界定

（一）要素市场扭曲的界定

相较于国内，国外学者对要素市场扭曲的研究较早，相关成果在 20 世纪 60—70 年代达到了高峰。经济中的扭曲是指现实的市场失灵与具有完善调节和准确价格信号的理想模型的背离（Jones，1971）[1]。要素市场扭曲作为扭曲的一个方面，是指由于市场不完善导致的生产要素资源，在国民经济中的非最优配置，或者说是要素市场价格与机会成本的偏差或背离（Bhagwati，1968；Chacholiaoles，1978）。而要素市场扭曲的形成原因是，在市场竞争条件下由于要素市场不完善这一内生性原因会造成要素市场扭曲。进一步地，Magee（1971）研究发现，要素市场扭曲具有要素流动障碍（factor immobility）、要素价格刚性（factor price rigidity）以及要素

---

① 扭曲不仅存在于欠发达的市场经济，也存在于发达的市场经济。扭曲理论是二战后国际贸易理论中发展起来的，并且被认为是战后国际贸易理论的主要发展（Jones，1971）。

价格差别化（factor price differentials）① 三种主要表现形式。托宾（Tobin，1972）等学者认为，要素市场扭曲不仅包括价格扭曲，还包括要素市场分割；他们在研究劳动力市场分割时发现，工资的决定并非是遵循新古典的边际法则，主要劳动力市场工资会高于市场工资，而次要劳动力市场工资则会低于市场工资，而且还存在着阻碍劳动力从次要市场向主要市场流动的非经济壁垒因素，劳动力市场分割是导致工资水平出现差异的关键。与其他学者还强调要素非价格扭曲不同，而布兰特等（Brandt，2013）则认为要素市场扭曲主要体现在劳动力价格扭曲和资本价格扭曲上。此外，还有文献研究发现［布兰特 and Zhu，2000；杨（Young），2000；Poncet，2003；Dollar and Wei，2007］，要素市场扭曲又可以分为绝对扭曲和相对扭曲，还可分为正向扭曲和负向扭曲。要素市场的正向扭曲是指要素价格大于或超过其机会成本或边际生产力所决定的均衡价格，负向扭曲则是指要素价格小于或低于其机会成本或其边际生产力所决定的均衡价格；要素市场的绝对扭曲是针对单个生产要素而言的，而相对扭曲则主要是针对两种或两种以上生产要素而言的。

中国实施改革开放政策 30 多年来，市场化改革进程中一个凸显的问题就是存在"不对称"现象，即要素市场的改革滞后于产品市场的改革进程②（盛仕斌和徐海，1999；黄益平，2009）。市场化改革主要集中在产品市场层面以及对经济主体进行的一系列经济激励方面的改革。然而，在要素市场领域，最明显的是土地、资本、劳动力以及环境等要素市场，各级地方政府出于对经济发展、稳定经济的引导和干预战略目的，普遍存在对要素资源（特别是电力、天然气等自然资源）价格的分配权、定价

---

① 学者们不断探索寻找一个能够综合测度上述三方面要素市场扭曲的方法。近些年来，斯可卡（Skoorka，2000）运用随机前沿分析法（stochastic frontier analysis，SFA）对要素市场扭曲程度较好地进行了测度。斯可卡建立模型的思路主要包括两类方法：一是非参数化的数据包络法（Data Envelopment Analysis，DEA）；二是参数化随机前沿分析法。前者无须设定具体的函数形式，有助于避免函数形式设定偏误。而后者在测度过程中无须进行过多假设，并且经济含义更加丰富。这些方法主要从效果角度来衡量要素市场的扭曲程度，基本思路是着眼于一国最优的要素生产可能性曲线与实际生产可能性边界曲线（Production Possibility Frontier，PPF）之间的差距。

② 事实上，产品市场上仍存在政府定价的产品。按照 2001 年 7 月 4 日公布的《国家计委和国务院有关部门定价目录》，政府定价的产品有 13 种（类），包括重要的中央储备物资，国家专营的烟叶、食盐和民用爆破器材，部分化肥，部分重要药品，教材，天然气，中央直属及跨省水利工程供水，电力，军品，重要交通运输，邮政基本业务，电信基本业务和重要专业服务。

权和管制权的控制；价格长期以来处于低估状态，要素价格扭曲现象较为严重（张杰等，2011a，2011b）①。正是基于这样的事实，一些学者将要素市场扭曲界定为资本价格扭曲和劳动力价格扭曲②（盛誉，2005；张曙光和程炼，2010③；郑振雄和刘艳彬，2013；程娅昊和钟声，2014；李平和季永宝，2014；黄鹏和张宇，2014；白俊红和卞元超，2016）。而袁鹏和杨洋（2014）则认为，要素市场扭曲作为经济扭曲的一种情形，应该被定义为市场不完善使得要素的市场价格偏离其机会成本，进而导致要素的非最优配置；而现有研究通常只考虑了资本和劳动，而忽略了其他一些重要的生产要素，特别是能源；在中国面临能源紧缺的约束越来越严重的背景下，将能源这一关系国计民生的要素纳入要素市场扭曲的研究视域是十分必要的。

---

① 张杰等（2011a，2011b）认为要素市场扭曲表现在以下几个方面：（1）在土地要素方面，各级地方政府出于保证地方政府财政收入和招商引资的目的，一方面，在商业用地上，政府以很低的价格征购过来再以很贵的价格卖出去，利润一部分被各级流通环节赚取，另一部分则成为地方政府财政收入来源，土地价格被扭曲；另一方面，在工业用地上，地方政府为了吸引外部资金，人为地压低土地价格。土地价格被压低也就意味着资本进入门槛进一步降低；2004 年以前，中国最发达的长三角地区还普遍实行零地价、税收、各种投资准入等各种优惠行政政策安排。（2）在资本要素方面，金融市场化改革和资本书开放严重滞后，中国仍然具有金融抑制的典型特征，普遍存在利率管制、政府干预信贷决策和资本书管制等；根据黄益平（2009）测算，中国金融自由化进程迄今刚刚走了大概 40% 的路程，远远滞后于多数新兴市场经济体。（3）在劳动力要素方面，由农村到城市的永久迁移仍然存在很多政策层面的限制（如户籍制度和各种城乡就业、公共服务歧视政策），城乡劳动力市场处于的分离与分割状态造成了中国劳动力要素市场的严重扭曲。

② 从要素价格扭曲的成因来看：资本要素市场方面，内在动因也是地方政府追求 GDP 增长。地方经济增长越来越依赖于投资驱动模式，因此，适当地控制资本的价格和资本的分配权，既可以作为对能够创造更多 GDP 企业的扶持手段，又可以在地区间招商引资的竞争中作为吸引投资的手段。劳动力要素市场方面，对劳动力的流动和劳动力的价格实现管制和限制，可以有助于地方政府通过获取劳动力价值的"剪刀差"，获得经济增长所需的资本积累以及低劳动力成本的企业竞争优势；同时，在中国存在地区间市场分割的前提下，低成本的劳动力有助于企业通过获得劳动力成本的出口比较优势，获得出口规模的快速增长，这也可带来当地 GDP 的快速增长（张杰等，2011a，2011b；林伯强和杜克锐，2013）。

③ 张曙光和程炼（2010）从政治经济学的角度论证了我国要素市场扭曲的原因及其对财富转移的影响，认为除了体制的惯性外，要素市场的管制很大程度上是"增长"和"稳定"两大经济政策导向的产物；低廉的生产要素扩大了其使用者的利益，不但有助于刺激投资，扩大生产，而且还是中国产品在国际市场中竞争力的主要来源；另外，通过对要素价格的管制能够在一定程度上抑制由经济过热导致的物价上涨。因此，"以增长为竞争"的地方政府普遍存在通过管制要素价格来推动经济短期增长的动机。

中国地方政府为了本地利益，通过行政管制手段，限制外地资源进入本地市场或限制本地资源流向外地，这种为保护当地利益而割裂与其他地区经济联系的行为，不仅导致了产品市场存在严重的地区分割，而且导致了要素市场也存在较为严重的市场分割（银温泉和才宛如，2001）；而且，相对于消费品而言，资本和劳动力等要素市场的分割程度更严重（赵奇伟和熊性美，2009）。因而，要素市场扭曲不仅仅体现在价格扭曲，也体现在要素市场分割上；如许经勇（2007）的研究发现，目前我国劳动力市场分割与劳动力价格扭曲，除了表现在垄断行业与非垄断行业的劳动力市场分割与劳动力价格扭曲，还表现为城市中的市民劳动力市场与农民工劳动力市场的市场分割与价格扭曲。而姜学勤（2009）进一步认为，企业跨地区投资也会受到限制，跨地区融资总体规模很小，银行体系间跨地区放贷状况也存在着条块分割特征；而且户籍制度仍是制约劳动力跨区和跨行业、部门流动的瓶颈；大城市通过出台歧视外来劳动力的制度安排，加强了对地方劳动力市场的保护；此外，在自然资源要素市场，在经济转型过程中所实行的价格"双轨制"，实际上就是人为的一种市场分割。鉴于要素价格扭曲无法反映中国的要素市场扭曲的全貌，张杰等（2011a，2011b）借鉴了 Magee（1971）的定义，将各级地方政府对资本和劳动力等要素市场的干预与控制所造成的要素流动障碍、要素价格刚性、要素价格差别化以及要素价格低估等，界定为要素市场扭曲。

依据中国要素市场的改革滞后于产品市场的改革进程这一历史事实，并借鉴 Magee（1971）和张杰等（2011a，2011b）的定义，本书将要素市场扭曲界定为中国地区间要素市场的市场化进程滞后于产品市场以及整体市场的市场化进程的程度，要素市场扭曲主要由要素价格扭曲和要素市场分割两个方面构成。

（二）技术创新概念的界定

从技术创新（technology innovation）概念的发展过程来看，其概念和含义是不断发展和深入的[①]。

---

　　① 自熊彼特提出创新概念并初步奠定创新理论基础以来，随着技术创新理论的不断发展，国内外学术界对创新的概念和含义也不断进行着深入研究。虽然至今仍然没有一个统一的概念，甚至还存在许多争论，但是技术创新在社会和经济发展中的重要作用日益受到政府、学术界和企业界的广泛关注，并逐渐形成共识。

从国外来看，熊彼特认为，技术创新实际上是把一种从来没有过的关于生产要素和生产条件"新组合"引入生产体系，这种新组合包括五项内容：引进新产品；引进新技术；开辟新市场；掌握新的原材料供应来源；实现新的组织形式①。美国著名学者（曼斯菲尔德，1968）有关技术创新定义的观点得到后来学者的广泛认同，② 即技术创新是一项探索性活动，开始于企业对新产品的构思，而终结于新产品的销售和交货；阿特伯克（Utterback，1974）指出，与发明或技术样品相区别，技术创新就是技术的实际采用或首次应用。③ 弗雷曼（1973，1982）进一步提出，技术创新就是新产品、新过程、新系统和新服务的首次商业性转化。勒尔森（Nelson，1986）则将技术创新定义为是以其构思新颖性和成功实现为特征的有意义的非连续性事件④。经济合作与发展组织（OECD，2000，2001，2002）主要从产品创新和工艺创新角度，将技术创新定义为从新产品产生到商业化与新工艺产生到应用于生产的过程。

从国内来看，傅家骥（1998）、柳卸林（2014）等认为，狭义的技术创新是指始于研究开发而终于市场实现；广义的技术创新则是始于发明创造而终于技术扩散。而陈至立（2005）则认为，技术创新从内容上包括三方面的含义：一是原始性创新，即通过科研和开发，努力获得更多科学

---

① 熊彼特比较全面地界定了资本主义经济运行中创新的内涵，认为经济体系中的创新是由生产者主导，通过上述五个途径改进生产方式的行为。其论述主要有两点：其一，创新的主体是作为生产者的企业，尤其是那些具有冒险精神的企业家，即技术创新不仅仅是科学家、技术人员的任务。其二，创新的实质是将生产要素进行新的组合，不仅是反映科学技术的变革的技术创新，还包括企业组织结构、管理模式等方面的创新。

② 索罗（Solow，1941）提出技术创新成立必备的两个条件：新思想来源和以后阶段的实现发展。以罗默（Romer）为代表的内生增长学者将创新与技术进步归结为既有制度框架下，私人追求利润的结果。他们认为技术进步是由经济活动参与者根据市场情况内在决定的，尽管并非所有创新都完全是市场直接推动的，但市场是影响创新的最终或关键性决定力量。Enos（1962）认为技术创新是几种行为综合的结果，这些行为包括发明的选择、资本投入的保证、组织建立、制订计划、招用工人和开辟市场等。

③ 曼斯菲尔德（1968）的技术创新概念应该包括新思想创造、研发与问题解决、商业应用三个环节，前两个环节属于技术范畴，指产品技术功能上的改进，第三个环节要求技术创新必须与商业应用相结合。

④ 技术创新也被定义为技术变革的集合，包括新的或改进的产品、过程或服务引入市场，以及模仿和不需要引入新技术知识的改进（Myers 和 Marquis，1969，1976）。

发现与技术发明；二是集成创新，即通过各种相关技术成果融合汇聚，形成具有市场竞争力的产品和产业；三是引进技术消化、吸收和再创新，在积极引进国外先进技术与设备的基础上，进行充分地消化吸收和再创新。而戴魁早和刘友金（2013a，2013b）、张杰等（2014，2016）将技术创新界定为技术创新投入和技术创新产出两个环节。

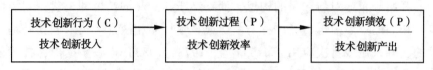

图 1.1   技术创新概念的界定

总的来看，对于技术创新概念的界定①，国内外学者的主要分歧集中在以下三个方面：第一，对技术创新中"技术"概念的理解不同②。第二，在技术创新对技术变动的强度有无限定及限定程度方面，争论的焦点是增量改进，即技术上的渐进改进导致规模效益增长是否属于技术创新范畴③。第三，对于技术创新实现市场成功的概念和标准方面也存在不同观点④。

国内外学者给出了许多不同的有关技术创新的定义，其主要原因在于技术创新是一个涉及范围较广、内涵丰富且又十分复杂的过程，因而从不

---

①   综上所述，可以归纳出如下观点：技术创新是新产品和新工艺的始创、演进和开发；技术创新是科技成果的首次商业化应用；技术创新包括发明构思、产品设计、试制生产和商业应用等各个环节；技术创新泛指从创新思想的形成，到向市场推出适销产品的完整过程；强调通过技术创新创造出尽可能多的经济效益，并获得最大的经济利润；技术创新是对生产要素的重新组合，或者表现在企业、产业的生产函数的某种变动。

②   技术创新对创新技术的范畴是有所限定的，这与制度创新和组织创新有所区别，而非技术性创新活动不能列入其中。人们对于技术性和非技术性的认识并非完全一致，导致对技术创新概念和定义出现不同观点。

③   大多数从事技术创新研究的西方学者主张将增量性改进与技术创新区别开来，指出应该将其完全排除在技术创新范畴之外。他们认为，非产品和工艺上的改进不能算作技术创新，尽管与技术创新有密切的联系，但也仅仅属于组织和管理上的某些变化。其他一些学者和政府机构则较多从实用角度出发，提出了截然不同的观点，认为在技术创新界定中应放宽有关技术变化强度的要求，既然增量改进属于技术上的一定变化，显然也应当纳入技术创新的范畴。

④   技术创新最终必须通过实现市场成功表现出来，但这一成功是指商业赢利，或是市场份额，抑或是技术优势，并没有达成一致的看法。

同角度进行研究将会赋予不同的含义①。根据本书的研究目的以及本书将在产业组织理论的结构、行为和绩效（SCP）框架下研究要素市场扭曲对技术创新的影响。本书在借鉴博家骧（1998）和柳卸林（2014）定义的基础上，将技术创新定义为是始于研究开发②（R&D③）而终于市场实现的技术创新（这与博家骧（1998）的狭义技术创新定义很接近），并将这个过程分解为三个环节，即技术创新行为（C）、技术创新过程（P）和技术创新绩效（P），且用研发投入、创新效率和创新产出等指标来刻画技术创新的不同环节（如图1.1所示）。

二 研究思路

自熊彼特提出创新理论以来，不同市场结构对技术创新的影响一直是产业组织理论的焦点问题之一。众多学者在产业组织理论重要分支哈佛学派的SCP范式下，探究了市场结构对技术创新行为（R&D投入）、技术创新绩效（专利产出和新产品产出）之间的关系。然而，已有研究大多都是针对西方发达国家——特别是美国，这些国家有清晰的产权制度安排、成熟的市场经济制度和完善的法治环境，研究者往往将研究的重点集中于

---

① 对于经济学家，主要侧重于技术变化对经济发展的推动作用，并试图发现二者之间的联系。他们一般从以下三个环节进行研究和表述，即从技术发明到运用，从新产品出现到扩散，从生产到获得市场利润。对于技术专家，主要侧重于科技进步对物质性生产力的影响，并努力探究二者之间的数量关系。他们一般也从三个环节来进行研究和表述，即从技术的获取与掌握到扩散与渗透，从商业化到创造利润，从建立新的生产体系到产业结构发生变革。

② 研究与发展（R&D）活动，指为增加知识的总量（其中包括增加人类、文化和社会方面的知识），以及运用这些知识去创造新的应用而进行的系统的、创造性的工作。研究与试验发展活动的基本特征是：具有创造性；具有新颖性；运用科学方法；产生新的知识或创造新的应用。在上述条件中，创造性和新颖性是研究与试验发展的决定因素，产生新的知识或创造新的应用是创造性的具体体现，运用科学方法则是所有科学技术活动的基本特点。而研究水平、任务的来源（国家或省级）和研究中所采用的技术，均不是构成研究与试验发展（R&D）活动的基本要素。按活动类型，可以把研究与试验发展活动分为：基础研究；应用研究；试验发展。基础研究和应用研究统称为科学研究。

③ 联合国教科文组织（UNESCO）和经济合作与发展组织（OECD）都将R&D定义为：为了增加包括人、文化和社会知识在内的知识总量，并且利用这些知识总量去创造新的应用而进行的系统的、创造性的活动。联合国教科文组织的定义是创新的应用而进行的系统的、创造性的工作。经济合作与发展组织（OECD）对R&D的定义是，研究与开发是在一个系统的基础上的创造性工作，目的在于丰富有关人类、文化和社会的知识库，并利用这一知识进行新的发明。

企业规模和市场集中度等非制度因素对创新行为的影响。但对于处于计划经济或经济转型期的国家——中国而言，制度因素也是影响企业技术创新行为和技术创新绩效的重要因素鲍莫尔（Baumol，2002）；（吴延兵，2007，2009；蔡地和万迪昉，2012；戴魁早和刘友金，2013a，2013b，2013c）。为此，需要在 SCP 范式的基础上，构建涵盖了制度因素的扩展分析框架来探讨经济体制转型时期制度因素对技术创新的影响。在运用 SCP 范式研究中国经济体制转型时期制度因素的影响时，于良春和张伟（2010）构造了扩展的 ISCP 分析框架，探讨了垄断行业市场化改革对行业效率的影响。

借鉴于良春和张伟（2010）的做法，同时考虑前文对技术创新的界定，本书构建要素市场扭曲影响技术创新的 FCPP 分析框架（如图 1.2 所示），其中，F（Factor Market Distortion）反映地区要素市场扭曲程度，C（Conduct）表示企业或产业的技术创新行为，P（Process）表示企业或产业的技术创新过程，P（Performance）表示企业或产业的技术创新绩效。

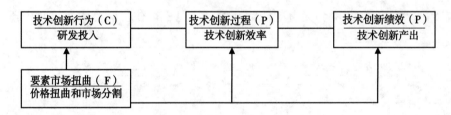

图 1.2　FCPP 理论分析框架

借助构建的 FCPP 分析框架，本书将按照图 1.3 的研究思路展开研究：首先，在界定要素市场扭曲和技术创新等重要概念的基础上，明确本书的研究对象和范围。然后，应用合理的指标测算中国各地区要素市场扭曲程度，并探讨中国各地区要素市场扭曲的形成原因。接下来，从理论和实证两个层面系统地研究要素市场扭曲对中国高技术产业技术创新行为、技术创新过程和技术创新绩效的影响，并进一步实证考察要素市场扭曲影响技术创新行为、技术创新过程和技术创新绩效的传导机制。最后，依据研究结论，从要素市场扭曲视角提出提升中国高技术产业技术创新能力的政策建议。

三　研究方法

本书通过梳理要素市场扭曲与技术创新相关领域的研究文献，深入分

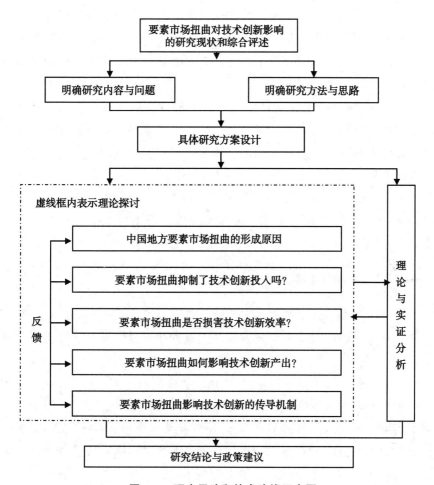

图 1.3　研究思路和技术路线示意图

析要素市场扭曲影响研发投入（技术创新行为）、技术创新效率（技术创新过程）和技术创新产出（技术创新绩效）的机理，并运用多种面板数据计量方法，实证考察要素市场扭曲如何影响中国高技术产业技术创新。在实证分析中，将运用较为前沿的面板数据计量分析方法、基于 DEA 的 Malmqusit 生产率指数等方法，以确保研究方法的科学性、研究结论的准确性与可靠性。具体来说：

第一，采用面板 GMM 估计方法与面板门槛模型相结合的方法，实证检验了地方官员激励、制度环境和对外开放等因素在中国各地区要素市场扭曲形成过程中的作用；以及要素市场扭曲影响中国高技术产业研发投入、技术创新效率和技术创新产出的传导机制。

第二，借助生产率误置模型的建模思路，构建理论模型探讨要素市场扭曲影响技术创新效率的机理；选用基于 DEA 的 Malmqusit 生产率指数方法，从区域层面测算中国高技术产业的技术创新效率，分析其创新过程效率的动态变化与趋势。

第三，运用面板 GMM 估计方法、面板分位数估计方法、乘积项分析方法和面板门槛模型等多种计量方法相结合，考察要素市场扭曲对中国高技术产业技术创新行为、技术创新过程和技术创新绩效的影响及其企业差异、区域差异。

第四节　研究内容和创新之处

一　研究范围的界定

本书将以中国高技术产业作为实证研究的对象。然而，不同时期高技术产业涵盖的范围都有所不同，因此对高技术产业范围进行界定显得十分必要。

国际上一般采用技术密集度（R&D 经费强度或 R&D 人力强度）作为确定高技术产业的基本依据。1986 年，经济合作与发展组织（OECD）第一次正式给出高技术产业的定义，用 R&D 经费强度（R&D 经费占产值的比重）作为界定高技术产业的指标。OECD 按照国际标准产业分类第 2 版（ISIC-Rev. 2），并依据 OECD 比较典型的 13 个成员国 80 年代初的有关数据，将 R&D 经费强度明显较高的 6 类产业：航空航天制造业、计算机及办公设备制造业、电子及通信设备制造业、医药品制造业、专用科学仪器设备制造业和电气机械及设备制造业确定为高技术产业。

随着经济发展中知识和技术因素的急剧增长，产业 R&D 经费强度发生了重大变化。1994 年，OECD 重新计算了制造业的 R&D 经费强度。选用 R&D 总经费（直接 R&D 经费+间接 R&D 经费）占总产值的比重、直接 R&D 经费占总产值的比重和直接 R&D 经费占增加值的比重三个指标，根据 10 个更为典型的成员国 1973—1992 年的数据，将技术密集度较高的航空航天制造业、计算机及办公设备制造业、电子及通信设备制造业和医药品制造业 4 类产业确定为高技术产业。

随着国际标准产业分类第 3 版（ISIC-Rev. 3）的广泛使用，2001 年

OECD 依照新的国际标准产业分类重新确定了高技术产业新的分类标准，根据 13 个成员国 1991—1997 年间的平均 R&D 经费强度（R&D 经费占产值和增加值比重），将制造业中的航空航天制造业，医药制造业，计算机及办公设备制造业，无线电、电视及通信设备制造业，医疗、精密和光学科学仪器制造业 5 类产业确定为高技术产业。

本书将《中国高技术产业统计年鉴》所界定的高技术①产业作为实证研究的对象。从细分行业层面，高技术产业包括化学药品制造业、中药材及中成药加工业、生物制品制造业、飞机制造及修理业、航天器制造业、通信设备制造、雷达及配套设备制造业、广播电视设备制造业、电子器件制造业、电子元件制造业、家用视听设备制造业、其他电子设备制造业、电子计算机整机制造业、电子计算机外部设备制造业、办公设备制造业、医疗设备及器械制造业、仪器仪表制造业十七个细分行业。从地区层面来看，由于西藏和新疆缺失了大量数据，研究时未纳入样本，高技术产业的样本共涉及 29 个省区市。照《中国高技术产业统计年鉴》的标准分类，可将 29 个省区市分为东中西三个地区：东部地区包括北京、天津、河北、辽宁、上海、江苏、浙江、福建、山东、广东、广西和海南；中部地区包括山西、内蒙古、吉林、黑龙江、安徽、江西、河南、湖北和湖南；西部地区包括重庆、四川、贵州、云南、陕西、甘肃、青海和宁夏。

这样界定的理由：一是《中国高技术产业统计年鉴》中所界定的高技术产业基本涵盖了 OECD（2001 年）和中国国家科技成果办公室所界定的高技术产业。二是《中国高技术产业统计年鉴》为所界定的高技术产业提供了比较全面和连续数据，这样有利于本书实证研究的展开。

二 研究的主要内容

（一）探究中国地方要素市场扭曲的形成原因

在揭示要素市场扭曲影响技术创新内在规律之前，需要知道我国各地区要素市场扭曲是怎样形成的。为了揭示各地区要素市场扭曲的成因，本书在选择基于标杆分析方法的相对差距指数对中国各地区要素市场扭曲进

---

① 中国国家科技成果办公室对高技术的定义：高技术是指建立在综合科学研究基础上，处于当代科技前沿，对发展生产力、促进社会文明和增强国家实力起先导作用的新技术群。而高技术对国家整体实力的影响是通过高技术产业化的途径实现的。

行测算的基础上，从推动力、拉动力和环境催化力三个方面构建一个要素市场扭曲的影响因素的理论分析框架，以探究中国各地区要素市场扭曲的形成原因；接着，运用省级层面的数据，考察晋升激励与寻租激励等推动因素、对外贸易与外商直接投资等拉动因素、金融制度与法律制度等环境催化因素对各地区要素市场扭曲的影响程度；并进一步地探讨制度环境通过晋升激励、财政激励与寻租激励等途径影响要素市场扭曲的机制。

（二）考察要素市场扭曲对技术创新投入的影响

要素市场扭曲如果能够影响产业技术创新，首先会影响技术创新行为（技术创新投入或研发投入）。为了考察要素市场扭曲（F）对技术创新行为（C）的影响，本书从理论分析要素市场扭曲影响技术创新投入机理入手，运用省级层面的数据实证考察要素市场扭曲对技术创新投入的影响及企业差异，以考察要素市场扭曲如何影响技术创新行为；在此基础上，运用面板分位数估计方法探究要素市场扭曲对产业技术创新投入影响程度是否存在区域差异，并运用面板门槛模型进一步探究要素市场扭曲的这种抑制效应区域差异是由哪些因素决定的。

（三）研究要素市场扭曲是否损害技术创新效率

技术创新过程中的效率对中国高技术产业自主创新能力提升有着重要的现实意义，而要素市场扭曲也会对技术创新过程产生影响，因而可能损害产业技术创新效率。为了考察要素市场扭曲（F）对技术创新过程（P）的影响，本书首先借助生产率误置模型的建模思路，构建一个理论模型探讨要素市场扭曲影响技术创新效率的机理；接着，运用基于 DEA 的 Malmquist 指数，测算中国高技术产业省级层面的技术创新效率；在此基础上，运用系统 GMM 估计方法考察要素市场扭曲对高技术产业技术创新效率的影响，以验证理论模型的结论；并进一步探讨规模、外向度、技术密集度等企业特征是否改变要素市场扭曲对技术创新效率的影响。

（四）分析要素市场扭曲如何影响技术创新产出

自主创新能力的高低最终体现在技术创新产出能力上，而要素市场扭曲也会影响创新资源的配置绩效，因而可能抑制技术创新产出。为了考察要素市场扭曲（F）对技术创新绩效（P）的影响，本书首先归纳和梳理要素市场扭曲影响技术创新绩效的机理；接着，将要素市场扭曲纳入技术创新产出函数，运用柯布-道格拉斯生产函数构建一个计量模型考察要素市场扭曲对高技术产业技术创新产出的影响；在此基础上，运用面板分位数估计方法，考察在技术创新绩效不同分位数的地区，要素市场扭曲的影响程度是否存在差异；进一步地，探讨要素市场扭曲对规模等特征不同企业技术创新绩效的影响程度是否存在差异。

（五）揭示要素市场扭曲影响技术创新的传导机制

只有把握了要素市场扭曲影响产业技术创新的机制，才能更好地把握要素市场扭曲影响高技术产业技术创新的内在规律。本书在 FCPP 理论框架下，以前文研究为基础，运用面板门槛模型和面板 GMM 估计相结合的方法，实证考察要素市场扭曲如何通过资源误置效应等途径影响技术创新行为（研发投入）；接着，以理论分析为依据，验证要素市场扭曲通过改变企业特征等途径影响产业技术创新效率（技术创新过程）的传导机制；进而，从理论和实证两个层面探究要素市场扭曲影响产业技术创新产出（技术创新绩效）的途径和机制。

三 研究的特点

本书的学术创新主要体现在以下几个方面：

（1）构建起一个 FCPP 分析框架来研究要素市场扭曲对产业技术创新的影响，既拓展了传统的产业组织 SCP 分析范式，又为技术创新领域的研究提供了一个新的理论框架，还为提升中国高技术产业技术创新能力引入一条新思路，这丰富和发展了技术创新理论与要素市场理论。

（2）首次从理论和实证两个层面探究了地方官员激励、外部拉动因素和制度环境因素在中国各地区要素市场扭曲形成过程中的作用，这是现有文献尚未涉及的领域。同时，相关研究结论也启发了要素市场扭曲的治理方向，即中央需要特别重视从财政和晋升激励的机制设计上以及反腐的制度建设上缓解地方官员对要素市场的干预行为，应该根据各地区制度环境现状，在改善法律与金融环境、明晰国有产权等方面做工作。

（3）从理论和实证两个层面探究了要素市场扭曲对研发资本投入和研发人力投入的影响及企业差异，并考察要素市场扭曲对高技术产业研发资本投入和研发人力投入的影响的区域差异，并进一步探讨了这种区域差异是否源于地区间经济发展水平、人力资本水平、财政收入、产权结构和对外开放程度等方面的不同；这是对已有研究的极大补充。

（4）构建一个新的理论模型分析了要素市场扭曲对技术创新效率的影响，并对理论命题进行了实证检验，而且还验证了企业特征的适当改变能够规避要素市场扭曲对技术创新效率产生的抑制效应。这是现有文献尚未涉及的领域，丰富了创新效率的研究视角，是对现有研究的极大补充。

（5）从理论和实证两个层面探讨了要素市场扭曲对技术创新绩效的影响，并考察在技术创新绩效不同分位数的地区，要素市场扭曲的影响程度是否存在差异，还探究了在规模、外向度、经济绩效和技术密集度等企业特征的适当变化能否规避要素市场扭曲对技术创新绩效产生抑制效应，这丰富了技术创新绩效的研究视角和研究内容，是对技术创新领域既有研究成果的重要补充。

（6）首次运用面板门槛模型和面板 GMM 估计相结合的方法，验证了要素市场扭曲影响产出技术创新行为（研发投入）、技术创新过程（技术创新效率）和技术创新绩效（技术创新产出）的途径和机制，进而揭示了要素市场扭曲影响技术创新的内在规律；这是现有研究尚未涉及的领域，是对现有文献的有益补充，还为变量之间传导机制研究提供了研究思路、研究方法和经验证据。

第二章

中国地方要素市场扭曲的
测算及形成原因

本章将沿着以下思路探讨三个问题：[①]（1）在对既有要素市场扭曲衡量指标优缺点进行分析的基础上，选择基于标杆分析方法的相对差距指数测算中国各地区要素市场扭曲的程度；（2）从推动力、拉动力和催化力三个方面构建一个要素市场扭曲的影响因素理论分析框架，以探究要素市场扭曲的形成原因；（3）实证考察地方官员激励（推动力）、外部拉动因素（拉动力）和制度环境因素（催化力）对我国地区要素市场扭曲的影响程度；（4）探讨制度环境通过地方官员激励等途径影响要素市场扭曲的机制。

第一节　引言

在揭示要素市场扭曲如何影响技术创新之前，不能回避这样的问题：我国各地区要素市场扭曲的形成原因是什么呢？或者说，哪些因素导致了或影响着我国各地区的要素市场扭曲？这些影响因素对要素市场扭曲的作用程度和作用方向如何呢？本章试图对这些问题进行解答。

文献检索结果显示，目前尚缺乏针对我国地区要素市场扭曲的成因研究，仅有一些文献涉及了各地区市场分割的形成原因研究。从研究内容来看，可以将市场分割的影响因素归结为两类，一类是地方保护主义，另一

---

① 本章内容主要由戴魁早（2016）的论文《地方官员激励、制度环境与要素市场扭曲：基于中国省级面板数据的实证研究》（载《经济理论与经济管理》2016年第8期）修改和完善而成。

类是对外开放。

关于地方保护主义因素对市场分割的影响，不同学者的研究结论不尽相同。如杨（2000）发现，中国渐进式改革在资源扭曲的情况下推行的改革，地方政府为了自身利益，会制造更多的资源扭曲，加剧了区域市场的分割。而银温泉和才婉茹（2001）则认为，行政性分权是市场分割的深层体制原因，而且地方领导的业绩评价等因素则强化了地方的市场分割。李等（Li，2003）发现，地区间市场分割源于区间贸易保护，而地方财政分权和国际贸易保护政策加强了地区间的贸易保护程度。白重恩等（2004）研究发现，由于地方政府能够通过设置区际竞争壁垒而获得利益，因而导致了地方政府倾向于保护国有企业和高利税率的企业。刘培林（2005）认为，在改革后的分权体制下地方政府的新的赶超所形成的地方保护主义导致了市场分割。周黎安（2004）认为，以GDP增长为基础的晋升机制所形成的地方保护主义强化了区域间的市场分割。皮建才（2008）发现，地区发展差距是阻碍市场整合的决定性力量，正外部溢出效应是推进市场整合的决定性力量，而中央政府对地方官员的考核机制则会对这种力量的对比和权衡产生重要的影响。与其他文献不同，胡军和郭峰（2013）从企业寻租和官员腐败来理解地区市场分割的成因。

关于对外开放的影响，存在三种明显不同的观点：一是"促进论"。如范爱军等（2007）利用1985—2005年面板数据的实证研究发现，进口、出口及FDI皆以不同程度促进了国内商品市场的整合趋势。二是"非线性论"。如陆铭和陈钊（2006）、陈敏等（2007）发现，在经济开放水平比较低的时候经济开放会加剧国内市场的分割，但进一步提高经济开放能够促进国内市场一体化；经济开放对国内市场整合的影响是非线性的。与"促进论"和"非线性论"不同，皮建才和殷军（2012）的研究却发现，对外开放并不能促进国内的市场整合，真正促进市场整合的是中央政府的监管力度。

鉴于已有研究尚未涉及要素市场扭曲的成因，而且已有文献关于市场分割成因的结论仍存在争议。基于此，本章试图在已有研究的基础上，从理论和实证两个层面对我国地区要素市场扭曲的影响因素进行系统地考察。本章的主要贡献体现在以下几个方面：①拓展了既有的研究领域。既有文献仅涉及地方保护主义和对外开放对区域间产品市场分割的影响，尚缺乏要素市场扭曲的相关问题研究。本章首次从理论和实证两个层面考察了地方官员激励、外部拉动因素和制度环境因素对要素市场扭曲的影响，这是现有文献尚未涉及的领域，是对既有研究的极大补充，为官员激励和要素市场扭曲等研究领域增添了重要理论发现和经验证据。②丰富了既有的研究内容和研究结论。现有文献仅考虑某一种官员激励的相关影响，本章不仅考虑了三种官员激励，而且考察了官员激励的影响"入世"前后以及在不同制度环境中是否存在差异；结果验证了地方官员激励是形成要素市场扭曲的主要原因，而制度环境的变化能在一定程度上抑制地方官员激励对要素市场产生的扭曲效应（下文或简称"官员激励的扭曲效应"）；这既丰富了已有文献的研究内容，又提供了新的研究发现。③启发了要素市场扭曲的治理方向。本章的研究结论说明，中国要素市场扭曲问题主要源于地方官员激励，而制度环境能在一定程度上规避地方官员激励的扭曲效应；因此，中央需要特别重视从财政和晋升激励的机制设计上以及反腐的制度建设上缓解地方官员对要素市场的干预行为，同时需要根据各地区制度环境现状，在改善法律与金融环境、明晰国有产权等方面做工作。

第二节　中国地方要素市场扭曲程度的测算

一　要素市场扭曲的测算方法

要素市场扭曲是本章以及本书的关键变量，因而准确测度各地区的要素市场扭曲程度非常重要。从前文要素市场扭曲的界定可知，采用要素价格扭曲或要素市场分割指标无法反映要素市场扭曲的全貌。文献检索结果显示，国内外常用的指标主要有如下两类：一类是国外学者常用的随机前沿分析法，另一类是张杰等（2011a，2001b）依据市场化进程指数构建的间接测算指标。两类指标各有优缺点，具体说明如下。

（一）随机前沿分析法

国外学者着重探索能够综合测度要素流动障碍、要素价格刚性以及要素价格差别化三种主要形式要素市场扭曲的方法（Magee，1971），而随机前沿分析法（SFA）较好地满足要求。随机前沿建模的思路包括非参数化的数据包络法（DEA）和参数化随机前沿分析法。前者无须设定具体的函数形式，有助于避免函数形式设定偏误。而后者在测度过程中无须进行过多假设，并且经济含义更加丰富。两种方法都是从效果角度来衡量要素市场扭曲程度，着眼于一国或者一地区最优的要素生产可能性曲线与实际生产可能性边界曲线（PPF）之间的差距（斯可卡，2000）。

但是，两种方法测算中国各地区的要素市场扭曲程度，存在一些局限：①前提条件就是假设所有的测度单元都具有同质性。然而中国不同省份地区的地理区位、自然资源禀赋条件、人口条件以及经济制度文化的存在差异，导致中国地区间的差异不亚于发达国家和发展中国家间的差异。在这种情形下，省级地区间的 PPF 的差异很有可能反映出的是地区间的地理和自然禀赋与经济发展水平的差异，而未必能完全反映出要素市场扭曲效应的差异（斯可卡，2000）。②中国普遍存在着地区间的市场分割。杨（2000）发现，中国特色的增量式改革带来了严重的市场扭曲。这种扭曲很大程度上造成了要素市场的扭曲。事实上，造成中国地区间市场分割的动因与造成要素市场扭曲的动因有诸多共同之处，因此，必须寻找一个最为包容的测度指标来涵括这些动因。③利用参数化随机前沿分析法来测算中国省级地区间的要素市场扭曲，存在产品价格和要素投入数据缺失的问题，即便采用一些替代指标也存在相当大的争议。

（二）间接指数法

基于对随机前沿分析法以上问题的认识，张杰等（2011a，2001b）基于中国要素市场的市场化进程滞后于产品市场这一典型事实，借助樊纲等的《中国市场化进程指数报告》相关指数构建了要素市场扭曲程度的间接测算指标。两个测算指标分别为：

$$FMD\_1 = \frac{产品市场市场化进程指数 - 要素市场市场化进程指数}{产品市场市场化进程指数}$$

$$(2.1)$$

$$FMD\_2 = \frac{总体市场化进程指数 - 要素市场市场化进程指数}{总体市场化进程指数} \quad (2.2)$$

张杰等（2011a，2001b）两个测算指标具有一些优点：①由于采用的是产品市场和要素市场的市场化指数的差距比值，避免地区间要素市场市场化发育程度自身因素的差异所造成的要素市场扭曲程度指标的信息失

表 2.1　张杰等 FMD_1 的测算结果（1997—2009 年）

	1997	1998	1999	2000	2001	2002	2003	2004	2005	2006	2007	2008	2009
北京	-0.068	0.247	-0.292	-0.119	-0.079	-0.321	-0.341	-0.253	-0.128	-0.271	-0.270	0.086	0.051
天津	0.230	0.232	0.223	0.297	-0.018	-0.002	0.039	0.042	0.125	-0.004	-0.227	0.072	0.012
河北	0.393	0.319	0.490	0.616	0.681	0.658	0.633	0.647	0.649	0.594	0.579	0.427	0.431
山西	0.506	0.492	0.779	0.743	0.663	0.604	0.617	0.614	0.657	0.642	0.566	0.481	0.459
内蒙古	0.584	0.652	0.807	0.792	0.827	0.808	0.744	0.747	0.724	0.657	0.615	0.425	0.405
辽宁	0.616	0.604	0.589	0.553	0.526	0.430	0.399	0.245	0.248	0.256	0.150	0.154	0.081
吉林	0.772	0.857	0.682	0.754	0.828	0.835	0.824	0.794	0.818	0.753	0.689	0.582	0.578
黑龙江	0.615	0.789	0.813	0.816	0.894	0.860	0.814	0.801	0.812	0.740	0.621	0.533	0.522
上海	0.437	0.309	0.183	0.022	-0.041	-0.146	-0.193	-0.122	-0.005	-0.087	-0.220	0.170	0.118
江苏	0.544	0.485	0.402	0.329	0.403	0.301	0.242	0.256	0.258	0.220	0.156	0.165	0.176
浙江	0.317	0.285	0.381	0.279	0.345	0.328	0.207	0.142	0.214	0.155	0.129	0.156	0.173
安徽	0.603	0.592	0.725	0.702	0.735	0.662	0.623	0.647	0.646	0.564	0.463	0.437	0.428
福建	0.278	0.365	0.383	0.192	0.302	0.276	0.293	0.365	0.300	0.277	0.230	0.206	0.214
江西	0.470	0.587	0.748	0.698	0.784	0.711	0.593	0.576	0.581	0.561	0.516	0.441	0.430
山东	0.469	0.459	0.478	0.473	0.564	0.521	0.440	0.377	0.322	0.434	0.403	0.408	0.418
河南	0.251	0.380	0.525	0.567	0.572	0.474	0.489	0.538	0.633	0.601	0.569	0.406	0.396

续表

	1997	1998	1999	2000	2001	2002	2003	2004	2005	2006	2007	2008	2009
湖北	0.580	0.639	0.720	0.597	0.592	0.523	0.509	0.494	0.492	0.494	0.448	0.443	0.419
湖南	0.586	0.554	0.524	0.488	0.462	0.444	0.390	0.505	0.502	0.480	0.450	0.488	0.486
广东	0.311	0.275	0.193	0.143	0.277	0.275	0.297	0.274	0.216	0.180	0.117	0.160	0.179
广西	0.431	0.415	0.720	0.707	0.585	0.711	0.688	0.660	0.639	0.604	0.551	0.189	0.180
海南	0.488	0.367	0.174	0.135	0.121	0.448	0.318	0.612	0.667	0.517	0.511	0.303	0.414
重庆	0.805	0.689	0.351	0.422	0.302	0.182	0.013	0.086	0.304	0.141	0.236	0.201	0.209
四川	0.509	0.442	0.775	0.776	0.630	0.620	0.576	0.564	0.561	0.497	0.437	0.482	0.319
贵州	0.761	0.724	0.740	0.685	0.753	0.703	0.696	0.705	0.685	0.685	0.660	0.365	0.348
云南	0.765	0.759	0.455	0.578	0.531	0.520	0.375	0.381	0.369	0.471	0.320	0.067	0.048
陕西	0.363	0.288	0.480	0.625	0.610	0.533	0.472	0.534	0.503	0.480	0.374	0.433	0.401
甘肃	0.427	0.489	0.755	0.712	0.795	0.730	0.655	0.652	0.625	0.574	0.556	0.517	0.489
青海	0.799	0.717	0.886	0.875	0.613	0.451	0.533	0.504	0.613	0.467	0.293	−15.375	−15.938
宁夏	0.611	0.674	0.563	0.626	0.732	0.600	0.532	0.071	0.320	0.477	0.484	0.207	0.224

表 2.2 张杰等 FMD_2 的测算结果（1997—2009 年）

	1997	1998	1999	2000	2001	2002	2003	2004	2005	2006	2007	2008	2009
北京	-0.008	0.102	-0.142	-0.013	0.003	-0.035	-0.028	-0.004	0.001	0.021	-0.161	0.287	0.282
天津	0.130	0.130	0.076	0.226	-0.023	0.015	0.020	0.001	0.057	-0.045	-0.170	0.129	0.097
河北	0.305	0.251	0.288	0.439	0.499	0.507	0.488	0.522	0.545	0.491	0.487	0.388	0.402
山西	0.225	0.255	0.657	0.619	0.397	0.389	0.456	0.458	0.511	0.447	0.395	0.288	0.250
内蒙古	0.353	0.444	0.648	0.616	0.711	0.693	0.615	0.592	0.561	0.470	0.433	0.328	0.319
辽宁	0.467	0.457	0.358	0.347	0.263	0.200	0.218	0.083	0.114	0.134	0.060	0.146	0.120
吉林	0.615	0.756	0.521	0.611	0.673	0.710	0.682	0.658	0.711	0.621	0.553	0.466	0.468
黑龙江	0.502	0.592	0.630	0.657	0.786	0.758	0.715	0.715	0.701	0.592	0.456	0.446	0.437
上海	0.296	0.188	0.126	0.078	0.073	0.052	0.040	0.014	0.087	0.026	-0.019	0.305	0.298
江苏	0.474	0.414	0.188	0.145	0.240	0.170	0.157	0.211	0.255	0.257	0.254	0.342	0.405
浙江	0.256	0.256	0.237	0.172	0.242	0.228	0.143	0.106	0.197	0.175	0.189	0.319	0.369
安徽	0.471	0.426	0.597	0.560	0.558	0.511	0.492	0.529	0.556	0.476	0.376	0.389	0.398
福建	0.158	0.182	0.147	0.000	0.092	0.106	0.147	0.224	0.185	0.167	0.138	0.192	0.222
江西	0.366	0.397	0.592	0.473	0.583	0.469	0.354	0.358	0.384	0.359	0.340	0.334	0.336
山东	0.363	0.308	0.249	0.260	0.343	0.332	0.273	0.230	0.225	0.361	0.342	0.352	0.374
河南	0.232	0.320	0.343	0.387	0.425	0.426	0.419	0.454	0.505	0.461	0.442	0.307	0.318

续表

	1997	1998	1999	2000	2001	2002	2003	2004	2005	2006	2007	2008	2009
湖北	0.500	0.510	0.536	0.388	0.299	0.292	0.314	0.326	0.350	0.329	0.295	0.349	0.350
湖南	0.442	0.428	0.193	0.184	0.284	0.281	0.241	0.295	0.314	0.269	0.249	0.351	0.367
广东	0.245	0.227	0.027	0.026	0.137	0.155	0.200	0.212	0.212	0.215	0.183	0.262	0.291
广西	0.382	0.361	0.592	0.585	0.555	0.587	0.576	0.546	0.525	0.525	0.499	0.361	0.352
海南	0.280	0.246	-0.070	0.000	0.004	0.356	0.334	0.573	0.554	0.387	0.390	0.289	0.398
重庆	0.734	0.620	0.092	0.185	0.104	-0.002	-0.133	-0.099	0.139	-0.011	0.115	0.183	0.217
四川	0.413	0.359	0.686	0.642	0.432	0.450	0.427	0.433	0.460	0.386	0.343	0.451	0.310
贵州	0.585	0.563	0.587	0.471	0.573	0.503	0.466	0.496	0.467	0.481	0.449	0.183	0.162
云南	0.567	0.578	0.199	0.277	0.233	0.308	0.201	0.231	0.302	0.313	0.229	0.197	0.183
陕西	0.132	0.139	0.296	0.358	0.365	0.349	0.331	0.379	0.374	0.329	0.259	0.295	0.253
甘肃	0.179	0.223	0.565	0.462	0.576	0.472	0.386	0.382	0.364	0.317	0.243	0.293	0.267
青海	0.612	0.510	0.814	0.799	0.502	0.424	0.431	0.439	0.497	0.295	0.159	0.241	0.166
宁夏	0.574	0.542	0.413	0.447	0.533	0.410	0.351	0.259	0.307	0.437	0.409	0.178	0.217

真。②采用产品市场和要素市场的市场化指数的差距比值作为要素市场扭曲程度的测度指标，可以准确反映中国要素市场的市场化进程滞后于产品市场这一典型事实，这个指标可以同时涵括要素流动障碍、要素价格刚性以及要素价格差别化这三个方面的信息。而且，该指标能够涵括不同省级地区政府为了获得经济竞争优势而干预要素市场程度差异的信息。③采取该测度方法可以避免其他测度方法所需关键数据难以收集的难题（张杰等，2011）。

张杰等（2011a，2001b）两个测算指标也存在一些明显的不足：①该指数忽略了一个事实，即要素市场发育程度低的地区，产品市场和总体市场发育程度也较低，[①] 因而会抹平地区间相对扭曲程度（林伯强和杜克锐，2013）。②该指数的测算结果出现了负值，这与事实不符（戴魁早，2015a，2015b）。表2.1和表2.2是依据张杰等（2011a，2001b）两个指标测算的结果，显而易见，有些地区有些年度的要素市场扭曲程度值为负。

（三）要素市场扭曲指标的选择

鉴于已有测算指标存在明显的不足，依据张杰等（2011a，2001b）的思路，可以进一步采用标杆分析方法完善要素市场扭曲指标构建，即以各地区要素市场发育程度与基准要素市场发育程度的相对差距作为衡量指标。这种衡量方法既能够体现地区间要素市场扭曲程度的相对差异，也能反映地区要素市场随时间的变化程度（林伯强和杜克锐，2013）。基于此，借鉴林伯强和杜克锐（2013）的做法，选择基于标杆分析方法的相对差距指数衡量地区要素市场扭曲程度，测算指标用下式表示：

$$FMD_{it} = \frac{\max(FM_{it}) - FM_{it}}{\max(FM_{it})} \qquad (2.3)$$

式（2.3）中，FM_{it} 为要素市场发育程度指数，$\max(FM_{it})$ 为样本中要素市场发育程度最高值，FMD_{it} 的取值范围在 0—1 之间。[②] 各省份要素市

---

① 林伯强和杜克锐（2013）测算结果表明，要素市场的发育程度指数与产品市场、总体市场的发育程度指数存在高度的相关性。

② 基于标杆分析法的距离指数是相对要素市场扭曲程度指数。虽然以样本中要素市场发育程度最高值为标准（上海2007年的值，为11.93），但这并不意味着上海这年要素市场就不存在市场扭曲；可见，差距指数会低估要素市场扭曲的程度。然而，在直接测度指数不可获得的情况下，相较于张杰等（2011）构建的测算指标来说，该指数是更优的选择（林伯强和杜克锐，2013）。

场发育程度指数来自于樊纲等的《中国市场化进程指数报告》相关年度。

二　要素市场扭曲的测算结果

借助樊纲等（2011）《中国市场化进程指数报告》中的要素市场发展指数，可以测算 1997—2009 年各地区要素市场扭曲的程度，相关结果如表 2.3 和图 2.1、图 2.2 所示。

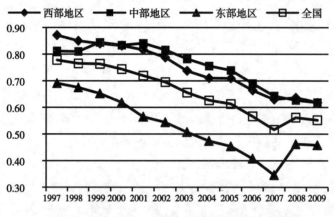

图 2.1　要素市场扭曲程度的区域差异变化趋势

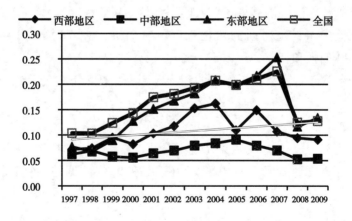

图 2.2　区域要素市场扭曲程度标准差的变化

（一）要素市场扭曲的总体变化趋势

从图 2.1 可以看出，整体上我国要素市场扭曲程度呈现出不断下降的趋势，其中 1999—2007 年间下降趋势尤为明显。但是，我国要素市场扭曲程度的改善过程是多有曲折的，1998—1999 年、2008—2009 年两个时间段要素市场扭曲程度呈现出逆向趋势，后一个时间段的趋势尤为显著，这种趋势可能是由 1997 年东南亚金融危机和 2008 年全球金融危机的不利冲击产生的。从图 2.2 可以看出，1997—2007 年全国各省域要素市场扭曲指数标准差在不断扩大，这说明各省域要素市场扭曲程度的差异没有缩小，并且有扩大的迹象。

　　图 2.2 分地区的结果显示，东部地区、中部地区和西部地区的要素市场扭曲程度呈现出不断改善的趋势；比较而言，东部地区的要素市场扭曲程度最低，中部地区次之，而西部地区的要素市场扭曲程度最高（地区分类依据《中国高技术产业统计年鉴》的标准）；图 2.2 各地区要素市场扭曲指数标准差说明，1997—2007 年间，东部地区各省域之间差异呈现出扩大趋势，且差异程度最为显著；西部地区各省域之间要素市场扭曲程度的差异也有上升趋势，而中部地区各省域间的差异趋势不太显著。可见，比较起来，东部地区整体上要素市场扭曲程度最低，但区域内各省域间的差异程度在扩大，而中西部地区要素市场扭曲程度较高，但内部各省域间的差异却低于东部地区。

　　（二）要素市场扭曲的分地区变化趋势

　　从表 2.3 各地区 1997 年的数据可以看出，所有省市区的要素市场扭曲指数值都在 0.55 以上，各地区要素市场的扭曲程度差异明显。其中，青海、宁夏、重庆和云南是要素市场扭曲程度最高的四个地区，指数值分别是 0.958、0.940、0.904 和 0.902，扭曲程度都在 0.9 以上；北京、广东和浙江是要素市场扭曲程度最低的三个地区，扭曲程度都在 0.65 以下，指数值分别是 0.565、0.602 和 0.615。从各地区 2009 年的数据可以看出，各地区要素市场的扭曲程度差异明显，扭曲程度最高的地区值为 0.773，而扭曲程度最低地区的值仅有 0.286，差了仅三倍。其中，青海、黑龙江和甘肃是要素市场扭曲程度最高的三个地区，指数值分别是 0.773、0.712 和 0.694；天津、上海和辽宁是要素市场扭曲程度最低的三个地区，扭曲程度都在 0.4 以下，指数值分别是 0.286、0.354 和 0.355。

　　表 2.4 反映了不同时间段各地区的要素市场扭曲的变化率和均值。显而易见，不同时间段各地区的要素市场扭曲的变化率和扭曲程度都存在明显的差异。

表 2.3　地区要素市场扭曲程度的测算结果（1997—2009 年）

	1997	1998	1999	2000	2001	2002	2003	2004	2005	2006	2007	2008	2009
北京	0.565	0.632	0.622	0.606	0.484	0.400	0.354	0.311	0.290	0.183	0.070	0.427	0.406
天津	0.670	0.641	0.635	0.652	0.435	0.444	0.422	0.342	0.335	0.196	0.043	0.329	0.286
河北	0.710	0.673	0.722	0.774	0.793	0.781	0.760	0.758	0.748	0.704	0.694	0.633	0.635
山西	0.783	0.775	0.904	0.892	0.828	0.799	0.789	0.767	0.784	0.729	0.684	0.631	0.616
内蒙古	0.862	0.863	0.899	0.884	0.915	0.897	0.858	0.825	0.789	0.721	0.696	0.654	0.642
辽宁	0.795	0.789	0.759	0.739	0.662	0.593	0.567	0.434	0.412	0.407	0.318	0.405	0.354
吉林	0.887	0.927	0.841	0.871	0.890	0.889	0.875	0.842	0.853	0.795	0.740	0.687	0.684
黑龙江	0.886	0.887	0.889	0.894	0.933	0.917	0.894	0.879	0.858	0.797	0.714	0.718	0.712
上海	0.705	0.657	0.655	0.556	0.408	0.337	0.247	0.189	0.215	0.119	0.000	0.393	0.355
江苏	0.769	0.736	0.610	0.564	0.565	0.485	0.437	0.429	0.416	0.390	0.340	0.417	0.424
浙江	0.615	0.600	0.624	0.544	0.515	0.459	0.346	0.268	0.312	0.253	0.225	0.363	0.376
安徽	0.804	0.789	0.842	0.826	0.824	0.797	0.771	0.764	0.745	0.680	0.596	0.609	0.603
福建	0.617	0.609	0.586	0.453	0.438	0.428	0.430	0.459	0.389	0.360	0.317	0.406	0.412
江西	0.791	0.777	0.867	0.821	0.860	0.794	0.726	0.690	0.667	0.636	0.597	0.583	0.574
山东	0.744	0.699	0.676	0.671	0.688	0.651	0.585	0.515	0.452	0.549	0.514	0.524	0.531
河南	0.690	0.710	0.777	0.782	0.801	0.793	0.762	0.742	0.721	0.681	0.653	0.548	0.541

续表

	1997	1998	1999	2000	2001	2002	2003	2004	2005	2006	2007	2008	2009
湖北	0.822	0.807	0.844	0.795	0.750	0.724	0.686	0.655	0.626	0.599	0.562	0.600	0.583
湖南	0.779	0.756	0.731	0.736	0.764	0.734	0.680	0.639	0.612	0.573	0.547	0.609	0.608
广东	0.602	0.581	0.514	0.410	0.408	0.389	0.397	0.381	0.328	0.306	0.244	0.366	0.381
广西	0.781	0.770	0.850	0.851	0.853	0.836	0.822	0.794	0.759	0.756	0.733	0.668	0.665
海南	0.723	0.715	0.578	0.602	0.527	0.725	0.719	0.806	0.790	0.674	0.648	0.616	0.677
重庆	0.904	0.860	0.652	0.687	0.609	0.521	0.386	0.337	0.469	0.314	0.399	0.461	0.466
四川	0.791	0.765	0.893	0.868	0.762	0.754	0.719	0.697	0.681	0.626	0.578	0.667	0.562
贵州	0.899	0.883	0.886	0.853	0.894	0.873	0.836	0.824	0.785	0.773	0.743	0.619	0.609
云南	0.902	0.898	0.767	0.753	0.754	0.780	0.717	0.690	0.692	0.671	0.603	0.593	0.585
陕西	0.780	0.751	0.826	0.816	0.821	0.787	0.769	0.768	0.748	0.712	0.667	0.666	0.646
甘肃	0.793	0.781	0.868	0.851	0.892	0.865	0.829	0.795	0.754	0.717	0.663	0.711	0.694
青海	0.958	0.939	0.966	0.958	0.901	0.882	0.876	0.854	0.837	0.749	0.673	0.780	0.773
宁夏	0.940	0.923	0.859	0.869	0.894	0.840	0.769	0.717	0.709	0.753	0.710	0.602	0.610

　　首先，从年均增长率值可以看出，1997—2009 年间，要素市场扭曲程度下降最快的三个地区为天津、辽宁和上海，年均增长率为-0.573、-0.555 和-0.496；要素市场扭曲程度下降最慢的三个地区为海南、河北和甘肃，年均增长率为-0.064、-0.106 和-0.125。在"入世"前的1997—2001 年间，大多数地区的要素市场扭曲程度都呈现着下降的趋势，但是，也有一些地区呈现上升的趋势；要素市场扭曲程度下降最快的三个地区为上海、广东和天津，年均增长率为-0.421、-0.351 和-0.322；要素市场扭曲程度下降最慢的三个地区为贵州、湖南和宁夏，年均增长率为-0.006、-0.019 和-0.049；在要素市场扭曲程度呈现上升的地区中，甘肃、河北和广西地区上升速度位居前三位，年均增长率分别为 0.125、0.117 和 0.092；此外，山西、内蒙古和吉林等地区的要素市场扭曲程度也呈现出加剧的趋势。在"入世"后的 2002—2009 年间，大多数地区的要素市场扭曲程度也都呈现着下降的趋势，但也有一些地区的要素市场扭曲呈现上升的趋势；要素市场扭曲程度下降最快的三个地区为辽宁、天津和河南，年均增长率为-0.403、-0.356 和-0.318；要素市场扭曲程度下降最慢的三个地区为广东、福建和海南，年均增长率为-0.021、-0.037 和-0.066；2002—2009 年间仅有上海和北京的要素市场扭曲程度呈现上升趋势，年均增长率分别为 0.053 和 0.015。

表 2.4　　　　　　　地区要素市场扭曲指数的增长率和均值

	年均增长率			均值		
	1997—2009 年	1997—2001 年	2002—2009 年	1997—2009 年	1997—2001 年	2002—2009 年
北京	-0.281	-0.143	0.015	0.412	0.582	0.305
天津	-0.573	-0.351	-0.356	0.418	0.607	0.300
河北	-0.106	0.117	-0.187	0.722	0.734	0.714
山西	-0.213	0.057	-0.229	0.768	0.836	0.725
内蒙古	-0.255	0.061	-0.284	0.808	0.885	0.760
辽宁	-0.555	-0.167	-0.403	0.556	0.749	0.436
吉林	-0.229	0.003	-0.231	0.829	0.883	0.796
黑龙江	-0.196	0.053	-0.224	0.844	0.898	0.811
上海	-0.496	-0.421	0.053	0.372	0.596	0.232
江苏	-0.449	-0.265	-0.126	0.506	0.649	0.417
浙江	-0.389	-0.163	-0.181	0.423	0.580	0.325

续表

	年均增长率			均值		
	1997—2009 年	1997—2001 年	2002—2009 年	1997—2009 年	1997—2001 年	2002—2009 年
安徽	-0.250	0.025	-0.243	0.742	0.817	0.696
福建	-0.332	-0.290	-0.037	0.454	0.541	0.400
江西	-0.274	0.087	-0.277	0.722	0.823	0.658
山东	-0.286	-0.075	-0.184	0.600	0.696	0.540
河南	-0.216	0.161	-0.318	0.708	0.752	0.680
湖北	-0.291	-0.088	-0.195	0.696	0.804	0.629
湖南	-0.220	-0.019	-0.172	0.674	0.753	0.625
广东	-0.367	-0.322	-0.021	0.408	0.503	0.349
广西	-0.149	0.092	-0.205	0.780	0.821	0.754
海南	-0.064	-0.271	-0.066	0.677	0.629	0.707
重庆	-0.485	-0.326	-0.106	0.543	0.742	0.419
四川	-0.290	-0.037	-0.255	0.720	0.816	0.661
贵州	-0.323	-0.006	-0.302	0.806	0.883	0.758
云南	-0.351	-0.164	-0.250	0.723	0.815	0.666
陕西	-0.172	0.053	-0.179	0.751	0.799	0.720
甘肃	-0.125	0.125	-0.198	0.786	0.837	0.754
青海	-0.193	-0.059	-0.124	0.857	0.944	0.803
宁夏	-0.351	-0.049	-0.274	0.784	0.897	0.714

比较"入世"前后的各地区要素市场扭曲的增长率,可以看出,"入世"后大多数地区的要素市场扭曲都得到了改善或缓解,"入世"前,要素市场已经发展较好的地区(如上海和北京)出现了扭曲程度的加剧。可见,"入世"对我国各地区的要素市场发育和发展有促进作用,尤其是对中西部地区(如河南、贵州和宁夏等)的促进作用更明显。

其次,从不同时间段均值可以看出,1997—2009 年间,要素市场扭曲程度最低的三个地区为上海、北京和天津,均值分别为 0.372、0.412 和 0.418;要素市场扭曲程度最高的三个地区为青海、黑龙江和吉林,均值为 0.857、0.844 和 0.829。在"入世"前的 1997—2001 年间,大多数地区的要素市场扭曲程度普遍高于 1997—2009 年间的值,各地区之间也存在明显的差异;要素市场扭曲程度最低的三个地区为广东、福建和浙江，均值分别为 0.503、0.541 和 0.580；要素市场扭曲程度均值最高的三个地区为青海、黑龙江和宁夏，均值分别为 0.944、0.898 和 0.897。在"入世"后的 2002—2009 年间，大多数地区要素市场扭曲指数值都显著低于"入世"前，而且各地区之间要素市场扭曲程度也差异明显；要素市场扭曲程度指数均值最低的三个地区为上海、天津和北京，指数均值分别为 0.232、0.300 和 0.305；要素市场扭曲程度指数均值最高的三个地区为黑龙江、青海和吉林，指数均值分别为 0.811、0.803 和 0.796。

比较"入世"前后要素市场扭曲指数的均值，可以看出，"入世"后大多数地区的要素市场扭曲均值都变小了，这说明"入世"促进了我国各地区的要素市场扭曲程度的下降。

(三) 要素市场扭曲指数的补充测算结果

鉴于樊纲等 (2011)《中国市场化进程指数报告》的"要素市场发育指数"仅有 1997—2009 年的数据，实证分析过程中，时间序列可能较短。由于"要素市场发育指数"的测算中含有一些需抽样调查的数据，无法事后进行补充。为此，这里还借鉴了韦倩等 (2014) 构建市场化指数的方法，补充了 1995—2013 年间的要素市场发展指数，进而依据式 (2.3) 测算各地区的要素市场扭曲指数。要素市场发展指数依据下式方法进行补充：

$$FG_{it} = \varphi + \rho NST_{it} + \tau_i + \omega_{it} \tag{2.4}$$

表 2.5　要素市场扭曲程度的补充数据（1995—1996 年和 2010—2013 年）

	1995	1996	2010	2011	2012	2013
北京	0.787	0.795	0.395	0.392	0.398	0.317
天津	0.804	0.778	0.322	0.390	0.345	0.323
河北	0.671	0.652	0.594	0.550	0.533	0.528
山西	0.914	0.903	0.668	0.623	0.616	0.601
内蒙古	0.916	0.911	0.609	0.576	0.570	0.576
辽宁	0.848	0.802	0383	0.367	0.363	0.355
吉林	0.833	0.867	0.634	0.687	0.682	0.698
黑龙江	0.894	0.909	0.730	0.712	0.667	0.640
上海	0.777	0.725	0.395	0.360	0.340	0.315
江苏	0.574	0.593	0.450	0.447	0.451	0.443
浙江	0.547	0.572	0.390	0.382	0.392	0.388

续表

	1995	1996	2010	2011	2012	2013
安徽	0.755	0.696	0.604	0.579	0.595	0.583
福建	0.668	0.640	0.453	0.429	0.441	0.418
江西	0.755	0.754	0.601	0.578	0.574	0.557
山东	0.675	0.665	0.527	0.513	0.505	0.501
河南	0.755	0.692	0.540	0.532	0.521	0.513
湖北	0.814	0.785	0.558	0.521	0.500	0.484
湖南	0.765	0.723	0.579	0.529	0.533	0.526
广东	0.692	0.678	0.535	0.483	0.468	0.459
广西	0.738	0.705	0.655	0.621	0.602	0.596
海南	0.688	0.672	0.620	0.621	0.611	0.582
重庆	0.752	0.721	0.500	0.490	0.488	0.460
四川	0.765	0.725	0.614	0.569	0.561	0.567
贵州	0.839	0.851	0.657	0.636	0.620	0.637
云南	0.833	0.798	0.679	0.616	0.603	0.610
陕西	0.824	0.827	0.674	0.640	0.640	0.623
甘肃	0.890	0.866	0.734	0.710	0.660	0.672
青海	0.978	0.970	0.775	0.776	0.778	0.780
宁夏	0.866	0.920	0.667	0.685	0.619	0.624

式（2.4）中，FG_{it} 为 i 地区在 t 时期的要素市场发育指数值；NST_{it} 为 i 地区在 t 时期的非国有经济的比重，由各地区各年度的非国有企业工业产值比重来反映。依据 1997—2009 年的数据对式（2.4）估计，可以得到估计系数 φ、ρ 和 τ；将这三个系数作为 1995—2013 年间 FG_{it} 和 NST_{it} 两个变量之间关系的近似参数，推算出调整后的要素市场发育指数 $\widehat{FG}$，计算公式如下：

$$\widehat{FG}_{it} = \widehat{\varphi} + \widehat{\rho}NST_{it} + \widehat{\tau}_i \tag{2.5}$$

依据式（2.4）测算的 $\widehat{FG}$ 与樊纲等（2011）的"要素市场发育指数"拟合程度较高。这样，可以将樊纲等（2011）"要素市场发育指数"1997—2009 年的数据与依据式（2.4）测算 $\widehat{FG}$ 值相组合，就可以补充 1995—2013 年的要素市场发育指数值，进而依据式（2.3）可以测算各地区的要素市场扭曲程度，补充的数据如表 2.5 所示。

第三节　中国要素市场扭曲成因的理论分析

依据前文对要素市场扭曲范围的界定，我国各地区的要素市场扭曲主要包括要素价格扭曲和要素市场分割两个方面。而通过梳理价格扭曲和市场分割相关领域的研究文献，可以定性地归纳出要素市场扭曲的成因。具体来说，地区要素市场扭曲的高低受到三个方面因素的共同作用。晋升激励和寻租激励等内在因素是导致地区要素市场扭曲的推动力，对外贸易和外商直接投资等外部因素是主要的拉动力，而金融和法律等制度因素是形成要素市场扭曲的环境催化力（见图 2.3）。

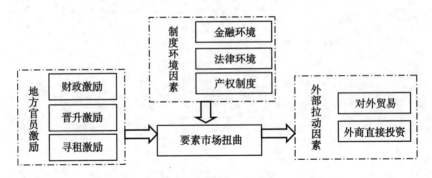

图 2.3　要素市场扭曲影响因素的理论分析框架

一　地方官员激励的影响

地方官员激励既包括财政激励和晋升激励等政治激励（王贤彬和徐现祥，2010；张莉等，2011），还包括能为官员带来极大潜在私利的寻租激励（胡军和郭峰，2013）。相关领域的文献表明，这三个方面的激励都可能对地方要素市场扭曲产生重要的影响。

（一）财政激励的影响

在当前我国财税体系还需完善的背景下，地方政府的财权和事权严重不匹配，这导致了地方政府有着增加财政收入的压力。当地政府财政收入低而面临财政压力时，为维持政府的正常运转以及提供有效的公共服务，地方政府既有动力通过分割市场等行政手段干预市场活动，以保护本地的市场、资源以及税基（刘小勇，2011）；同时，地方政府又可能通过为当地利税大户企业提供发展所需要的相对低成本的资金和其他稀缺的生产要素（如土地）（张杰等，2011a）；通过对要素市场分割和价格扭曲两个方面的干预，以保护这些企业的发展来保障地方财政收入的最大化。针对我国的经验研究也发现，市场分割可为本地带来更多的财政收入；而且，地方政府为财政收入不惜"以邻为壑"，形成了地区间的严重市场分割（杨，2000；李等，2003）。基于此，有假说2.1：财政激励是导致地方要素市场扭曲的重要因素。

（二）晋升激励的影响

在当前我国主要以GDP增长为基础的晋升机制条件下，地方官员的晋升取决于业绩考核状况。这种业绩主要是以上了多少项目、建了多少企业、经济增长速度多少等指标来进行量化和比较（周黎安，2004）。GDP增长越快的地区，官员晋升的几率越大，因而地方政府官员有晋升动力去不断促进当地经济增长。不仅市场分割有利于地方经济增长（刘培林，2005；陆铭和陈钊，2009），而且地方政府为当地企业发展提供低成本生产要素也有利于地方经济增长；在晋升激励约束下，地方官员有动力通过强化地区间的要素市场分割和干预当地生产要素价格以促进地区经济增长。已有研究的结果表明，锦标赛竞争使得地方官员之间的合作空间非常狭小、竞争空间非常巨大，官员晋升竞争加剧或者强化了地区间的市场分割（银温泉和才婉茹，2001；周黎安，2004）；而且，进一步研究发现，区域间市场分割是地方官员晋升激励下实施地区赶超战略的后果（刘培林，2005）。由此，有待检验的假说2.2：晋升激励是形成地方要素市场扭曲的重要原因。

（三）寻租激励的影响

在地方政府控制劳动力等关键要素定价权和分配权的情况下，企业通过与政府官员建立某种寻租联系，就可以获得所需的低成本资金和其他稀缺生产要素（Boldrin和Levine，2004；张杰等，2011a）；而建立这种寻租联系的有效手段是行贿和游说，两种手段都向地方官员输送了经济利益（李雪灵等，2012）。同时，要素市场分割也可以为地区内的企业提供保护，辖区内的企业有动力为寻求保护向地方政府官员输送利益（胡军和郭峰，2013）。可见，从地方政府官员的角度来讲，设置市场进入壁垒和控制关键要素的价格可以为地方政府官员带来极大的潜在好处，因而，地方政府官员有动力主动采用地方保护政策和控制要素价格来创造寻租机会，以获得巨大的个人利益。关于市场分割的理论与经验研究也证实，寻租激励或官员腐败对我国地区市场分割产生了显著的正向影响；在寻租活动越猖獗、腐败程度越高的地区，市场分割越严重（胡军和郭峰，2013）。这样，有假说2.3：寻租激励也是导致地方要素市场扭曲的重要因素。

二 外部拉动因素的影响

（一）对外贸易的影响

在政府控制关键生产要素价格、对外贸易水平较低、出口是GDP重要来源的情况下，政府有能力且有意愿通过压低生产要素价格和限制要素的跨区域流动，以降低出口企业生产成本和提升出口企业国际竞争力，通过促进对外贸易扩张缓解当地就业压力、促进当地产业结构升级与GDP高速增长（张杰等，2010；施炳展和冼国明，2012）。随着对外贸易的不断发展，地区融入全球经济体系的程度越来越高，激烈的国际市场竞争和国际"双反"调查的政治压力，使得地方政府不断减少对要素价格和要素跨地区流动的干预，这会不断改善地区要素市场的扭曲程度（皮建才和殷军，2012）。陈敏等（2007）的经验研究发现，经济开放对国内市场整合的影响是非线性的，在经济开放水平比较低的时候，经济开放会加剧国内市场的分割，但进一步提高经济开放水平能够促进国内市场一体化。胡军和郭峰（2013）的研究也证实，加入WTO激励了经济参与各方减少对要素价格扭曲和地方市场分割的保护。

基于此，我们提出假说2.4：对外贸易与地区要素市场扭曲存在非线性型关系。在对外贸易水平较低时，其加剧了地区要素市场扭曲；随着对外贸易水平的提高，其能够不断缓解地区要素市场的扭曲程度。

（二）外商直接投资的影响

在外商直接投资水平较低时，各地方政府可以通过积极的招商引资来实现财税收入、就业以及更为重要的当地GDP增长的目标。为吸引外资流入，各地方政府出台各项优惠政策（如压低土地价格、各种"隐形"补贴、出口退税、出口补贴以及税收返还等），压低企业的生产要素投入成本，控制要素资源流出（范爱军等，2007；张杰等，2010）。随着外资的不断涌入，面对国际市场和国内本土企业的双重竞争压力，外资企业开发跨地区市场过程中，可能不会受到地方政府所采取的"以邻为壑"的市场分割政策的影响（张杰等，2010）；从而不断带动劳动力和资金等要素的跨地区流动，其结果是促进了国内要素市场的整合，缓解了要素的价格扭曲程度。胡军和郭峰（2013）的实证研究发现，外商直接投资在一定程度促进了地区间的市场整合；而且，范爱军等（2007）的数据分析也表明，我国加入 WTO 以后，外资的大量涌入导致国内市场一体化水平得到了显著的提高。

由此，有待检验的假说 2.5：外商直接投资与地区要素市场扭曲存在非线性型关系。在外商直接投资水平较低时，其加剧了地区要素市场扭曲；随着外商直接投资水平的提高，其对地区要素市场扭曲会起到抑制作用。

三　制度环境因素的影响

制度环境既包括法律环境和金融环境等正式的制度环境（Lim 等，2010；李和 Zahra，2012），也包括文化和信任等重要的非正式制度（Clercq 等，2013）。本章着重关注与要素市场扭曲密切相关的金融环境、法律环境和产权制度等重要的正式制度环境。

（一）金融环境的影响

地区金融市场化水平[①]与要素的流动性及要素的价格扭曲程度密切相关（张杰等，2012）。在金融市场化水平较高的地区，要素流动较便利，要素价格较能反映真实的要素供需状况，因而要素价格扭曲和市场分割程度相对较低。反之，如果地区的金融市场化水平较低，要素跨区域的流动性较低，要素市场分割程度会较高，地区要素市场的扭曲程度也较高；樊纲等（2011）的研究也发现，我国各地区金融市场化水平是影响当地要素市场发展程度的重要因素。进一步地，地方政府对要素价格和要素跨区域流动的控制效果，在很大程度上会受到地区金融市场化水平的影响。在金融市场化水平较低的地区，政府对金融市场干预较强（李雪灵等，2012），地方政府能够较好地控制要素价格和要素跨区域流动，因而要素市场表现为较高的扭曲程度。而地方金融市场化进程加快所带来的要素流

---

① 中国各地区改革开放的次序和程度存在的差异，深刻影响中国不同地区金融环境的发育和发展进程，使得不同地区间的金融环境表现出较大差异（张杰等，2010），中国地区金融环境的演化主要体现在金融市场化进程上（樊纲等，2011a，2001b），因此，本章未严格区分金融市场化与金融环境这两个概念。

动性提高，会弱化地方政府对要素的价格和跨区域流动性的控制，地方政府的干预效果会减弱，因而地方要素市场表现出较低的扭曲状况。基于此，本章提出如下假说：

假说2.6a：金融市场化水平的提高能够缓解地区要素市场的扭曲程度；或者说，金融市场化程度较高的地区，要素市场的扭曲程度也较低。

假说2.6b：金融市场化程度较高的地区，官员激励对要素市场产生的扭曲效应也较低；或者说，随着地区金融市场化程度不断提高，官员激励的扭曲效应会逐渐降低。

（二）法律环境的影响

理论上，财政、晋升和寻租激励条件下地方政府官员对要素市场的干预程度和范围会受到法律制度环境的影响。法制体系不完善、执法力度较弱的地区，地方官员的干预行为受到法律强制约束的程度较低，导致了地方政府权力过大（李雪灵等，2012），地方官员对要素市场的干预活动会较频繁、干预范围会较广泛、干预程度会较深，因而当地要素市场的扭曲程度也会较高；相反，法制体系较完善、执法力度较强、执法程序较严格的地区，地方官员对要素市场的非法干预行为受到法律制度约束的程度会较高（Sobel，2008），因而当地要素市场的扭曲程度也会较低。美国、法国和德国等发达市场经济国家的发展经历以及东欧国家和独联体成员国经济体制转轨过程都表明，法律制度的完善有效地抑制了政府官员的干预行为（Aidis等，2008；李雪灵等，2012），降低了地区之间的市场分割和价格控制（Sobel，2008；Tonoyan等，2010）。我国改革开放以来的实践也表明，法制工作虽然进展迅速，但是立法和执法等所面对的艰巨任务严重地制约了要素市场的发育和发展（银温泉和才婉茹，2001）。由此，本章提出如下待检验的假说：

假说2.7a：法律环境的改善能够降低地区要素市场的扭曲程度。

假说2.7b：法律环境较好的地区，官员激励对要素市场产生的扭曲效应也较低；或者说，随着地区法律环境的改善，官员激励的扭曲效应会下降。

（三）产权制度的影响

地方政府对当地国有产权的企业拥有实际的剩余控制权和剩余索取权，也就是拥有实质上的所有权（银温泉和才婉茹，2001）。如果地方经济活动中的国有企业比重越高，地方政府官员越容易直接参与经济活动，地方政府对当地市场活动的控制力也越强。国有企业与地方政府之间的政企不分，是产生地区要素市场扭曲的重要微观基础（银温泉和才婉茹，2001）。为了拉动地区经济增长和缓解当地隐性失业的压力，实现地方利益最大化，地方政府有动力阻碍要素市场的一体化进程，也有动力给予那些创造更多产值、财税收入及就业机会的出口型和高利润的大型国有企业各种优惠的要素供给（包括减免税收、税收返还、补贴和人才引进政策等），以扶持这些企业发展（张杰等，2011）。国内学者的研究也发现，地方政府官员倾向于通过设置区际竞争壁垒保护当地国有企业（银温泉和才婉茹，2001；白重恩等，2004），而民营经济的持续发展则推动了地区的市场整合（陆铭和陈钊，2006）。基于此，本章提出如下假说：

假说2.8a：产权制度是影响地区要素市场扭曲的重要因素，即国有产权比重较高的地区要素市场的扭曲程度也较高，反之亦然。

假说2.8b：国有企业比重较高的地区，官员激励对要素市场产生的扭曲效应也较高；反之，国有企业比重较低的地区，官员激励的扭曲效应也较低。

第四节　中国要素市场扭曲成因的经验证据

一　计量模型与估计方法

基于上面的理论分析，我们建立如下计量模型考察这些因素对地区要素市场扭曲的影响：

$$FMD_{it} = \alpha + \beta X_{it} + \lambda_i + \varepsilon_{it} \qquad (2.6)$$

上式中，t 代表时间，下标 i 代表地区，λ_i 是不可观测的地区效应，ε_{it} 为随机扰动项。α_1 为系数，β 为系数向量。被解释变量 FMD_{it} 代表各省的要素市场扭曲程度；X_{it} 为影响要素市场扭曲的三类变量，包括内在激励因素、外部拉动因素和制度环境因素变量。内在激励因素变量包括财政分权度（FDE）、官员升迁（OFP）和腐败程度（DCO），外部拉动因素变量包括外贸依存度（DTD）和外商直接投资（RFD），制度环境变量包括金融市场化（FIN）、法律服务水平（LSE）和非国有化程度（NSO）等。

这样，影响因素变量的 X_{it} 可以由下式来表达：

$$X_{it} = \beta_1 FDE_{it} + \beta_2 OFP_{it} + \beta_3 DCO_{it} + \beta_4 DTD_{it} +$$

$$\beta_5 RFD_{it} + \beta_6 FIN_{it} + \beta_7 LSE_{it} + \beta_8 NSO_{it} \qquad (2.7)$$

式（2.7）隐含地假定了要素市场扭曲（FMD_{it}）会随着各影响因素的变化而瞬时发生相应的改变，也就是不存在调整性的滞后效应。然而，现实情况并非这样，像制度这样变量的调整或变化往往表现出路径依赖的特征，即前期水平对当期结果可能存在不能忽视的影响。因而，对要素市场扭曲变化的滞后效应进行考察具有重要的现实意义。我们可以借助局部调整模型对这种滞后效应进行简要的解释。考虑如下的局部调整模型：

$$FMD_{it}^e = \alpha + \beta X_{it} + \lambda_i + \delta_{it} \qquad (2.8)$$

上式中，FMD_{it}^e 表示要素市场扭曲的期望水平，α 为常数项，X_{it} 为式（2.8）中解释变量所组成的向量，β 为解释变量的系数向量，δ_{it} 为随机扰动项。式（2.8）表明了各影响因素的当期水平影响着要素市场扭曲的期望水平，由于制度和体制等因素的限制，要素市场发展的期望水平在短期内往往很难实现，而需要相关政策措施调控逐步调整，使得当前水平向期望水平逐渐靠拢。这符合局部调整模型的假设，被解释变量的实际变化只是预期变化的一部分。由此，存在以下的关系：

$$FMD_{it} - FMD_{i, t-1} = (1 - \zeta)(FMD_{it}^e - FMD_{i, t-1}) \qquad (2.9)$$

其中，$1 - \zeta (0 < \zeta < 1)$ 为要素市场扭曲程度向期望值的调整系数，其值越大说明调整速度越快；当 $\zeta = 0$ 时，表明实际要素市场扭曲程度与预期值相等，为充分调整状态；当 $\zeta = 1$，则说明当前要素市场扭曲程度与前期要素市场扭曲水平相同，t 期要素市场扭曲完全未进行调整。式（2.9）表明，滞后一期的实际要素市场扭曲 $FMD_{i, t-1}$ 与预期要素市场扭曲 FMD_{it}^e 的差距为（$FMD_{it}^e - FMD_{i, t-1}$），而 t 期的要素市场扭曲调整幅度为（$1 - \zeta$）（$FMD_{it}^e - FMD_{i, t-1}$）。将式（2.9）代入式（2.8）可得：

$$FMD_{it} = \alpha^* + \zeta FMD_{i, t-1} + \beta^* X_{it} + \lambda_i^* + \delta_{it}^* \qquad (2.10)$$

上式中，$\alpha^* = (1-\zeta)\alpha$，$\beta^* = (1-\zeta)\beta$，$\lambda_{it}^* = (1-\zeta)\lambda_{it}$，$\delta_{it}^* = (1-\zeta)\delta_{it}$。$\beta^*$ 为短期乘数，反映解释变量 X_{it} 对要素市场扭曲的短期影响；φ 为长期乘数，反映解释变量 X_{it} 对要素市场扭曲的长期影响；ζ 为滞后乘数，反映前一期要素市场扭曲对当期的影响，即刻画了滞后效应的大小。式（2.10）表示的动态面板模型即检验各因素对要素市场扭曲影响的基本形式。

式（2.10）的动态面板模型解释变量可能存在内生性问题，还可能存在遗漏变量可能存在的内生性问题，这会导致估计结果发生偏差，从而使得根据估计参数进行的统计推断无效。阿拿恩欧和鲍威尔（Arellano&Bover，1995）建议采用一般矩估计方法（GMM）来克服动态面板数据中出现的上述问题。动态面板 GMM 估计方法的好处在于它通过差分或使用工具变量来控制住未观察到的时间和个体效应，同时还使用前期的解释变量和滞后的被解释变量作为工具变量克服内生性问题。对式（2.10）进行一次差分，可得：

$$FMD_{it} - FMD_{i, t-1} = \zeta(FMD_{i, t-1} - FMD_{i, t-2}) + \beta(X_{it} - X_{i, t-1}) + (\delta_{i, t} - \delta_{i, t-1}) \qquad (2.11)$$

从式（2.11）可以看出，它消除了不随时间变化的区域效应，但包含了被解释变量的滞后项为（$FMD_{it} - FMD_{i, t-1}$）。为了克服所有解释变量的内生性问题以及新的残差项（$\delta_{i, t} - \delta_{i, t-1}$）与滞后的被解释变量（$FMD_{i, t-1} - FMD_{i, t-2}$）之间的相关性，必须采用工具变量来进行估计。GMM 估计通过下面的矩条件给出工具变量集：

$$E[(\delta_{i, t} - \delta_{i, t-1}) \cdot \delta_{i, t-s}] = 0; \ s \geq 2; \ t = 3, \cdots, T \qquad (2.12)$$

$$E[(\delta_{i, t} - \delta_{i, t-1}) \cdot X_{i, t-s}] = 0; \ s \geq 2; \ t = 3, \cdots, T \qquad (2.13)$$

$$E[(\delta_{i, t} - \delta_{i, t-1}) \cdot FMD_{i, t-s}] = 0; \ s \geq 2; \ t = 3, \cdots, T \quad (2.14)$$

上面的差分转换方法就是差分广义矩（Difference GMM）估计方法。但差分转换也有缺陷，它会导致一部分样本信息的损失，并且当解释变量在时间上有持续性时，工具变量的有效性将减弱，从而影响估计结果的渐进有效性。系统广义矩（System GMM）估计（阿拿恩欧和鲍威尔，1995；布兰德尔和波恩德（Bond），1997）能够较好地解决这个问题，它能同时利用差分和水平方程中的信息，差分转换所用到的工具变量，即式（2.13）和式（2.14）中的工具变量在系统方程估计中仍可继续使用。在观察不到的各行业固定效应与解释变量的差分［式（2.11）右边的变量］不相关的弱假设下，能够得到额外的矩条件，从而给出系统中水平方程的工具变量集：

$$E[(\delta_{i, t-1} - \delta_{i, t-2}) \cdot (\lambda_i + \delta_{i, t})] = 0 \qquad (2.15)$$

$$E[(X_{i, t} - X_{i, t-1}) \cdot (\lambda_i + \delta_{i, t})] = 0 \qquad (2.16)$$

系统广义矩估计由于利用了更多的样本信息，在一般情况下比差分广义矩估计更有效。但这种有效性有赖于解释变量滞后值作为工具变量是否有效，本章依据两种方法来识别模型设定是否有效。第一种是采用汉森（Hansen）检验来识别工具变量的有效性，如果不能拒绝零假设就意味着工具变量的设定是恰当的。第二种是检验残差项 δ_{it} 非自相关假设，即检验 GMM 回归系统中差分的残差项是否存在二阶序列自相关。即便原始残差项是非自相关的，它的差分序列也可能为一阶自相关，除非原始残差序列遵循一个随机游走过程。因此，差分的残差项如果存在二阶自相关就意味着原始残差序列是自相关并至少遵循阶数为 1 的移动平均过程。

二　变量选取说明

要素市场扭曲的选择、测算方法与测算结果见前文，其他变量的选择说明如下（主要变量的定性描述见表 2.6）。

表 2.6　　　　　　　　　　　主要变量的定性描述

变量类型	因素含义	度量指标	指标符号	度量指标的测算说明	单位	预期符号
被解释变量		要素市场扭曲	FMD	根据要素市场发育程度指数测算	%	—
激励因素变量	财政激励	财政分权度	FDE	依据地方财政净收入占财政净支出的比重测算	%	+
	晋升激励	晋升竞争度	DPC	依据官员晋升竞争程度指数测算	—	+
	寻租激励	腐败程度	DCO	依据地区每万名公职人员贪污、贿赂和渎职等案件立案数测算	%	+
拉动因素变量	对外贸易	外贸依存度	DTD	依据地区对外贸易进出口值占 GDP 的比重测算	%	
	外商直接投资	外商直接投资	RFD	地区外商直接投资实际利用额占 GDP 的比重	%	
制度环境变量	金融环境	金融市场化	FIN	依据地区金融业竞争指数和信贷资金分配市场化数的均值测算	分	+
	法律环境	法律服务水平	LSE	依据地区法律中介组织的发育程度指数测算	分	+
	产权制度	非国有化程度	NSO	依据地方非国有企业就业人数占比产值占比、固定资产占比的均值测算	%	+

（一）激励因素的变量选取

①财政激励变量。财政激励是地方政府官员的重要激励之一（周黎安，2004）。已有的研究表明，财政分权度能够较好地刻画地区的财政激励程度（杨，2000；张晏和龚六堂，2005；陈硕，2010；宫汝凯，

2013）。而关于财政分权度的衡量，近期实证文献大多采用三类代表性指标，即"支出指标""收入指标"和"财政自主度指标"。而且大多数研究采用的是前两类指标，如张和周（Zou，1998）以人均省级政府支出（或收入）与中央总支出（或收入）的比值反映；张晏和龚六堂（2005）采用了财政收入（事实分权）、财政支出（实际分权）和省内外总支出等多种财政分权等多种指标来刻画财政分权度；而宫汝凯（2013）则采用人均化的财政支出分权度（等于人均地方政府本级预算财政支出与人均中央本级预算财政支出的比重）作为衡量指标，并采用了人均的财政收入分权度进行稳健性检验。而采用"财政自主度"文献相对较少，如仅有龚锋和卢洪友（2009）、陈硕（2010，2012）等少数文献采用了该指标。

比较来说，"财政自主度指标"公式的分子和分母均存在跨时和跨地区变化。从数据结构适用性上来说，"收支指标"适合于着重刻画跨时变化的时间序列数据［此外，"收支指标"还存在其他一些局限，具体内容请参见陈硕（2012）的描述］，但如果使用考虑地区差异的截面或面板数据时，采用"自主度指标"更为科学合理（陈硕，2012）。鉴于我们使用的数据为面板数据，这里采用"自主度指标"衡量地区的财政分权度。借鉴陈硕（2010，2012）的做法，采用如下的计算公式测算各地区的财政分权度（FDE）：

$$FDE_{it} = \frac{FNI_{it}}{FNE_{it}} = \frac{FNI_{it}}{FNI_{it} + CTP_{it}} \qquad (2.17)$$

式（2.17）中 FDE_{it} 为 i 地区在 t 时期财政分权度（即地区财政自主性），FNI_{it} 为地区财政净收入，FNE_{it} 为地区财政净支出，CTP_{it} 为中央政府转移支付。一般来说，地方财政净收入和来自中央政府的转移支付构成了地方政府在该预算年度的总财政支出。如前所述，1994 年改革以后，所有地方政府都要依靠中央政府转移支付来消除本地收入和本地支出之间的差距。名义上，地方政府的财政自主性可以表示为地方政府自身收入在其所有财政支出中的比率，其基准值为1，表示地方政府财政支出都来自自身财政收入，不依靠中央转移支付。

②晋升激励变量。晋升激励也是地方政府官员的重要激励之一（周黎安，2004）。已有的大量研究表明，衡量官员晋升激励的相关指标分为三类：第一类是晋升激励的影响因素；在晋升机制下，地方官员有着强烈的发展地区经济的激励，因而晋升激励的影响因素主要包括地区经济发展

（包括 GDP 增长率、失业率和财政自给率等）（周黎安，2004；冯芸和吴冲锋，2013；傅利平和李永辉，2014；罗党论等，2015）、地区经济效率（蒋德权等，2015）、环境质量和能源利用效率（孙伟增等，2014）。第二类是晋升激励的结果，即地方官员是否升迁（冯芸和吴冲锋，2013；蒋德权等，2015；罗党论等，2015）。第三类是地方官员晋升的竞争程度指标，地方官员在各年所面临的职业竞争程度（王贤彬和徐现祥，2010）。

前两类指标分别反映了研究地方官员升迁及其影响因素，而我们的目标是侧重考察地方官员晋升竞争对要素市场扭曲的影响。可见，第三类指标作为本书的晋升激励衡量指标更合适。基于此，我们借鉴王贤彬和徐现祥（2010）的做法，构建一个省级官员晋升竞争程度指标刻画地方官员的晋升激励程度，具体计算公式如下：

$$DPC_{it} = \sum_{j \neq i}^{N_t} x_{it}/2N_t \qquad (2.18)$$

式（2.18）中，DPC_{it} 为被解释变量晋升竞争程度，N_t 为 t 时期出现了地方官员党政首长（书记和省长）更替的地区数量。x_{it} 为 i 地区在 t 时期地方官员的升迁值；由于省长和省委书记离任后的去向比较复杂，如何定义官员升迁值很重要。借鉴蒋德权等（2015）的做法，若省委书记或省长晋升为中央政治局委员或常委，则定义为政治级别的上升。具体而言，官员离任后，若政治级别上升为 2；平调为 1；其他为 0。由于这一变量近似地度量各个省份地方官员在各年所面临的晋升竞争程度，不仅在各年不同，并且在各个省区之间也不同，从而能够较好地捕捉晋升激励强度（王贤彬和徐现祥，2010）。

③寻租激励变量。依据经济学的理性假设可知，地方政府官员不是仁慈的，而是理性的，是追求私利的；因而，地方政府会通过设租来最大化自身利益（胡军和郭峰，2013）；可见，寻租激励也是地方政府官员的重要激励。关于寻租的衡量指标有两类：一类是从企业行贿角度进行衡量，主要采用行贿、偷税漏税和非生产性支出等指标（Cai 等，2011；黄玖立和李坤望，2013；刘锦和王学军，2014，2015）；另一类是从官员受贿角度进行衡量，主要采用腐败程度等指标（吴一平，2008；陈刚和李树，2010；胡军和郭峰，2013）。因我们的目标是研究地方政府官员行为对要素市场扭曲的影响，所以采用后一类衡量指标更合适。具体借鉴陈刚和李树（2010）、胡军和郭峰（2013）的做法，我们采用地区每万名公职人员贪污、贿赂和渎职等案件立案数测算地方政府官员的寻租激励程度（用符

号 DCO 表示）。

（二）拉动因素的变量选取

①对外贸易。国内外相关领域文献通常采用三个指标衡量地区对外贸易水平，即外贸依存度、进口依存度和出口依存度三个指标（范爱军等，2007；胡军和郭峰，2013）。由于外贸依存度既反映地区出口状况又能反映地区进口状况，在一定程度上所涵盖的信息更为丰富。基于此，我们采用外贸依存反映中国各地区的对外贸易水平，依据对外贸易进出口值占GDP 的比重测算（用符号 DTD 表示）。由假说 2.4 可知，对外贸易与地区要素市场扭曲之间可能存在非线性的关系，在估计时引入外贸依存度的平方项（用 DTD^2 表示）；如果 DTD 和 DTD^2 的系数分别大于和小于零，则意味着外贸依存度与要素市场扭曲之间存在倒 U 型的关系。反之，如果两者的系数分别小于和大于零，则说明两者的关系是正 U 型的关系。②外商直接投资。借鉴范爱军等（2007）、胡军和郭峰（2013）等的做法，依据地区外商直接投资实际利用额占 GDP 的比重测算（用符号 RFD 表示）。由假说 2.5 可知，FDI 与地区要素市场扭曲之间可能存在非线性的关系，在估计时引入 FDI 的平方项（用 RFD^2 表示）。

（三）制度因素的变量选取

①金融环境。我国各地区金融环境的变化与地区的金融市场化进程密切相关（樊纲等，2002，2011），因而地区金融市场化程度能够较好地反映地区的金融环境。借鉴樊纲等（2011）、张杰等（2010）的做法，我们也采用樊纲等《中国市场化进程指数》中的地区金融市场化指数刻画金融环境的变化（用符号 FIN 表示）。②法律环境。由于法律环境涉及法律体系和执法等方方面面，目前尚未有专门的衡量指标。国内的一些研究表明，我国各地区法律环境的改善最终反映在地区法律中介组织的服务水平上，因而，地区法律中介组织的发育程度作为法律环境的衡量指标较为理想（樊纲等，2002，2011）。基于此，我们采用樊纲等《中国市场化进程指数》中的法律中介组织的发育程度指数来测算（用符号 LSE 表示）。③产权制度。借鉴国内相关领域研究的通常做法（吴延兵，2007；胡军和郭峰，2013；戴魁早和刘友金，2015），用非国有化程度反映地区的产权制度；依据非国有企业就业人数占比产值占比、固定资产占比的均值测算（用符号 NSO 表示）。

三　数据来源与描述统计

鉴于测算要素市场扭曲的数据仅有 1997—2009 年数据，本章样本区间设定为 1997—2009 年间。由于西藏和新疆缺失了大量数据，研究时未纳入样本，样本共涉及 29 个省区市。样本期间的官员晋升指标数据来源于《中华人民共和国职官志》相关年度以及人民网、新华网等公布的干部资料，主要包括中国各省份正职书记和省长、自治区主席、直辖市市长（以下简称省长和书记的任命和调动资料）；在筛选样本时，本章删除了官员患病或入狱、官员任期不满 1 年的数据。腐败程度的相关测算数据来自《中国检察年鉴》相关年度，财政分权度数据来源于《中国财政年鉴》相关年度，金融市场化指数和法律中介组织的发育程度指数的相关数据来源于（樊纲等，2011）《中国市场化进程指数》，其他相关数据主要来源于《中国统计年鉴》相关年度和中经网统计数据库。借助樊纲等（2011）《中国市场化进程指数报告》中的要素市场发展指数，可以测算 1997—2009 年各地区要素市场扭曲的程度。在数据处理过程中，为了减轻异常值（或称离群值）对估计结果的影响，本章对所有连续变量均进行缩尾处理（主要变量的描述统计如表 2.7 所示）。

从图 2.4 可以看出，整体上我国要素市场扭曲程度呈现出不断下降的趋势，标准差的变化趋势则显示，1997—2007 年全国各省域要素市场扭曲指数标准差在不断扩大，说明看各省域要素市场扭曲程度的差异不但没有缩小，反而有扩大的迹象。

表 2.7　　　　　　　　　　　主要变量的描述统计

变量	均值			观测值	标准差	最小值	中位数	最大值
	全样本	"入世"前	"入世"后	全样本				
FMD	0.659	0.754	0.599	377	0.185	0.119	0.694	0.940
FDE	0.621	0.651	0.592	377	0.218	0.185	0.634	0.997
DPC	0.466	0.514	0.391	377	0.149	0.070	0.423	0.890
DCO	48.367	52.123	42.486	377	35.389	5.353	52.271	189.236
DTD	0.302	0.216	0.394	377	0.195	0.002	0.327	1.235
RFD	0.036	0.018	0.045	377	0.019	0.000	0.041	0.095
FIN	5.762	4.368	6.892	377	9.321	0.150	6.261	12.660

变量	均值			观测值	标准差	最小值	中位数	最大值
	全样本	"入世"前	"入世"后	全样本				
LSE	6.853	5.781	7.623	377	8.921	0.900	0.654	18.890
NSO	0.431	0.284	0.532	377	0.138	0.182	0.427	0.863

注：表中腐败程度（DCO）为实际值；为了控制异方差，实证检验时对 DCO 取了自然对数；散点图 DCO 值也为自然对数值。

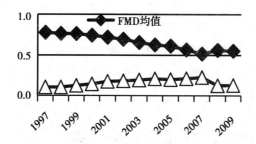

图 2.4　要素市场扭曲及标准差的变化趋势

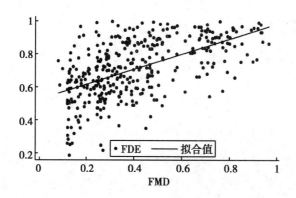

图 2.5　要素市场扭曲与财政分权度散点图

　　图 2.5、图 2.6 和图 2.7 为反映官员激励的三个变量与要素市场扭曲的散点图。从图 2.5 可以看出，财政分权度（FDE）与要素市场扭曲指数（FMD）之间存在的同向变动特征，两者正相关关系十分明显，这很可能意味着财政激励程度的降低有利于要素市场扭曲状况的改善。图 2.6 的散点图显示，晋升竞争度（DPC）与要素市场扭曲指数之间的两者正相关关系十分明显，这可能意味着晋升竞争程度的提高会强化地区要素市场的扭

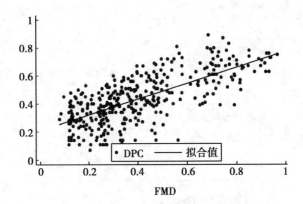

图 2.6　要素市场扭曲与晋升竞争度散点图

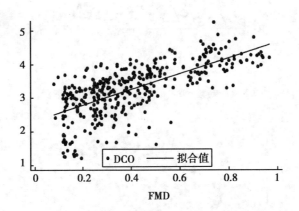

图 2.7　要素市场扭曲与腐败程度散点图

曲状况。从图 2.7 的散点图也可以看出，腐败程度（DCO）与要素市场扭曲指数之间存在明显的同向变动特征，说明两者是正相关关系，这也可能表明寻租激励程度的降低有利于要素市场扭曲状况的改善。此外，表 2.7 也显示，FMD 与 FDE、DPC 和 DCO 的"入世"前后均值也都存在同向变动的趋势。这初步印证了官员激励的相关理论假说。接下来，将通过计量分析来检验和揭示它们之间的关系。

四　整体估计的结果分析

由于影响要素市场扭曲的因素很多，因而在选取解释变量时可能会遗漏一些变量。为了尽可能降低遗漏变量问题所产生的影响，我们将遵循计量经济学中"从一般到特殊"的正确建模原则（李子奈，2008），即首先以包含全部控制变量的整体回归模型作为分析对象进行"一般性"实证检验，在确定内在激励因素的具体影响后，再采用在激励因素基础上依次逐步添加其他解释变量的"特殊性"方法进行参数估计，以专门考察这些解释变量对激励因素影响的冲击情况。

表 2.8 整体估计结果

解释变量	模型 1	模型 2	模型 3	模型 4	模型 5	模型 6	模型 7	模型 8	模型 9
	时间段：1997—2009			时间段：1997—2001			时间段：2002—2009		
FMD 滞后一期	0.220 *** (3.34)	0.165 *** (4.21)	0.128 (1.71)	0.294 * (1.92)	0.408 *** (2.84)	0.185 *** (2.69)	0.133 *** (3.03)	0.353 *** (2.83)	0.098 * (1.89)
FDE	0.289 *** (2.98)	0.354 (1.23)	0.290 *** (3.38)	0.408 *** (3.56)	0.356 (1.63)	0.474 *** (2.67)	0.205 ** (2.48)	0.189 (1.65)	0.474 *** (2.57)
DPC	0.351 *** (3.28)	0.473 *** (2.71)	0.323 ** (2.29)	0.278 ** (2.15)	0.553 * (1.92)	0.449 (1.53)	0.118 *** (2.79)	0.313 * (1.92)	0.232 *** (2.73)
DCO	0.121 ** (2.44)	0.544 ** (2.65)	0.032 (0.54)	0.412 *** (3.86)	0.257 ** (2.32)	0.327 (1.21)	0.161 *** (2.93)	0.532 ** (2.09)	0.007 (−0.14)
DTD	0.178 ** (2.04)	0.094 (1.24)	0.128 (0.90)	0.297 *** (3.77)	0.351 *** (6.55)	0.283 *** (2.81)	0.037 *** (3.77)	0.051 (0.55)	0.187 *** (2.81)
DTD²	−0.656 *** (−4.51)	−0.328 (−1.22)	−0.468 * (−1.97)	−0.470 (1.09)	0.319 *** (3.80)	0.208 ** (2.23)	−0.286 *** (4.12)	−0.404 ** (−3.21)	−0.288 *** (−3.93)
RFD	0.057 * (1.87)	0.093 (1.65)	0.071 (1.54)	0.274 *** (3.08)	0.140 * (1.89)	0.085 *** (3.53)	0.096 ** (2.23)	0.540 * (1.82)	0.085 ** (2.53)
RFD²	−0.276 *** (−2.89)	−0.163 *** (−2.87)	−0.213 *** (−2.94)	0.393 (−1.29)	−0.012 (−0.72)	0.013 (0.56)	−0.521 *** (−2.78)	−0.034 (−0.69)	−0.023 (−1.23)
FIN	−0.291 ** (−2.38)	−0.359 (−0.69)	−0.354 (−1.01)	−0.125 *** (−3.62)	−0.114 *** (−2.98)	−0.046 *** (−3.84)	−0.447 *** (3.98)	−0.114 * (−1.98)	−0.046 (−1.35)
LSE	−0.420 *** (3.62)	−0.343 (1.44)	0.242 *** (3.61)	−0.131 *** (2.59)	−0.357 ** (−2.12)	−0.430 ** (−2.50)	−0.331 *** (3.45)	−0.057 *** (−3.36)	−0.130 *** (−2.60)
NSO	−0.046 *** (−2.99)	−0.086 (−0.71)	−0.120 ** (−2.21)	−0.112 (−1.67)	0.176 (1.34)	0.201 * (1.85)	−0.212 * (−1.97)	−0.185 (−1.47)	−0.297 *** (−2.85)
观测值	348	348	348	116	116	116	203	203	203
估计方法	两步系统 GMM	动态 POLS	动态 FE	两步系统 GMM	动态 POLS	动态 FE	两步系统 GMM	动态 POLS	动态 FE
R²值	—	0.738	0.723	—	0.792	0.754	—	0.648	0.673
AR (1) 检验值 [p]ᵃ	−2.669 [0.008]	—	—	−2.821 [0.004]	—	—	−2.521 [0.018]	—	—

续表

解释变量	模型1	模型2	模型3	模型4	模型5	模型6	模型7	模型8	模型9
	时间段：1997—2009			时间段：1997—2001			时间段：2002—2009		
AR (2) 检验值 [p][b]	−1.134 [0.251]	—	—	−1.253 [0.221]	—	—	−1.356 [0.120]	—	—
汉森 检验值 [p][c]	19.573 [1.000]	—	—	17.345 [1.000]	—	—	18.583 [1.000]	—	—

注：(1) ***、**、* 分别表示统计值在 1%、5% 和 10% 的显著性水平下显著。(2) 圆括号内的数值为 t 值；方括号内的数值为概率 p 值。(3) a 零假设为差分后的残差项不存在一阶序列相关 [若差分后的残差项存在一阶序列相关，系统 GMM 依然有效，参见罗德曼 (Roodman, 2006)]；b 零假设为差分后的残差项不存在二阶序列相关 (若差分后的残差项存在二阶序列相关，则系统 GMM 为无效)；c 为汉森检验的零假设为过度识别约束是有效的。(4) 考虑到样本观察值的有限性，这里以解释变量的一阶滞后值作为工具变量。(5) GMM 方法所用的软件包是 stata/MP 11.0，所用的程序是 xtabond2。

表 2.8 中模型 1、模型 4 和模型 7 分别报告了式 (2.10) 不同时间段的两步 SYS-GMM 估计结果，三个模型的汉森检验和 AB 检验均满足 GMM 估计的要求，即残差显著存在一阶自相关而不存在二阶自相关，且汉森统计量不显著，这表明模型 1、模型 4 和模型 7 采用的工具变量合理有效，也不存在工具变量的过度识别问题。

虽然 GMM 估计量具有一致性，但是样本较小或者工具变量较弱时，其估计量较易产生大的偏差 (李文星等，2008)。针对这种情况，Bond (2002) 建议将 GMM 估计量分别与包含被解释变量滞后项的混合估计模型 (POLS) 和固定效应模型 (FE) 的估计量进行比较，观察被解释变量滞后项的 GMM 估计系数是否介于后两个模型的对应估计量之间。由于 POLS 估计时被解释变量滞后项与不可观察的地区效应正相关，对应的估计系数应该是向上偏倚 (biased upwards)；而 FE 估计时的被解释变量滞后项与随机扰动项负相关，对应的估计系数是向下偏倚 (biased downwards)；因而，被解释变量滞后项的 GMM 估计系数应该在 POLS 和 FE 对应的估计系数之间。基于此，我们在表 2.8 的模型 2 与模型 3、模型 5 与模型 6、模型 8 与模型 9 中，分别列出了不同时间段引入要素市场扭曲 (FMD) 滞后一期的动态 POLS 和 FE 的估计结果。比较可知，模型 1 中的 FMD 滞后一期系数 0.420 的确介于模型 2 和模型 3 的对应系数 0.328 和 0.565 之间，模型 4 中的 FMD 滞后一期系数 0.294 介于模型 5 和模型 6 的对应系数 0.185 和 0.408 之间，模型 7 中的 FMD 滞后一期系数 0.133 介于模型 8 和模型 9 的对应系数 0.098 和 0.353 之间，这表明模型 1、模型 4 和模型 7 的 SYS-GMM 估计结果并未因为样本数量和工具变量的选择而产生明显的偏差。可见，模型 1、模型 4 和模型 7 的估计结果非常稳健。从表 2.8 模型 1（1997—2009 年间）的参数估计结果可以看出：

首先，财政分权度（FDE）的系数在 1% 的水平上显著为正；说明财政分权度越高，地区要素市场扭曲程度也越高；财政激励对要素市场扭曲产生了显著的正向影响。这验证了理论假说 2.1。晋升竞争度（DPC）的影响系数在 1% 的水平上显著为正，值为 0.351；表明晋升竞争度越高的地区，要素市场扭曲程度也越高，反之亦然。这说明晋升激励显著地促进了地区要素市场扭曲的提高，这验证了假说 2.2。腐败程度（DCO）的系数值为 0.121，且在 5% 的水平上显著；表明了腐败程度越高的地区，要素市场扭曲程度越高。这也说明，寻租激励对地区要素市场扭曲的提高有显著的正向影响，这验证了假说 2.3。

其次，外贸依存度一次项（DTD）和二次项（DTD^2）的系数分别大于和小于零，这表明外贸依存度与要素市场扭曲之间存在倒 U 型的关系，即在对外贸易水平较低时，其加剧了地区要素市场扭曲；而随着对外贸易水平提高到一个临界值之后，其能够不断缓解地区要素市场的扭曲程度；也就是说，相对于外贸依存度处于中间水平的地区，在外贸依存度较低和较高地区的要素市场扭曲程度相对低些；这验证了假说 2.4 的预期结论。同时，RFD 和 RFD^2 的系数分别大于和小于零，这表明外商直接投资与要素市场扭曲之间也存在倒 U 型的关系，外商直接投资水平较低和较高地区，相对外商直接投资处于中间水平的地区来说，其要素市场扭曲程度相对低些；也就是说，在地区外商直接投资水平较低时，其水平的提高会加剧地区要素市场的扭曲程度；而随着外商直接投资水平提高到一个临界值之后，其水平的提高能够不断缓解地区要素市场的扭曲程度；这验证了假说 2.5。

最后，金融市场化（FIN）的系数在 5% 的水平上显著为负，值为 -0.291，说明了金融市场化程度与地区要素市场扭曲存在负相关关系，金融市场化程度越低的地区，要素市场扭曲程度越高，反之，金融市场化程度越高的地区，要素市场扭曲程度越低；这表明，金融环境的改善能够有效地缓解地区要素市场的扭曲程度。这验证了假说 2.6a。法律环境

（FIN）的系数值为-0.420，且在1%的水平上显著；说明了法律环境与地区要素市场扭曲程度存在负相关关系，法律环境较好的地区，要素市场扭曲程度较低；反之，法律环境越差的地区，要素市场扭曲程度越高；这表明，法律环境的改善能够促进地区要素市场的发展。这验证了假说2.7a。产权制度（NSO）的影响系数在1%的水平上显著为负，值为-0.046，说明了非国有化程度与地区要素市场扭曲存在负相关关系，非国有化程度越低的地区，要素市场扭曲程度越高，反之，非国有化程度越高的地区，要素市场扭曲程度越低；换句话说，随着地区国有产权制度明晰程度的逐渐提高，地区要素市场的扭曲程度会不断下降。这表明，产权制度的明晰能够有效地促进地区要素市场的发展。这验证了假说2.8a。

比较表2.8模型4（1997—2001年间）和模型7（2002—2009年间）的估计参数，可以发现"入世"前后官员激励和制度环境对要素市场扭曲的影响程度存在一定的差异。

第一，"入世"以后官员激励对要素市场扭曲的正向影响变小了。具体来说：①"入世"前后财政分权度（FDE）的影响系数分别为0.408和0.205，说明"入世"以后财政自主度对地区要素市场扭曲的影响程度变小了，即财政激励的扭曲效应下降了。对此可能的解释是：加入WTO是我国市场化改革进一步深化的重要标志，地方政府为了财政收入对要素市场干预的范围和力度的更小（戴魁早和刘友金，2013）；同时，加入WTO以后，外资的大量涌入和对外贸易的迅速增长能够促进地区间要素市场的整合（陈敏等，2007；胡军和郭峰，2013）；这两方面的影响都有利于缓解地区要素市场的扭曲状况。②晋升竞争度（DPC）的影响系数由"入世"前的0.278下降到"入世"后的0.118，说明"入世"前后晋升激励对地区要素市场扭曲的影响程度存在明显的差异，"入世"后晋升激励的扭曲效应下降了。导致这一结果的可能原因：一方面源于"入世"后外资和外贸对地区要素市场发展的推动作用；另一方面源于WTO规则及国际"双反"调查的政治压力，迫使地方政府不断减少对要素价格和要素跨地区流动的干预。③"入世"前后腐败程度（DCO）的影响系数由0.412下降到0.161，说明"入世"前后寻租激励的扭曲效应差异明显，而且"入世"后寻租激励的影响程度下降了。对此可能的解释是："入世"后我国市场化改革的深化促进了制度体系的不断完善和法律环境的持续改善；制度体系的完善会压缩政府官员的寻租空间，法律环境的改善则会震慑政府官员的寻租行为；这些都有利于抑制官员的寻租活动，进而缓解了寻租激励的扭曲效应。

第二，"入世"以后制度环境对要素市场扭曲的抑制作用更显著。具体来说：①"入世"前后金融市场化（FIN）的系数分别为 -0.125 和 -0.447，说明"入世"以后金融环境对地区要素市场扭曲的抑制作用更强了。这一结果可能与"入世"后我国金融市场化进程提速有关，"入世"后金融市场化程度的迅速提高有效地缓解了地区要素市场的扭曲状况。②法律服务水平（LSE）对要素市场扭曲的影响系数由"入世"前的 -0.131 变为"入世"后的 -0.331，表明"入世"后法律环境的影响更显著了，即"入世"后法律环境对地区要素市场扭曲的抑制作用更大了。对此可能的解释是："入世"后我国法制环境的迅速改善，有效地约束了地方官员对要素市场的非法干预行为，进而有效地缓解了地方要素市场的扭曲状况。③非国有化程度（NSO）的影响系数由"入世"前的 -0.112（不显著）变为"入世"后的 -0.212（显著），说明"入世"后非国有经济发展对地区要素市场扭曲的缓解作用变大了且更显著了。导致这一结果的可能原因是：一方面，"入世"后非国有经济的迅速发展削弱了地方政府对当地市场活动的控制力，从而抑制了政府官员对要素市场的干预活动，这有利于缓解地方要素市场的扭曲状况；另一方面，"入世"后非国有经济的迅速发展推动了地区间的要素市场整合（陆铭和陈钊，2006），这也有利于降低地方要素市场的扭曲程度。

五　分步估计的结果分析

在"一般性"验证的基础上，接下来，我们通过依次添加解释变量的方式进行"特殊性"分析，以考察其他解释变量对激励因素的作用效果有着怎样的影响。表 2.9 模型 1 仅包含滞后一期要素市场扭曲和三个激励因素变量，模型 2—模型 5 中依次加入了外贸依存度、外商直接投资的一次项和二次项，模型 6—模型 8 则依次引入了金融市场化水平（FIN）、法律服务水平（LSE）和非国有化程度（NSO）三个制度环境变量（模型 8 的估计结果与表 2.8 模型 1 的结果一样）。从表 2.9 可以看出，模型 1—模型 8 的两步 SYS-GMM 参数联合检验结果都很显著，汉森检验和 AB 检验的结果表明了工具变量有效且模型设计整体是合理的。从解释变量的估计系数看，随着控制变量的逐步引入，控制变量的符号均保持不变，且无异常波动，表明了估计结果具有稳健性。

表 2.9   分步估计结果

	模型 1	模型 2	模型 3	模型 4	模型 5	模型 6	模型 7	模型 8
FMD 滞后一期	0.520 * (1.92)	0.455 ** (2.21)	0.333 (1.63)	0.171 *** (3.27)	0.217 ** (2.24)	0.524 * (1.95)	0.365 *** (3.14)	0.420 *** (3.34)
FDE	0.289 ** (2.21)	0.320 *** (2.82)	0.304 *** (3.73)	0.422 *** (2.73)	0.412 *** (3.20)	0.354 *** (2.67)	0.361 ** (2.29)	0.289 *** (2.98)
DPC	0.211 *** (3.41)	0.381 ** (2.32)	0.328 * (1.79)	0.392 *** (3.27)	0.453 * (1.92)	0.371 *** (3.57)	0.368 *** (2.65)	0.351 *** (3.28)
DCO	0.221 (1.44)	0.238 (1.27)	0.232 *** (2.74)	0.336 *** (2.53)	0.312 ** (2.76)	0.308 * (2.14)	0.173 * (1.93)	0.121 ** (2.44)
DTD	—	0.094 (0.93)	0.237 * (1.90)	0.197 ** (2.32)	0.236 ** (2.45)	0.154 (0.87)	0.089 (1.77)	0.178 ** (2.04)
DTD^2	—	—	-0.645 *** (-3.61)	-0.561 *** (-4.12)	-0.621 *** (4.65)	-0.434 *** (-3.85)	-0.562 *** (3.43)	-0.656 *** (-4.51)
RFD	—	—	—	0.129 (1.45)	0.140 *** (2.82)	0.096 ** (2.53)	0.102 ** (2.23)	0.057 * (1.87)
RFD^2	—	—	—	—	-0.312 * (-1.82)	-0.397 *** (-3.17)	-0.341 *** (-2.76)	-0.276 *** (-2.89)
FIN	—	—	—	—	—	-0.116 (1.35)	-0.278 *** (3.72)	-0.291 ** (2.38)
LSE	—	—	—	—	—	—	-0.231 *** (-3.63)	-0.420 *** (3.62)
NSO	—	—	—	—	—	—	—	-0.046 *** (-2.99)
观测值	348	348	348	348	348	348	348	348
AR (1) 检验值 [p]ᵃ	-2.401 [0.020]	-2.321 [0.025]	-2.013 [0.031]	-2.601 [0.011]	-2.762 [0.004]	-2.419 [0.018]	-2.724 [0.006]	-2.669 [0.008]
AR (2) 检验值 [p]ᵇ	-1.139 [0.262]	-1.067 [0.289]	-1.215 [0.192]	-1.092 [0.283]	-1.142 [0.271]	-1.040 [0.298]	-1.208 [0.212]	-1.134 [0.251]
汉森 检验值 [p]ᶜ	20.197 [1.000]	18.641 [1.000]	20.173 [1.000]	19.726 [1.000]	18.237 [1.000]	20.013 [1.000]	20.678 [1.000]	19.573 [1.000]

注：同表 2.8。

首先，表 2.9 模型 2—模型 3 结果显示，依次引入了外贸依存度（DTD）的一次项和二次项，估计结果显示了，仅有外贸依存度一次项时，外贸依存度的系数不显著为正；而在引入外贸依存度二次项以后，两者的系数都显著了。这也证明外贸依存度与要素市场扭曲并不存在简单的线性关系，一次项和二次项的系数分别大于和小于零，再次表明外贸依存度与要素市场扭曲之间存在倒 U 型的关系。同时，表 2.9 模型 4—模型 5 依次报告了引入了外商直接投资（RFD）的一次项和二次项的估计结果，可以看出，仅有外商直接投资一次项时，其系数并不显著；而在引入外商直接投资二次项以后，RFD 一次项和二次项的系数都显著了，两个系数分别大于和小于零。这再次证明了外商直接投资与要素市场扭曲之间不是简单的线性关系，而是非线性的倒 U 型的关系。

其次，表 2.9 模型 6—模型 8 依次引入了金融市场化水平（FIN）、法律服务水平（LSE）和非国有化程度（NSO）三个制度环境变量。从模型 6 的估计结果可以看出，FIN 的影响系数为负（尽管不显著），而且财政分权度（FDE）和晋升竞争（DPC）的影响系数也明显变小了；这说明，金融环境的改善不仅能在一定程度上促进地区要素市场的发展，而且能够减轻财政分权度和晋升竞争等激励因素对地区要素市场扭曲的影响程度。模型 7 报告了引入法律服务水平（LSE）以后的估计结果；可以看出，LSE 的系数不仅显著为负，而且金融市场化水平（FIN）的影响系数由模型 6 的不显著为负变得显著了，也使得腐败程度（DCO）的系数明显变小了（FDE 和 DPC 的系数变化不明显）；这说明，法律环境的改善不仅能够降低地区要素市场的扭曲程度，也能够提高金融市场化对要素市场发展的作用效果，还能够缓解寻租激励对地区要素市场发展的抑制程度。从模型 8 的估计结果可以看出，非国有化程度（NSO）的影响系数显著为负，说明了产权制度明晰化程度的提高能够有效地降低地区要素市场的扭曲程度；同时，加入非国有化程度变量之后，财政分权度（FDE）、晋升竞争（DPC）和腐败程度（DCO）的系数值也变小了；这表明，产权制度明晰程度的提高可以弱化财政分权度、晋升竞争和寻租活动等激励因素对地区要素市场发展的抑制程度。上述结论说明，制度环境的改善既能够促进地区要素市场的发展，也能够在一定程度上减轻激励因素所导致的地区要素市场扭曲。

最后，纵观表 2.9 中模型 1—模型 8 的估计结果，财政分权度（FDE）、晋升竞争（DPC）和寻租激励（DCO）对要素市场扭曲的影响一直保持显著为正，这也再次说明内在激励因素是形成我国地区要素市场扭曲的主要原因。同时，我们选取的制度环境变量大多显著地改变了激励因素对要素市场扭曲的影响大小；这说明，金融环境、法律环境和产权制度等制度环境的改善对内在激励因素的要素市场扭曲效应有着较为显著的规避作用。此外，要素市场扭曲滞后一期的系数一直显著为正，表明要素市场扭曲状况的改善具有一定程度的路径依赖特征，也说明我国地方要素市场的发展变化是一个连续渐进的调整过程。

六　稳健性检验

为了确保估计结果的有效性，除了采用上述的变量控制、内生性控制、遗漏变量控制及其他计量方法的辅助性参考等措施外，本部分还重新选取官员激励变量进行稳健性检验。关于财政激励变量，借鉴张莉等（2011）的做法，选用地区财政收支缺口反映，依据当地上一年财政收入与支出之间的差额测算。关于晋升激励，借鉴傅利平和李永辉（2014）的做法测算地方官员的晋升竞争程度，依据地区 GDP 增长率、财政盈余和失业率三个指数加权平均值的测算。而关于寻租激励，则参考胡军和郭峰（2013）的做法，选用每百万人口贪污、贿赂和渎职等案件立案数来反映（估计结果见表 2.10，其中模型 1—模型 3 分别报告了采用一个新官员激励变量的结果，模型 4—模型 6 则报告了采用了三个新官员激励变量的不同时间段估计结果）。

表 2.10　　　　　　　　稳健性检验（重新选取官员激励变量）

解释变量	模型 1	模型 2	模型 3	模型 4	模型 5	模型 6
	使用新的财政激励变量	使用新的晋升激励变量	使用新的寻租激励变量	使用重新选取的三个官员激励变量		
	1997—2009			1997—2009	1997—2001	2002—2009
FMD 滞后一期	−0.081 (−0.69)	−0.165* (−1.89)	0.128 (1.08)	−0.196*** (2.98)	0.312 (0.32)	−0.024*** (−2.73)
FDE	0.152* (1.94)	0.289 (1.56)	0.363** (2.35)	0.112** (2.35)	0.345*** (4.19)	0.103** (2.32)
DPC	0.145** (2.28)	0.273* (1.98)	0.025*** (3.74)	0.413*** (3.53)	0.201*** (3.18)	0.078 (1.04)
DCO	0.392*** (2.88)	0.544*** (3.31)	0.173*** (3.54)	0.142*** (2.75)	0.532*** (2.92)	0.136* (1.89)
DTD	0.412*** (2.75)	0.023 (1.04)	0.423 (0.56)	0.032 (0.84)	0.031 (0.71)	0.145*** (2.83)
DTD^2	−0.091 (−1.51)	−0.521** (−2.22)	−0.468*** (−2.76)	−0.183 (−1.39)	−0.262*** (3.16)	−0.352 (−1.51)
RFD	0.429 (1.21)	0.218 (1.32)	−0.071 (−1.01)	0.327* (1.79)	0.401 (1.27)	0.132 (0.13)
RFD^2	−0.532 (−0.32)	−0.351 (−0.92)	−0.286* (−1.96)	−0.423*** (−3.84)	−0.521*** (−4.13)	−0.148 (−1.34)

续表

解释变量	模型1	模型2	模型3	模型4	模型5	模型6
	使用新的财政激励变量	使用新的晋升激励变量	使用新的寻租激励变量	使用重新选取的三个官员激励变量		
	1997—2009			1997—2009	1997—2001	2002—2009
FIN	-0.063*** (3.75)	-0.359*** (-2.57)	-0.153*** (-3.07)	-0.067** (-2.29)	-0.071** (-2.43)	-0.317*** (-3.96)
LSE	-0.198*** (2.94)	-0.343 (-0.44)	-0.283*** (-2.69)	-0.092*** (3.34)	-0.131 (0.32)	-0.178*** (3.67)
NSO	-0.046 (-0.39)	-0.217 (-1.54)	-0.120** (-2.21)	-0.243 (-1.09)	-0.054 (-0.48)	-0.212*** (-3.13)
观测值	348	348	348	348	116	203
AR (1) 检验值 [p][a]	-3.25 [0.001]	-2.76 [0.006]	-3.54 [0.000]	-1.94 [0.053]	-2.11 [0.035]	-3.01 [0.003]
AR (2) 检验值 [p][b]	-0.04 [0.971]	-1.38 [0.168]	0.51 [0.612]	-1.38 [0.169]	-1.35 [0.177]	-1.16 [0.247]
汉森检验值 [p][c]	14.834 [1.000]	19.435 [1.000]	18.235 [1.000]	16.643 [1.000]	21.764 [1.000]	18.743 [1.000]

注：同表2.8。

第五节　制度环境影响要素市场扭曲的机制

一　乘积项方法的估计结果分析

上文分步估计的结果说明，制度环境很可能对激励因素的要素市场扭曲效应产生着影响，而且不同的制度环境因素对三个激励因素扭曲效应的影响程度还可能存在差异。由此我们会有这样的疑问：在制度环境不同的地区，各激励因素对要素市场扭曲的影响大小会不会存在明显差异呢？制度环境对不同激励因素扭曲效应的影响程度是否存在差异呢？为了考察制度环境的影响，我们借鉴国内外同类型的研究方法进行考察（张杰等，2011a；戴魁早和刘友金，2013，2015），即在式（2.10）解释变量中加入三个激励因素与各制度环境变量的乘积项进行检验（估计结果如表2.11所示）。

表 2.11　　　　　　　　　　制度环境的影响估计结果

解释变量	模型 1	模型 2	模型 3	模型 4	模型 5	模型 6	模型 7	模型 8	模型 9
	FIN			LSE			NSO		
FMD 滞后一期	0.363 *** (4.17)	0.429 ** (2.28)	0.284 *** (2.78)	0.326 *** (2.75)	0.245 * (1.89)	0.321 (1.48)	0.345 (1.27)	0.275 *** (3.28)	0.556 * (0.65)
FDE	0.314 *** (3.20)	0.381 ** (2.32)	0.187 *** (2.67)	0.215 ** (2.32)	0.272 *** (3.69)	0.324 *** (2.86)	0.226 ** (3.21)	0.093 * (1.93)	0.217 (1.52)
DPC	0.292 ** (2.24)	0.218 * (1.81)	0.383 ** (3.56)	0.312 *** (3.27)	0.553 *** (2.86)	0.264 * (1.97)	0.463 * (1.84)	0.362 * (1.86)	0.339 *** (1.93)
DCO	0.316 * (1.96)	0.153 *** (3.82)	0.187 * (1.94)	0.183 * (1.94)	0.177 *** (3.75)	0.327 *** (3.83)	0.264 ** (2.41)	0.421 *** (2.73)	0.271 (0.93)
DTD	0.061 (1.18)	0.126 *** (2.92)	0.201 (2.82)	0.124 *** (2.82)	0.058 (0.83)	0.345 (1.45)	0.241 *** (2.84)	0.167 (0.55)	0.381 * (1.84)
DTD^2	−0.402 *** (−2.87)	−0.512 (−0.95)	−0.291 ** (−2.31)	−0.298 * (2.01)	−0.631 (−1.58)	−0.501 (−1.51)	−0.581 *** (3.84)	−0.274 ** (−2.34)	−0.461 *** (−3.61)
RFD	0.057 *** (2.94)	0.242 *** (3.82)	0.162 (0.75)	0.312 (1.53)	0.178 (0.32)	0.312 (1.29)	0.213 (1.27)	0.328 (1.51)	0.212 * (1.82)
RFD^2	−0.276 (−0.53)	−0.463 * (−1.93)	−0.328 (−0.42)	−0.393 *** (−3.22)	−0.473 *** (−3.35)	−0.352 (−1.32)	−0.372 (−0.92)	−0.412 (−1.62)	−0.398 *** (−2.74)
FIN	−0.127 *** (3.21)	−0.182 *** (3.27)	−0.354 * (−2.01)	−0.371 *** (−2.75)	−0.363 * (−1.87)	−0.219 *** (−2.78)	−0.198 (0.54)	−0.368 *** (−4.11)	−0.518 (−0.46)
LSE	−0.272 ** (−2.39)	−0.392 *** (−2.89)	−0.242 *** (−3.61)	−0.089 *** (−2.94)	−0.418 *** (−3.19)	−0.326 * (−1.81)	−0.521 * (1.88)	−0.421 (−1.41)	−0.361 *** (−3.12)
NSO	−0.312 * (−1.92)	−0.125 (−1.38)	−0.252 *** (−3.06)	−0.135 (−1.21)	0.276 *** (2.72)	−0.421 (−0.84)	−0.053 *** (−3.34)	−0.247 ** (−2.48)	−0.186 * (−1.89)
FDE×FIN	−0.186 *** (−2.71)	—	—	—	—	—	—	—	—
DPC×FIN	—	−0.321 (−0.89)	—	—	—	—	—	—	—
DCO×FIN	—	—	−0.412 (−1.38)	—	—	—	—	—	—
FDE×LSE	—	—	—	−0.245 (−1.56)	—	—	—	—	—
DPC×LSE	—	—	—	—	−0.486 *** (−2.98)	—	—	—	—
DCO×LSE	—	—	—	—	—	−0.522 *** (−3.37)	—	—	—
FDE×NSO	—	—	—	—	—	—	−0.086 * (−1.71)	—	—
DPC×NSO	—	—	—	—	—	—	—	−0.382 * (−1.86)	—
DCO×NSO	—	—	—	—	—	—	—	—	−0.134 *** (−2.84)

续表

解释变量	模型 1	模型 2	模型 3	模型 4	模型 5	模型 6	模型 7	模型 8	模型 9
	FIN			LSE			NSO		
观测值	348	348	348	348	348	348	348	348	348
AR (1) 检验值 [p]ª	−2.51 [0.012]	−2.72 [0.007]	−1.84 [0.066]	−2.08 [0.037]	−1.93 [0.054]	−2.03 [0.043]	−1.78 [0.075]	−1.77 [0.077]	−1.98 [0.047]
AR (2) 检验值 [p]ᵇ	0.62 [0.534]	−0.35 [0.729]	0.42 [0.675]	0.50 [0.619]	0.08 [0.938]	0.71 [0.480]	−0.99 [0.321]	−1.22 [0.222]	0.46 [0.642]
汉森检验值 [p]ᶜ	21.345 [1.000]	20.543 [1.000]	22.734 [1.000]	21.034 [1.000]	20.224 [1.000]	19.325 [1.000]	18.453 [1.000]	21.643 [1.000]	19.321 [1.000]

注：同表2.8。

（一）制度环境的影响

表2.11中模型1—模型9引入了乘积项的两步 SYS-GMM 估计结果，其中，模型1—模型3分别引入金融市场化（FIN）与三个激励因素的乘积项，模型4—模型6依次引入法律服务水平（LSE）与三个激励因素的乘积项，模型7—模型9引入了产权制度（NSO）与三个激励因素的乘积项。解释变量系数的显著性表明了两步 SYS-GMM 的估计结果更为有效，汉森检验和 AB 检验均满足 GMM 估计的要求，表明所采用的工具变量合理有效，不存在工具变量的过度识别问题，模型设计具有合理性。对比表2.11和表2.8模型1的结果可知，加入乘积项后其他解释变量的系数值及显著性并未发生显著的变化，说明表2.11的结果具有稳健性。

首先，表2.11模型1加入了金融市场化与财政分权度的乘积项，估计结果显示乘积项的系数显著为负；这说明在财政分权度相近的地区，金融市场化程度较高的地区，要素市场的扭曲较低；或者说，相对于金融市场化程度较低的地区来说，在金融市场化程度较高的地区中，财政激励对要素市场扭曲的正向影响程度要小些。这样的结论表明，金融市场化能在一定程度有效规避财政激励对要素市场的扭曲效应。原因可能在于：在金融市场化程度较高的地区，要素流动较便利（张杰等，2012，2015），地方政府为增加财政收入而压低要素价格和控制要素地区之间的能力会下降、效果会变差，从而表现出较低程度的要素市场扭曲。同时，模型2和模型3分别加入了金融市场化与晋升竞争、腐败程度的乘积项，DPC×FIN 和 DCO×FIN 的估计系数都不显著为负。这样的结论表明，金融市场化程度的提高虽能在一定程度上降低晋升激励和寻租激励对要素市场扭曲的正向影响，但效果不明显。这验证了假说 2.6b，即在金融市场化程度越高的地区，地方政府干预行为对要素市场扭曲的影响程度会较低。比较不同地区金融市场化变量（FIN）的均值，可以发现，浙江、上海和广东等地区的金融市场化程度较高，值分别为 10.166、9.752 和 8.870；而青海、黑龙江和甘肃等地区的金融市场化程度较低。可见，在浙江和上海等地区，各激励因素对要素市场扭曲的正向影响较小，而对于青海和黑龙江等地区来说，促进地区金融市场化有利于减轻各激励因素对要素市场产生的扭曲效应。

表 2.12　　　　　　　制度环境变量均值的地区差异（1997—2009）

	FIN	LSE	NSO		FIN	LSE	NSO
北京	6.695	8.701	0.583	河南	7.258	3.615	0.622
天津	7.138	7.132	0.584	湖北	5.935	4.060	0.540
河北	7.316	3.791	0.661	湖南	6.598	3.175	0.573
山西	6.381	3.879	0.482	广东	8.870	8.518	0.679
内蒙古	4.993	3.742	0.490	广西	5.475	3.322	0.570
辽宁	7.956	5.265	0.609	海南	7.908	3.541	0.620
吉林	5.045	4.107	0.571	重庆	8.334	3.804	0.596
黑龙江	3.902	4.365	0.463	四川	5.916	4.166	0.579
上海	9.752	11.056	0.589	贵州	5.224	2.629	0.436
江苏	8.582	7.412	0.684	云南	6.549	3.185	0.453
浙江	10.166	8.781	0.702	陕西	6.832	3.366	0.441
安徽	6.767	3.804	0.605	甘肃	4.930	2.560	0.382
福建	7.168	5.234	0.649	青海	3.755	2.214	0.413
江西	5.742	3.371	0.552	宁夏	6.845	3.000	0.495
山东	8.415	4.916	0.696				

值得指出的是，上述结论说明，金融市场化对不同激励因素的要素市场扭曲效应的影响存在差异，对财政激励的要素市场扭曲效应影响显著，而对晋升激励、寻租激励的扭曲效应影响并不显著。对此可能的解释是：金融市场化对财政因素与后两种因素的影响程度存在一定差异；在金融市场化程度较高的地区，较高的要素流动性有利于地区经济发展（张杰等，2015），因而地方政府的财政压力相对较小，进而降低了地方政府对要素

市场的干预力度；同时，相对于财政激励而言，晋升激励和寻租激励对地方政府官员个人利益更为重要，金融环境仅能够对两种激励形成软约束，因而对这两种激励的影响程度相对较低。

其次，表 2.11 模型 4 加入了法律服务水平与财政分权度的乘积项（FDE×LSE），结果显示乘积项的系数为负（但不显著）；这说明在财政激励程度相近的地区，法律服务水平较高的地区，要素市场的扭曲也较低；或者说，在法律环境较好的地区中，财政激励对要素市场产生的扭曲效应较低；反之，在法律环境较差的地区中，财政激励的扭曲效应较高。这样的结论表明，法律环境的改善能在一定程度上降低财政激励对要素市场扭曲的影响（尽管效果并不显著）。从模型 5 和模型 6 的估计结果可以看出，法律环境与晋升竞争、腐败程度的乘积项（DPC×LSE 和 DCO×LSE）估计系数都显著为负，值分别为 -0.486 和 -0.522；这表明，法律环境的改善能够一定程度上抑制晋升激励和寻租激励对地区要素市场产生的扭曲效应。这验证了假说 2.7b，即法律制度越完善的地区，地方政府干预行为对要素市场扭曲的影响程度较低。比较不同地区法律环境（LSE）的均值，可以发现，上海、浙江和北京等地区的法律环境较好，LSE 均值分别为 11.056、8.781 和 8.701；而青海、甘肃和贵州等地区的 LSE 均值较低，法律环境相对较差。由此可见，在上海等法律环境较好的地区，各激励因素对要素市场产生的扭曲效应较小，而对于青海等法律环境较差地区来说，不断地完善法制体系、加强执法力度、严格执法程序，有利于地区要素市场扭曲状况的改善。

上述结论还表明，法律环境对不同激励因素扭曲效应的影响存在差异，对晋升激励和寻租激励的扭曲效应产生了显著抑制效果，而对财政激励的扭曲效应影响不显著。这种差异可能源于法律环境对财政激励与晋升激励、寻租激励的不同影响。具体来说：在法律环境较好的地区，法制体系较完善、执法力度较强以及执法程序较严，会对地方官员为了个人利益（晋升和寻租）干预要素市场的非法行为产生较强的震慑和约束，这会抑制政府官员对要素市场的干预行为；而财政压力主要关系到地区的公共利益，与政府官员个人利益联系并不密切，官员采用非法行为缓解财政压力的动力并不强；反之亦然。因此，法律环境对财政因素的影响程度会低于其对晋升因素和寻租因素的影响。

表 2.13　稳健性检验（样本区间：1995—2013）

解释变量	模型 1	模型 2	模型 3	模型 4	模型 5	模型 6	模型 7	模型 8	模型 9	模型 10
			FIN			LSE			NSO	
FMD 滞后一期	-0.042 (0.84)	-0.178*** (-4.17)	-0.053** (1.30)	-0.228– (0.74)	-0.068 (-1.38)	-0.218 (-0.21)	-0.145 (-0.64)	-0.296 (-1.22)	-0.201 (-1.36)	-0.134 (-1.33)
FDE	0.162*** (4.15)	0.251*** (3.73)	0.052*** (3.11)	0.227*** (3.93)	0.034*** (3.64)	0.166*** (2.98)	0.058*** (3.94)	0.263*** (3.73)	0.159* (1.88)	0.045 (2.67)
DPC	0.302*** (3.76)	0.371* (1.86)	0.131*** (3.27)	0.268** (2.15)	0.385*** (4.54)	0.219*** (3.75)	0.335* (3.58)	0.198*** (3.78)	0.243** (2.46)	0.304*** (3.24)
DCO	0.181*** (2.93)	0.328*** (2.79)	0.312*** (3.44)	0.201*** (3.36)	0.184*** (3.33)	0.327* (1.84)	0.126* (1.76)	0.275*** (4.36)	0.165*** (3.53)	0.305 (1.59)
DTD	0.361*** (3.77)	0.184** (2.43)	0.126 (0.38)	0.327 (0.63)	0.324** (2.32)	0.167 (1.58)	0.063 (1.27)	0.186 (0.53)	0.334 (1.48)	0.143* (1.92)
DTD^2	-0.281*** (-3.63)	-0.515 (-1.11)	-0.396 (-1.59)	-0.475*** (-2.96)	-0.438 (0.66)	-0.543 (-0.33)	-0.278 (-0.96)	-0.435 (0.54)	-0.164* (-1.78)	-0.369 (-1.38)
RFD	0.391* (1.95)	0.104 (0.34)	0.495* (1.89)	0.162 (0.75)	0.584 (0.86)	0.423*** (2.55)	0.368 (0.57)	0.256 (0.44)	0.693 (0.73)	0.364* (1.85)
RFD^2	-0.176*** (-3.78)	-0.419 (-1.41)	-0.621 (-1.14)	-0.512 (-1.32)	-0.523*** (-4.27)	-0.326 (-1.42)	-0.185 (-0.56)	-0.438* (-1.93)	-0.334 (-1.06)	-0.526 (-1.07)
FIN	-0.104*** (3.93)	-0.319*** (3.81)	-0.182** (2.33)	-0.081* (-3.56)	-0.032*** (-4.31)	-0.136*** (-3.25)	-0.243* (-1.86)	-0.065*** (3.38)	-0.195*** (-3.66)	-0.305 (-1.44)
LSE	-0.316*** (-3.12)	-0.038*** (-4.14)	-0.145* (-1.91)	-0.328*** (-2.78)	-0.126*** (-3.88)	-0.142 (-1.53)	-0.173*** (-2.77)	-0.328*** (3.65)	-0.202*** (-3.21)	-0.088*** (-2.75)
NSO	-0.063 (-1.08)	-0.012 (-1.38)	-0.194 (-0.57)	-0.032 (-0.27)	-0.035*** (-2.96)	-0.123 (-0.56)	-0.089* (-1.79)	-0.055 (-1.54)	-0.263 (-0.93)	-0.032 (-0.55)
FDE×FIN	—	-0.051*** (-3.15)	—	—	—	—	—	—	—	—

续表

解释变量	模型 1	模型 2	模型 3 FIN	模型 4	模型 5	模型 6 LSE	模型 7	模型 8	模型 9 NSO	模型 10
DPC×FIN	—	—	-0.136 (-0.23)	—	—	—	—	—	—	—
DCO×FIN	—	—	—	-0.158 (-0.89)	—	—	—	—	—	—
FDE×LSE	—	—	—	—	-0.078 (-0.53)	—	—	—	—	—
DPC×LSE	—	—	—	—	—	-0.092*** (-3.21)	—	—	—	—
DCO×LSE	—	—	—	—	—	—	-0.271** (-2.34)	—	—	—
FDE×NSO	—	—	—	—	—	—	—	-0.145*** (-3.89)	—	—
DPC×NSO	—	—	—	—	—	—	—	—	-0.417*** (-2.98)	—
DCO×NSO	—	—	—	—	—	—	—	—	—	-0.461*** (-3.37)
观测值	393	393	393	393	393	393	393	393	393	393
AR (1) 检验值 [p][a]	-2.77 [0.001]	-3.056 [0.002]	-3.005 [0.003]	-3.114 [0.002]	-3.25 [0.006]	-3.050 [0.002]	-2.954 [0.003]	-3.224 [0.001]	-1.78 [0.075]	-2.921 [0.003]
AR (2) 检验值 [p][b]	-0.50 [0.620]	-0.39 [0.698]	-0.40 [-0.688]	-1.08 [0.268]	-0.99 [0.321]	-0.97 [0.334]	-0.77 [0.441]	-0.18 [0.860]	-0.23 [0.813]	-0.76 [0.448]
汉森检验值 [p][c]	20.963 [1.000]	18.745 [1.000]	15.493 [1.000]	17.435 [1.000]	19.678 [1.000]	21.295 [1.000]	18.547 [1.000]	19.435 [1.000]	20.342 [1.000]	18.832 [1.000]

注：同表 2.8。

最后，表 2.11 模型 7、模型 8 和模型 9 分别加入了非国有化程度与财政分权度、晋升竞争、腐败程度的乘积项（$FDE×NSO$、$DPC×NSO$、$DCO×NSO$）。三个乘积项的影响系数都显著为负，值分别为 -0.086、-0.382 和 -0.134；这说明，在非国有化程度（或产权制度明晰程度）较高的地区，财政激励、晋升激励和寻租激励的扭曲效应较低；反之亦然。换句话说，随着地区产权制度明晰程度的不断提高，官员激励的扭曲效应会逐渐下降。上述结论表明，非国有化程度的提高能在一定程度上降低官员激励的扭曲效应，而且对官员激励的三种扭曲效应都产生了抑制作用，这验证了假说 2.8b，这也意味着国有产权明晰程度的提高能够有效规避官员激励对要素市场产生的扭曲效应。比较不同地区非国有化程度的均值可以发现，浙江、山东和江苏地区高居前三名，值分别为 0.702、0.696 和 0.684，产权制度明晰程度较高；而甘肃、青海和贵州地区位居最后三名，非国有化程度相对较低。由此可知，在浙江等非国有化程度较高的地区，官员激励的扭曲效应较小，而对于甘肃等非国有化程度较低的地区来说，进一步推进国有产权改革、不断地明晰国有产权将有利于地区要素市场扭曲状况的改善。

综上所述，产权制度明晰程度的提高对官员激励的三种扭曲效应都有着显著的抑制作用，金融环境的改善对财政激励扭曲效应的抑制作用更显著，而法律环境的改善则能够更好地抑制晋升激励和寻租激励的扭曲效应。因此，制度环境的变化能够在一定程度上规避官员激励对要素市场产生的扭曲效应。

（二）稳健性检验

为了确保估计结果的有效性，这里还补充要素市场扭曲的数据进行稳健性检验。由于要素市场发育指数仅有 1997—2009 年的数据，时间序列可能较短。为此，这里借鉴了韦倩等（2014）构建市场化指数的方法，补充了 1995—1996 年以及 2010—2013 年的要素市场扭曲指数数据（结果见表 2.13）。具体补充方法为：首先以 1997—2009 年间的要素市场发育指数指数作为因变量，以地区非国有企业工业产值比重作为解释变量，估计出系数解释变量的系数值，以估计的系数值推算出调整后要素市场发展指数值，进而补全了 1995—2013 年的要素市场发展指数的数据。运用 1995—2013 年间的数据重新对前文的估计结果进行了稳健性检验（估计结果见表 2.13，其中模型 1 是基本模型的结果，模型 2—模型 9 是加入了官员激励变量与制度环境变量乘积项的结果）。

稳健性估计的结果表明，两步 SYS-GMM 的残差序列相关性检验和汉森过度识别检验的结果表明，相应模型设定的合理性和工具变量的有效性。从估计结果可以看出，官员激励和制度环境等变量的系数大多显著，且与表 2.8 或者表 2.11 的相关结论大多相一致，这表明前文得出的结论具有较好的稳健性。

二　门槛模型的估计结果分析

上文研究发现，制度环境可以改变官员激励的扭曲效应。但是，以上研究是基于制度环境与官员激励变量乘积项进行检验，而乘积项检验的局限是假定制度环境的影响是单调递增或递减。关于市场分割的研究以及前文的结论都显示，对外贸易等外部因素的影响并不是简单的线性关系（陈敏等，2007；胡军和郭峰，2013）。由此自然会引出这样的疑问：制度环境与官员激励的扭曲效应会不会也不是简单的线性关系呢？是否法律环境的改善要超过一定"门槛"才能改变官员激励的扭曲效应呢（其他制度环境变量依次类推）？这些疑问意味着，制度环境的影响可能存在门槛特征，即在这些制度环境变量的不同门槛值区间，官员激励对要素市场产生的扭曲效应存在明显的差异。为了检验这些疑问，本部分对上文的乘积项方法进行了改进，采用了近年来在诸多领域研究中得到广泛应用"门槛模型"进行检验。[①]

（一）门槛模型的设定

本章先在式（2.10）基础上构建单一门槛模型，进而扩展到多门槛模型。单一门槛回归的基本思想是，在模型内的某一制度环境变量存在一个门槛水平的情况下，对于 $T_{it} \leq \omega$ 与 $T_{it} > \omega$ 两种情况而言，官员激励变量对要素市场扭曲的影响存在着明显差异。单一门槛模型可以表述如下：

$$FMD_{it} = \rho_0 + \rho_1 OIN_{it}I(T_{it} \leq \omega) + \rho_2 OIN_{it}I(T_{it} > \omega) + \theta X_{it}^* + \lambda_i + \varepsilon_{it}$$

$$(2.19)$$

上式中，T_{it} 为门槛变量，反映各制度环境变量；ω 为制度环境变量的

[①] 汉森（1999）发展的门槛面板模型，可以避免人为划分门槛变量区间所带来的偏误（李平和许家云，2011）。能够根据数据本身的特点内生地划分各制度环境变量的区间，进而研究制度环境变量不同门槛值区间官员激励对要素市场扭曲的影响。

门槛值，ρ_1 和 ρ_1 分别为门槛变量在 $T_{it} \leq \omega$ 与 $T_{it} > \omega$ 时解释变量——官员激励（OIN_{it}）对被解释变量 FMD_{it} 的影响系数，$I(\cdot)$ 为一个指标函数，$\varepsilon_{it} \sim iidN(0, \sigma^2)$ 为随机干扰项；X_{it}^* 为其他解释变量。如果 ω 越接近门槛水平，模型的残差平方和 $S(\omega) = e(\omega)'e(\omega)$ 就越小（Chan，1993），这样，可以通过最小化 $S(\omega)$ 获得 ω 的估计值。进而估计出其他参数。获得参数估计值后，还需要检验系数 γ_4 和 γ_5 是否存在显著性的差异以及制度环境变量门槛的估计值是否等于其真实值。前者可以采用自抽样法（Bootstrap）获得其渐近分布，并估计门槛值的统计显著性 p 值（汉森，1999）；后者需要使用极大似然估计量检验门槛值（汉森，1996）。

　　以上只是假设各个制度环境变量存在一个门槛的情况，但从计量的角度看可能会存在多个门槛，在此，本章以双重门槛模型为例做简要说明，模型设定如：

$$FMD_{it} = \rho_0 + \rho_1 OIN_{it}I(T_{it} \leq \omega_1) + \rho_2 OIN_{it}I(\omega_1 < T_{it} < \omega_2) +$$
$$\rho_3 OIN_{it}I(T_{it} > \omega_2) + \theta X_{it}^* + \lambda_i + \varepsilon_{it} \qquad (2.20)$$

　　式（2.20）的估计方法为先假设单一模型中估计出的 $\hat{\omega}_1$ 是已知的，再进行 ω_2 的搜索，得到误差平方和最小时的 $\hat{\omega}_2$ 值；$\hat{\omega}_2$ 值是渐近有效的，$\hat{\omega}_1$ 却不具有此性质（Bai，1997）。这样再固定 $\hat{\omega}_2$ 对 $\hat{\omega}_1$ 进行重新搜索，可得到优化后的一致估计量。以此类推，多重门槛模型可在单一和双重门槛模型的基础上进行扩展。

　　（二）门槛模型检验与结果分析

　　通过上述分析，分别以财政分权度（FDE）、晋升竞争度（DPC）和腐败程度（DCO）等官员激励变量为解释变量，将金融市场化（FIN）、法律服务水平（LSE）和非国有化程度（NSO）等制度环境变量作为门槛变量，依次在不存在门槛、一个门槛和两个门槛的设定下估计，可以得到 F 统计量和自抽样法的显著性及 10% 水平临界值。表 2.14 的门槛效应检验结果显示：①在以财政激励为解释变量的模型中，只有金融市场化（FIN）和非国有化程度（NSO）这两个变量在 5% 的显著水平上均存在单一的门槛效应，门槛值分别为 8.721 和 0.581（置信区间见表 2.15）。②在以晋升激励为解释变量的模型中，法律服务水平（LSE）和非国有化程度（NSO）两个变量都在 5% 的显著水平上存在单一的门槛效应，门槛值分别为 7.061 和 0.595。③在以寻租激励为解释变量的模型中，法律服务水平（LSE）和非国有化程度（NSO）两个变量在5%的显著水平上均存在单一的门槛效应，门槛值为7.242和0.602。

从门槛检验结果还可以看出，金融环境仅对财经激励的扭曲效应存在门槛效应；法律环境对晋升激励和寻租激励的扭曲效应都存在门槛效应，而且对寻租激励扭曲效应的门槛值更高些，值为7.242；产权制度对官员激励的三种扭曲效应都存在门槛效应，且三个门槛效应的门槛值都比较接近。

表 2.14 门槛效果检验

解释变量	FDE			DPC			DCO		
门槛变量	FIN	LSE	NSO	FIN	LSE	NSO	FIN	LSE	NSO
单一门槛检验	13.873**	7.256	19.475***	5.865	16.043**	29.587***	5.698	18.054**	16.376**
双重门槛检验	2.451	8.121	2.342	4.852	4.432	4.334	4.534	2.654	2.976
三重门槛检验	4.342	1.284	5.848	3.564	1.965	2.396	4.395	3.539	5.734
10%临界值 单一	6.686	9.734	8.709	8.111	8.879	11.932	6.422	10.400	7.218
10%临界值 双重	3.060	8.921	2.987	5.219	5.186	5.221	5.619	4.408	3.807
10%临界值 三重	5.039	4.411	7.065	5.646	4.504	3.484	5.323	5.231	6.705

注：（1）***、**、*分别表示统计值在1%、5%和10%的显著性水平下显著。（2）表中的数字为门槛检验对应的F统计量，临界值为自抽样法（Bootstrap）反复抽样300次得到的结果。

接下来，分别以财政分权度（FDE）、晋升竞争度（DPC）和腐败程度（DCO）等官员激励变量为解释变量，将对应的制度环境变量门槛值代入式（2.18），可以估计出不同门槛值区间官员激励对要素市场扭曲的影响系数。表2.16报告了两步SYS-GMM的估计结果，其中模型1和模型2是以FDE为解释变量以及FIN和NSO为门槛变量的估计结果，模型3和模型4是以DPC为解释变量以及LSE和NSO为门槛变量的估计结果，模型5和模型6是以DCO为解释变量以及LSE和NSO为门槛变量的估计结果。表2.16中两步SYS-GMM估计的残差序列相关性和汉森过度识别结果显示了相应模型设定的合理性和工具变量的有效性。

表 2.15　　　　　　　　　　　　　门槛值估计结果

门槛变量	解释变量：FDE		解释变量：DPC		解释变量：DCO	
	门槛值					
	估计值	95%置信区间	估计值	95%置信区间	估计值	95%置信区间
FIN	8.721	[7.325, 9.521]	—	—	—	—
LSE	—	—	7.061	[6.116, 8.023]	7.242	[6.412, 8.084]
NSO	0.581	[0.512, 0.651]	0.595	[0.522, 0.673]	0.602	[0.528, 0.679]

注：门槛估计所用的软件包是 stata/MP 11.0，所用的程序是 xtthres。

（三）门槛模型的估计结果分析

首先，表 2.16 模型 1 和模型 2 的结果显示，在金融市场化（FIN）和非国有化程度（NSO）的不同门槛值区间，财政激励对要素市场扭曲的影响大小和显著性存在明显的差异。具体来说：①当金融市场化程度低于8.721 时，财政激励对要素市场扭曲的影响系数为 0.289 且在 5%水平上显著，说明财政激励强度每增加 1 个单位，就会使得地区要素市场扭曲程度上升 0.289 个单位。随着金融市场化跨过门槛值 8.721 时，财政激励强度每增加 1 个单位，地区要素市场扭曲程度仅上升 0.026 个单位，且不显著。这表明，金融环境对财政激励的扭曲效应存在明显的门槛特征。比较表 2.12 中各地区金融市场化变量均值可知，跨过金融环境门槛值的地区有浙江、上海和广东。②当非国有化程度低于 0.581 时，财政激励对要素市场扭曲的影响系数在 1%水平上显著为正，值为 0.351，说明财政激励强度每增加 1 个单位，就会使得地区要素市场扭曲程度上升 0.351 个单位。随着非国有化水平跨过门槛值 0.581 时，财政激励的影响系数变小了且不显著了，值为 0.018。这表明，产权制度对财政激励的扭曲效应也存在明显的门槛特征。从表 2.12 中可以看出，跨过非国有化程度门槛值0.581 的地区有北京、天津、上海、浙江、江苏、福建、山东、广东和重庆等地区。

其次，从表 2.16 模型 3 和模型 4 的结果可以看出，在法律服务水平（LSE）和非国有化程度（NSO）的不同门槛值区间，晋升激励对要素市场扭曲的影响大小和显著性存在明显的差异。具体来说：①当法律服务水平低于 7.061 时，晋升竞争度（DPC_1）的系数在 1%水平上显著为正，值为 0.241；随着法律服务水平跨过门槛值 7.061，晋升竞争度（DPC_2）的影响系数由正变负但不显著，值为-0.049；对此的可能解释是，法律环境改善达到临界点后，法律环境对地方官员产生的震慑作用，能够迫使地方官员转变促进经济增长的发展思路（注重技术进步和创新以促进要素效率的提高），这可能在一定程度上有利于地区要素市场的发展，因而表现为晋升激励对要素市场扭曲产生负向影响（尽管不显著）。这样结果也表明，法律环境对晋升激励的扭曲效应存在明显的门槛特征。从表2.12中可以看出，跨过法律环境门槛值7.061的地区有北京、天津、上海、浙江、江苏和广东。②当非国有化程度低于0.595时，晋升激励对要素市场扭曲的影响系数在1%水平上显著为正，值为0.463，说明晋升竞争程度每增加1个单位，就会使得地区要素市场扭曲程度增加0.463个单位。而随着非国有化水平跨过门槛值0.595时，晋升激励的影响系数变小了且不显著了，值为0.012。这表明，产权制度对晋升激励的扭曲效应存在明显的门槛特征。通过比较，可以发现，跨过非国有化程度门槛值0.595的地区有上海、浙江、江苏、福建、山东和广东等地区。

表 2.16　　　　　　　　　　　　门槛参数估计结果

解释变量	门槛变量		解释变量	门槛变量		解释变量	门槛变量	
	FIN	NSO		LSE	NSO		LSE	NSO
	模型1	模型2		模型3	模型4		模型5	模型6
FDE_1	0.289** (2.21)	0.351*** (2.79)	FDE	0.219*** (3.71)	0.322*** (2.82)	FDE	0.183** (2.30)	0.318*** (2.98)
FDE_2	0.026 (1.17)	0.018 (0.12)	DPC_1	0.241*** (3.26)	0.463** (2.31)	DPC	0.287** (2.21)	0.322*** (3.28)
DPC	0.406*** (3.61)	0.315** (2.32)	DPC_2	−0.049 (−1.25)	0.012 (0.71)	DCO_1	0.439*** (3.61)	0.371*** (3.94)
DCO	0.193*** (3.14)	0.281*** (3.53)	DCO	0.239*** (2.71)	0.178* (1.93)	DCO_2	0.036 (0.96)	0.015 (0.91)
DTD	0.478 (1.54)	0.134 (1.77)	DTD	0.197* (1.79)	0.478 (0.90)	DTD	0.281 (0.58)	0.316* (1.81)
DTD^2	−0.459*** (3.59)	−0.623*** (−4.23)	DTD^2	−0.546*** (−3.32)	−0.438*** (−3.12)	DTD^2	0.569*** (3.18)	0.288 (1.18)
RFD	0.262** (2.41)	0.174 (1.12)	RFD	0.612 (1.31)	0.274** (2.38)	RFD	0.417* (1.93)	0.289** (2.48)
RFD^2	−0.391* (−1.86)	−0.287*** (−3.76)	RFD^2	−0.302*** (−2.69)	−0.61*** (−3.29)	RFD^2	−0.318 (−0.72)	−0.531 (−1.58)
FIN	−0.196** (−2.29)	−0.325*** (−4.17)	FIN	−0.312* (−1.96)	−0.302*** (−3.52)	FIN	−0.114*** (−3.81)	−0.046*** (−3.35)
LSE	−0.326** (−2.60)	−0.311*** (−2.79)	LSE	−0.225*** (−2.68)	−0.131*** (−3.21)	LSE	−0.257** (−2.49)	−0.191*** (−3.38)

续表

解释变量	门槛变量		解释变量	门槛变量		解释变量	门槛变量	
	FIN	NSO		LSE	NSO		LSE	NSO
	模型 1	模型 2		模型 3	模型 4		模型 5	模型 6
NSO	-0.046*** (-3.31)	-0.112 (-1.07)	NSO	-0.029 (-1.21)	-0.184 (-0.92)	NSO	-0.176 (-1.13)	-0.068*** (-2.69)
观测值	348	348	—	348	348	—	348	348
AR (1) 检验值 [p]a	-2.94 [0.003]	-2.49 [0.013]	—	-2.37 [0.018]	-1.79 [0.074]	—	-1.94 [0.052]	-1.98 [0.048]
AR (2) 检验值 [p]b	-0.03 [0.979]	-0.52 [0.604]	—	1.24 [0.215]	0.87 [0.387]	—	-0.07 [0.941]	1.10 [0.272]
汉森 检验值 [p]c	17.29 [1.000]	18.91 [1.000]	—	21.21 [1.000]	18.32 [1.000]	—	16.29 [1.000]	15.32 [1.000]

注：同表 2.8。

最后，表 2.16 模型 5 和模型 6 的结果显示，在法律服务水平（LSE）和非国有化程度（NSO）的不同门槛值区间，寻租激励对要素市场产生的扭曲效应存在差异。具体来说：①当法律服务水平低于 7.242 时，腐败程度（DCO_1）的系数在 1% 水平上显著为正，值为 0.439；随着法律服务水平跨过门槛值 7.242，腐败程度（DCO_2）的影响系数变小了且不显著了，值为 0.036；这样结果也表明，法律环境对晋升激励的扭曲效应存在明显的门槛特征。对比表 2.12 的结果可知，跨过法律环境门槛值 7.242 的地区有北京、上海、浙江、江苏和广东。②当非国有化程度低于 0.602 时，腐败程度对要素市场扭曲的影响系数在 1% 水平上显著为正，值为 0.371，说明晋升竞争程度每增加 1 个单位，就会使得地区要素市场扭曲程度增加 0.371 个单位。当非国有化水平跨过门槛值 0.602 时，腐败程度的影响系数变小了且不显著了，值为 0.015。这表明，产权制度对寻租激励扭曲效应的影响存在门槛特征。比较分析，可以发现，跨过非国有化程度门槛值 0.602 的地区有上海、浙江、江苏、福建和广东等地区。

综上所述，制度环境对官员激励扭曲效应的影响存在明显的门槛特征。这意味着，各地区可以根据自身制度环境的现状，在改善法律环境、金融环境以及明晰国有产权制度等方面做工作，以规避地方官员激励对要素市场产生的扭曲效应。

第六节　本章总结

本章在理论分析地方官员激励、外部拉动因素和制度环境因素对要素市场扭曲的影响机理的基础上，利用中国省级层面的面板数据，实证考察了这些因素对要素市场扭曲的影响，以及地方官员激励的这种影响在不同制度环境中是否存在着差异；并进一步运用门槛检验方法，探讨了金融环境、法制环境和产权制度的变化如何改变地方官员激励对要素市场产生的扭曲效应。

实证结果支持了理论假说，地方官员的财政激励、晋升激励和寻租激励对地区要素市场都产生了显著的扭曲效应。从"入世"前后比较来看，"入世"后地方官员激励对要素市场产生的扭曲效应下降了，表明了"入世"在一定程度抑制了地方官员激励的扭曲效应；其主要原因可能在于：外资与外贸迅速发展对区域间要素市场整合的推动，以及 WTO 规则与国际"双反"调查等国际政治压力、制度环境改善对地方政府官员干预行为的约束。

关于拉动因素的影响，本章的研究发现，外贸依存度与要素市场扭曲之间存在倒 U 型的关系，即在对外贸易水平较低时，其加剧了地区要素市场扭曲；而随着对外贸易水平提高到一个临界值之后，其能够不断缓解地区要素市场的扭曲程度；也就是说，相对于外贸依存度处于中间水平的地区，在外贸依存度较低和较高地区的要素市场扭曲程度相对低些。此外，外商直接投资与要素市场扭曲之间也存在倒 U 型的关系，外商直接投资水平较低和较高地区，相对外商直接投资处于中间水平的地区来说，其要素市场扭曲程度相对低些；也就是说，随着外商直接投资水平提高到一个临界值之后，其水平的提高能够不断缓解地区要素市场的扭曲程度。

关于制度环境的影响，本章的研究发现，金融环境、法律环境的改善以及产权制度明晰程度的提高，不仅能够缓解地区要素市场的扭曲程度，还能够降低地方官员激励对要素市场产生的扭曲效应；此外，制度环境对地方官员激励三种扭曲效应的影响存在差异；金融环境的改善对财政激励扭曲效应的抑制作用更显著，而法律环境的改善则能够更好地抑制晋升激励和寻租激励的扭曲效应，产权制度明晰程度的提高对官员激励的三种扭

曲效应都有着显著的抑制作用。门槛检验方法的进一步检验结果显示，在
制度环境变量的不同门槛值区间，财政激励、晋升激励和寻租激励影响要
素市场扭曲的显著性和程度都存在明显的差异；这表明制度环境的变化能
够在一定程度上规避地方官员激励对要素市场产生的扭曲效应。

第三章

要素市场扭曲抑制了产业技术创新投入吗？

本章主要考察要素市场扭曲对技术创新投入的影响，即本书的 FCPP 理论框架中要素市场扭曲（F，Factor Market Distortion）与技术创新行为（C，Conduct）之间的关系。[①] 将沿着以下思路探讨三个问题：（1）从理论层面分析要素市场扭曲影响技术创新投入的机理；（2）运用省级层面的数据考察要素市场扭曲对技术创新投入的影响程度及企业差异，以验证理论分析的结论；（3）探究要素市场扭曲对技术创新投入影响程度是否存在区域差异，并进一步考察决定要素市场扭曲这种抑制效应区域差异的主要因素。

第一节 引言

目前仅有极少数文献涉及了要素市场扭曲对研发资本投入的影响研究。如张杰等（2011）使用 2001—2007 年工业企业样本进行的研究发现，要素市场扭曲显著地抑制了中国企业研发资本投入的增长，这种抑制效应源于要素市场扭曲所带来的寻租机会。郑振雄和刘艳彬（2013）、李平和季永宝（2014）则着重关注要素价格扭曲的作用，结果表明，资本和劳动的要素价格扭曲抑制了我国制造业的研发活动；原因是要素价格扭曲使得企业以廉价资本和劳动代替技术要素投入，进而造成各产业偏低的

[①] 本章主要由戴魁早和刘友金（2015a）的论文《要素市场扭曲、区域差异与 R&D 投入：来自中国高技术产业与门槛模型的经验证据》（载《数量经济技术经济研究》2015 年第 9 期）和戴魁早和刘友金（2015b）的论文《要素市场扭曲的研发效应及企业差异：中国高技术产业的经验证据》（载《科学学研究》2015 年第 11 期）修改和完善而成。

研发资本投入强度。可见，已有文献始终未涉及后面两个问题的研究，而且这些研究衡量要素市场扭曲程度的指标有着较为明显的缺陷，也忽略了要素市场扭曲对研发活动另一重要投入要素——研发人力的影响。

基于此，本章试图在以往研究的基础上，在理论分析要素市场扭曲影响技术创新投入的机理后，实证考察要素市场扭曲对中国高技术产业技术创新投入的影响。本章的拓展主要体现在以下三个方面：（1）从理论和实证两个层面探究了要素市场扭曲对研发资本投入和研发人力投入的影响，这是对现有研究的有益补充。（2）本章首次依据要素市场扭曲程度的高低差别，分三个区域（东部、中部和西部）考察要素市场扭曲对高技术产业研发资本投入和研发人力投入的影响，以检验其对研发投入影响的区域差异性；在此基础上，运用门槛检验方法，探讨了这种区域差异是否源于地区间经济发展水平、人力资本水平、财政收入、产权结构和对外开放程度等方面的不同。（3）丰富了研发投入的研究内容。既有研究主要考察关键因素对研发资本投入的影响，本章既探讨了要素市场扭曲对研发资本投入和研发人力投入的影响，又考察了要素市场扭曲这种影响的企业差异和区域差异，还进一步考察了"入世"前后要素市场扭曲的影响是否存在差异。

第二节　要素市场扭曲影响技术创新投入的机理：理论分析

一　要素市场扭曲对技术创新投入的影响

通过对相关领域文献的回顾和梳理，可以归纳出要素市场扭曲影响研发投入的机制，即要素市场扭曲主要通过资源误置效应、寻租效应、挤出效应和需求抑制效应等影响着企业的研发投入（如图3.1所示）。

首先，地方保护所形成的要素市场分割阻碍了要素在地区之间的自由流动，会削弱市场机制对要素资源的优化配置功能（李善同，2004）；要素价格扭曲则会导致价格信号失真，使得要素资源无法实现最优配置，会造成资本和劳动力等要素使用的低效率（银温泉和才婉茹，2001）；要素市场扭曲这两个方面的影响抑制了企业生产效率的提升（赵自芳和史晋川，2006；罗德明等，2012，毛其淋，2013）。这种资源误置效应进一步

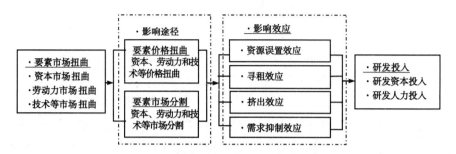

图 3.1　要素市场扭曲影响研发投入的机理

影响着企业的研发投入：对于拥有丰富要素资源的企业来说，R&D 活动的低效率使其无法从本土市场补偿研发支出以及获得应有的创新收益，企业 R&D 活动的动力会减弱，从而将资源转移到非研发活动，结果是研发投入的减少；而对缺乏要素资源的企业而言，市场扭曲妨碍了研发资金和人力在地区间和企业间的自由流动，即使有相对高效研发项目也会因研发要素的缺乏而减少研发活动（解维敏和方红星，2011）。

　　其次，在政府控制劳动力等关键要素定价权和分配权的情况下，企业通过与政府官员建立某种寻租联系，就可以获得所需的低成本资金和其他稀缺生产要素，从而获得超额利润或者说是寻租收益（Boldrin 和 Levine，2004；张杰等，2011）。这种寻租联系表现在两个方面，一是地方政府给予那些创造更多产值、财税收入及就业机会的出口型和高利润的大型国有企业各种优惠的要素供给（包括减免税收、税收返还、补贴和人才引进政策等），通过扶持这些企业发展来拉动地区经济增长（张杰等，2011）；二是企业通过投资与掌握要素资源分配权的政府官员或地方政府建立寻租联系，以获得超额利润或寻租收益（克拉森斯等，2008；余明桂等2010）。实证结果表明，要素价格扭曲区域中的企业在可以通过寻租活动获得超额利润时，通过 R&D 活动获得利润的动力会受到削弱，这会抑制企业 R&D 活动（Boldrin 和 Levine，2004；安同良等，2009；张杰等，2011）。

　　再次，挤出效应表现为其他投资活动对企业研发投资的替代或者挤占，而要素价格扭曲主要从两个方面对企业 R&D 产生挤出效应：一方面，低要素价格会吸引企业将更多的社会资源和人才从 R&D 活动等实体投资领域转移到非生产的寻租活动中去，这对企业 R&D 活动产生转移效应和挤出效应（余明桂等，2010）；另一方面，政治寻租所能产生的直接收益会抑制企业将资金用于风险较高的 R&D 活动，这在一定程度上也挤占企业的 R&D 投资（克拉森斯等，2008）；而且，企业倾向于将价格扭曲所产生的超额利润或租金收益投资于寻租活动以及炒股票、炒房地产，甚至炒农产品等非生产性投机活动，这使得企业丧失对高风险 R&D 活动的动力（张杰等，2011）。此外，资本和劳动等要素价格不同程度的低估，会刺激企业和企业家密集使用有形要素，而较少有压力和动力投资于创新活动，这会挤出研发资本投入（高帆，2008）；同时，相对于信贷市场来说，我国资本市场存在更高的融资成本（夏晓华和李进一，2012）；这种高融资成本形成的资本市场扭曲会逼迫企业减少研发资本和设备投入（李平和季永宝，2014）。

最后，劳动力市场和技术市场的价格扭曲或者分割会抑制技术研发和产品研发的市场需求，导致企业技术和产品研发的有效需求不足。在低工资的劳动力价格扭曲情况下，劳动者偏低的收入会导致需求层次偏低，因而对企业新产品缺乏有效的市场需求（李平和季永宝，2014）；同时，技术交易的高价格会抑制对新技术的有效需求（相反，低价格无法实现研发支出的补偿，也会抑制企业 R&D 活动）；而且市场分割限制了外地相关技术的进入，使得本地企业、单位或个人只能购买和使用本地技术（或只能接受本地提供的技术），这破坏了地区间技术交易和融合，会减少对先进技术的市场需求（孙早等，2014）。而有效需求的不足则造成了"需求引致创新"机制的失效，从而导致本地企业 R&D 活动无法补偿研发支出或者获得创新收益，这会削弱企业 R&D 的动力，进而抑制企业研发投入（张杰和周晓艳，2011）。

综上所述，本章提出假说 3.1：要素市场扭曲抑制了我国高技术产业研发投入增长。

二 要素市场扭曲对不同特征企业技术创新投入的影响

上述的机制分析表明，要素市场扭曲抑制了研发投入，但是这种抑制效应的程度可能会受到企业特征的影响。企业规模、外向度、资本密集度和经济绩效等特征不同的企业，研发投入的能力和动力存在明显的差异，因而，在相同的要素市场环境下，不同特征企业的研发投入也会有所不同。

（1）要素市场扭曲的研发投入效应会受到企业规模的影响。熊彼特的创新理论认为，规模越大的企业可以负担得起更多的研发经费投入，可以通过大范围的研发活动来消化创新过程中失败的研发项目（杰弗逊 et al.，2006）；而研发投入增加带来的产品竞争优势反过来会进一步激励企业增加研发活动。因而，在相同的要素市场扭曲环境中，相对于规模较小的企业来说，较大规模企业的研发投入要高些。基于此，本章提出如下有待检验的假说 3.2：在规模较大的企业中，要素市场扭曲对研发投入的抑制程度会低些。

（2）企业外向度也是影响要素市场扭曲研发投入效应的重要因素。对于外向度较高的企业来说，参与国际贸易与全球生产体系所获得的利益使得企业具备了能够扩大研发活动的能力（Gorg et al.，2008）。同时，企业所面临的激烈国际市场竞争，会激励企业不断增加研发新产品活动以获得或保持国际竞争优势。可见，在相同的要素市场扭曲环境中，外向度更高的企业更有能力和动力增加研发投入。基于此，本章提出有待检验的假说 3.3：对外向度较高的企业来说，要素市场扭曲的研发投入抑制效应较低。

（3）要素市场扭曲对研发投入的抑制效应，也会受到企业资本密集度的影响。与劳动密集型产品比较，资本密集型产品的生产技术复杂度更高（文东伟和冼国明，2009）；在研发新产品过程中（即产生新思想——成果中试——形成新技术——新产品生产的过程），更高的技术复杂度将增加研发的风险，这会导致研发投入的增加（柳卸林，2014）。可见，随着企业资本密集度的提高，要素市场扭曲对其研发投入的抑制效应会变小。因而有假说 3.4：在资本密集度更高的企业中，要素市场扭曲对研发投入的抑制效应更小些。

（4）要素市场扭曲的研发投入效应可能还会受到企业经济绩效高低的影响。经济绩效较好的企业有能力采用更先进的技术和设备以及投入更多的科技人员进行研发活动；而且企业研发活动的增加反过来给企业带来的好绩效会进一步激励企业增加研发活动（吴延兵，2006）；因而，在相同的要素市场扭曲环境中，绩效较好企业的研发投入要大于绩效较差的企业。基于此，本章提出如下有待检验的假说 3.5：在经济绩效较好的企业中，要素市场扭曲对研发投入的抑制程度会低些。

三　要素市场扭曲对技术创新投入影响的区域差异

由于我国各地区改革开放次序不同，要素市场的发展或扭曲程度存在着地区差异（赵自芳，2006；林伯强和杜克锐，2013）。在要素市场扭曲程度较高的地区，市场分割和程度价格扭曲程度更高，地区的资源误置效应更显著，这意味着地区的 R&D 活动效率更低，进而使得企业从本土市场获得研发支出补偿和收益的能力变得更弱，企业更缺乏 R&D 活动的动力。同时，较高程度的要素市场扭曲意味着资本和劳动等要素价格被低估得更为严重，这些地区中的企业从寻租关系获得的利润或者收益更多，进而会引导企业将更多的要素资源和精力从实体经济活动和研发活动转移到寻租活动中，企业通过 R&D 活动获得竞争优势和收益的意愿和动力会更弱，这会导致整个区域更低的研发投入；而且，更为严重的要素价格低估也会刺激企业和企业家越发密集地使用有形要素，而较少有压力和动力投资于创新活动，因而对研发投入的挤出效应更显著；相反，在要素市场扭曲程度较低的地区，寻租活动及有形要素的替代对企业研发投入的挤出效应要小些。此外，在要素市场扭曲程度较高的地区，新技术和新产品有效需求不足的现象更为突出，企业进行研发活动的意愿和动力越发弱，因而这样的地区要素市场扭曲对企业研发投入的抑制程度更显著。

基于此，本章提出有待检验的假说 3.6：在要素市场扭曲程度较高的地区，要素市场扭曲对高技术产业研发投入的抑制程度更高。

第三节　要素市场扭曲对技术创新投入的影响及其企业差异

一　计量模型

基于上面的理论分析，借鉴国内外实证文献研究研发投入的影响因素的通常做法（张杰等，2011），本章建立如下计量模型考察要素市场扭曲对研发投入的影响及其企业差异：

$$RD_{it} = \alpha_0 + \alpha_1 FMD_{it} + \beta X_{it} + \lambda_i + \varepsilon_{it} \qquad (3.1)$$

上式中，t 代表时间，下标 i 代表地区，λ_i 是不可观测的地区效应，ε_{it} 为随机扰动项。α_1 为系数，β 为系数向量。被解释变量 RD_{it} 表示各省高技术产业的研发投入水平，包括研发资本投入和研发人力投入；FMD_{it} 代表各地区的要素市场扭曲程度；X_{it} 为影响研发投入的控制变量，包括企业特征和市场环境两类变量。企业特征变量包括企业规模（SIZE）、外向度（DOP）、资本密集度（CTI）和企业绩效（EPER）等（选择依据见前文的理论分析）。

市场环境变量包括新产品需求（DNP）、融资环境（ENF）、财政投入强度（FII）和知识产权保护强度（IPP）等。这是因为：新产品需求增长对企业的研发活动有着重要影响，一方面，在市场信息有效传递的前提下，新产品需求的增加会引起新产品生产的增加或者新产品价格的提高；这都会激励企业研发更多的新产品（Beath 等，1994；陈仲常和余翔，2007）；另一方面，企业的研发受到收益及成功概率的影响，而新产品需求的增加提高了研发可能带来的收益，因而企业会有更大的动机提高研发投入（Klette 和 Griliches，2000）。融资环境的变化会直接影响企业进行 R&D 活动时所能筹集到的资金，既影响企业所能获得的研发资金的数量和成本，又影响企业研发资金的投向（陈仲常和余翔，2007），从而对企业的研发投入产生外在的影响。研发资金缺乏是阻碍企业研发活动开展的最重要因素；而政府财政投入作为我国高技术企业研发资金的重要组成部分，财经投入的强度对研发投入的增长有着重要的影响（鲍莫尔，2002；解维敏和方红星，2011）。知识产品保护的改善可以为企业的创新活动提供良好的外部制度环境（樊纲等，2011），这会促进企业的研发投入的增长（Lin et al.，2010；蔡地和万迪昉，2012）。

这样，控制变量的 X_{it} 可以由下式来表达：

$$X_{it} = \beta_1 SIZE_{it} + \beta_2 DOP_{it} + \beta_3 CTI_{it} + \beta_4 EPER_{it} + \\ \beta_5 DNP_{it} + \beta_6 ENF_{it} + \beta_7 FII_{it} + \beta_8 IPP_{it} \quad (3.2)$$

在验证假说 1 的基础上，为了考察假说 2、假说 3、假说 4 和假说 5 是否成立，本章构造以下的计量模型进行检验：

$$RD_{it} = \alpha_0 + \alpha_1 FMD_{it} + \beta X_{it} + \phi FMD_{it} \times EC_{it} + \lambda_i + \varepsilon_{it} \quad (3.3)$$

式（3.3）中，ϕ 为系数向量，$FMD_{it} \times EC_{it}$ 表示要素市场扭曲指数与企业特征变量的乘积项，用来刻画企业特征对要素市场扭曲作用于研发投入的影响①（张杰等，2011），包括要素市场扭曲指数与企业规模、外向

---

①　在考察通过影响某一变量从而对被解释变量产生差异影响的因素时，以往研究通常采用分组检验或交互项连乘检验的方法。分组检验是指按照某一设定的指标将样本分为不同的子样本，然后分别对子样本进行回归从而得到不同因素在各子样本区间对被解释变量影响的差异，但这一方法面临的一个无法回避的问题是分组标准的确定，传统分组检验只是简单地依照某个影响指标对样本进行平均分组，这必然难以准确反映各种因素对被解释变量的影响。因而，本章采用乘积项法来测定要素市场扭曲对不同特征企业研发投入的影响。

度、资本密集度和企业绩效的四个乘积项，分别由 $FMD_{it} \times SIZE_{it}$、$FMD_{it} \times DOP_{it}$、$FMD_{it} \times CTI_{it}$ 和 $FMD_{it} \times EPER_{it}$ 表示。

一些理论和实证研究成果发现，研发投入可能与经济绩效和新产品需求之间存在着相互影响的关系（杰弗逊 et al.，2006；吴延兵，2008），这说明式（3.1）可能存在变量间的内生性问题；且式（3.3）中要素市场扭曲指数与企业特征变量的乘积项可能存在内生性问题。针对这种可能存在的内生性问题，本章采用动态面板的 GMM 方法来克服。该方法的好处在于它通过差分或使用工具变量来控制未观察到的时间和个体效应，同时还使用前期的解释变量和滞后的被解释变量作为工具变量克服内生性问题（阿拿恩欧等，1995）。为了说明 GMM 方法的好处，对式（3.1）进行一次差分以消除省际层面的个体效应，即

$$RD_{i,t} - RD_{i,t-1} = \varphi(FMD_{i,t} - FMD_{i,t-1} + \gamma(X_{i,t} - X_{i,t-1}) + (\varepsilon_{i,t} - \varepsilon_{i,t-1}) \tag{3.4}$$

从式（3.4）可以看出，它消除了不随时间变化的地区效应，但却包含了被解释变量的滞后项为（$RD_{i,t} - RD_{i,t-1}$）。为了克服所有变量间的内生性问题以及新的残差项（$\varepsilon_{i,t} - \varepsilon_{i,t-1}$）与滞后的解释变量（$RD_{i,t} - RD_{i,t-1}$）之间的相关性，必须采用工具变量来进行估计。GMM 估计通过下面的矩条件给出工具变量集：

$$E[(\varepsilon_{i,t} - \varepsilon_{i,t-1})\varepsilon_{i,t-s}] = 0; s \geq 2; t = 3, \cdots, T \tag{3.5}$$

$$E[(\varepsilon_{i,t} - \varepsilon_{i,t-1})X_{i,t-s}] = 0; s \geq 2; t = 3, \cdots, T \tag{3.6}$$

$$E[(\varepsilon_{i,t} - \varepsilon_{i,t-1})FMD_{i,t-s}] = 0; s \geq 2; t = 3, \cdots, T \tag{3.7}$$

上面的差分转换方法就是差分广义矩（Difference GMM）估计方法。但差分转换也有缺陷，它会导致一部分样本信息的损失；且如果解释变量在时间上有持续性时，工具变量的有效性将减弱，从而影响估计结果的渐进有效性。系统广义矩（System GMM）估计能够较好地解决这个问题，它能同时利用差分和水平方程中的信息，以及差分转换所用到的工具变量（阿拿恩欧等，1995；布兰德尔 et al.，1998），即式（3.6）和式（3.7）中的工具变量在系统方程估计中仍可继续使用。在观察不到的各行业固定效应与解释变量的差分［式（3.4）右边的变量］不相关的弱假设下，能够得到额外的矩条件，从而给出系统中水平方程的工具变量集：

$$E[(\varepsilon_{i,t-1} - \varepsilon_{i,t-2})(\lambda_i + \varepsilon_{i,t})] = 0 \tag{3.8}$$

$$E[(X_{i,t-1} - X_{i,t-1})(\lambda_i + \varepsilon_{i,t})] = 0 \tag{3.9}$$

系统 GMM 由于利用了更多的样本信息，在一般情况下比差分 GMM 更有效。但这种有效性有赖于解释变量的滞后项作为工具变量是否有效。考虑到样本观察值的有限性，本章以解释变量的一阶滞后值作为工具变量。而动态面板 GMM 参数估计的有效性有赖于解释变量滞后值作为工具变量是否有效，本章依据两种方法来识别模型设定是否有效：第一种是采用汉森检验来识别工具变量的有效性，如果不能拒绝零假设就意味着工具变量的设定是恰当的；第二种是检验残差项非自相关假设，即检验 GMM 回归系统中差分的残差项是否存在二阶序列自相关。系统 GMM 可以分为一步估计和两步估计，两步估计结果对异方差和截面相关性具有较强的稳健性，因而在一般情况下，两步估计都优于一步估计。基于此，本章采用两步系统 GMM 进行估计。

二　变量选取

要素市场扭曲的选择、测算方法与测算结果见第 2 章，其他变量的选择说明如下。

（1）研发投入。鉴于研发人力资源在企业自主研发活动中的重要性，为了较全面反映各地区高技术产业的研发投入，本章采用研发资本投入和研发人力投入两个指标来反映。借鉴国内外通常的做法，研发资本投入（lnRDK）用"各地区的 R&D 经费内部支出与 R&D 经费外部支出之和/各地区高技术企业数"反映，取自然对数。由于 R&D 经费包含了劳务费，为了避免重复计算，在计算研发资本投入时，扣除了劳务费；并构建一个价格指数将其平减为 1997 年的不变价，该价格指数由消费物价指数和固定资产投资价格指数的算术平均值测算出。关于研发人力投入（lnRDL），用"各地区高技术产业 R&D 活动人员折合全时当量/各地区高技术企业数"表示，取自然对数；而各地区高技术产业 R&D 活动人员折合全时当量是指在报告年内，实际从事科技活动人员（工作时间占制度工作时间 90% 以上）中从事基础研究、应用研究和试验发展三类活动的人员的工作时与 R&D 活动人员中工作时间不到制度工作时间 90% 的人员工作时间所折合的全时工作时总和。

（2）企业特征变量。企业规模变量（SIZE）；借鉴陈羽等（2007）的做法，用省际高技术企业的平均销售收入、平均固定资产净值和平均人员数的算术平均值表示①。外向度（DOP）用各地区高技术企业的外向度指数反映，即（a×商品出口交货值/商品销售产值+b×商品出口交货值/商品增加值）／（a+b），且a+b=1（取 a = 0.5）；用工业品出厂价格指数对出口交货值、产值和增加值平减。企业资本密集度（CTI）用各地区高技术企业的资本形成总额与从业人员数之比反映，其中资本形成总额用实际资产存量来体现。参考国内外相关文献的通常做法，企业绩效（EPER）选用各地区高技术企业的销售利税率（大中型工业企业利税总额/销售收入）表示。

（3）市场环境变量。新产品需求（DNP）。产品的市场规模（即市场对产品的需求规模）在很大程度上体现在产品的销售数量，产品的销售数量越多，表明需求规模越大。因而，本章采用省际高技术产业的新产品销售收入来量度，取自然对数。由于获得新产品销售收入是用当年价表示，因此需要对数据进行调整，具体调整方法是以工业品出厂价格指数对各省当年价新产品销售收入进行平减。融资环境（ENF）。各地区市场化改革对高技术企业筹资环境的影响体现在企业 R&D 资金来源中金融机构贷款的比重越来越高。考虑数据的可获得性，参考戴魁早（2013）的做法，本章采用省际高技术产业金融机构贷款占 R&D 资金的比重反映，即用"省际高技术产业科技活动经费筹集额中金融机构贷款数额/科技活动经费筹集总额"来反映；该比值变大说明高技术产业筹资环境在改善。财政投入强度（FII）。借鉴陈仲常和余翔（2007）等的做法，用省际高技术产业政府财政投入占 R&D 资金的比重反映。关于知识产权保护变量（IPP）；参考国内学者的通常做法（孙早等，2014），选取樊纲等（2011）的"中国市场化指数"中的"知识产品保护指数"体现。

三　数据说明与描述统计

本章的样本区间为 1997—2009 年这个时间段。数据主要来源于《中国统计年鉴》《中国高技术产业统计年鉴》《中国市场化指数》以及中经网统计数据库。由于西藏和新疆缺失了大量数据，研究时未纳入样本，样

---

① 由于本章的研究目的是考察企业特征变量的影响，在无法获得 1997—2009 年间企业层面完整数据的情况下，参考国内外相关文献的通常做法，本章用企业均值数来刻画特征变量（陈羽等，2007），即用省际高技术产业的变量值与高技术企业数之比来测算企业特征变量。

本共涉及 29 个省区市。其中，各省区市的进出口值、GDP 值、消费物价指数和固定资产投资价格指数等来源于《中国统计年鉴》相关年度，价格指数来源于中经网，要素市场扭曲的相关测算数据和知识产权保护指数来源于《中国市场化指数》相关年度，其他数据来源于《中国高技术产业统计年鉴》相关年度。在数据处理过程中，为了减轻异常值（或称离群值）对估计结果的影响，本章对所有连续变量均进行缩尾处理（变量描述统计结果如表 3.1 所示）。

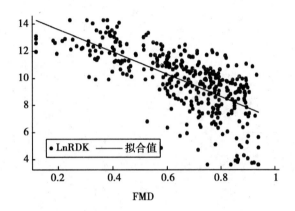

图 3.2　要素市场扭曲与研发资本投入散点图

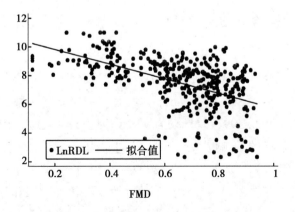

图 3.3　要素市场扭曲与研发人力投入散点图

图 3.2 和图 3.3 的散点图显示，要素市场扭曲指数与我国高技术产业研发投入（包括研发资本投入和研发人力投入）之间都存在明显的反向变动特征，二者的负相关关系十分明显；这很可能意味着要素市场扭曲程

度的降低有利于研发资本和研发人力的增长。这与前文假说预期相符。接下来，本章通过计量分析揭示要素市场扭曲和研发投入之间的相关关系。

表 3.1   主要变量的描述统计

变量	均值			观测值	标准差	最小值	中位数	最大值
	全样本	"入世"前	"入世"后	全样本				
FMD	0.659	0.754	0.599	377	0.185	0.119	0.694	0.940
lnRDK	9.805	8.881	10.382	377	2.242	3.624	9.980	14.264
lnRDL	7.475	7.131	7.689	377	1.831	2.303	7.854	10.997
SIZE	1.070	0.635	1.341	377	0.767	0.114	0.871	3.618
DOP	0.192	0.149	0.218	377	0.191	0.000	0.102	0.726
CTI	1.183	0.715	1.475	377	0.743	0.298	0.985	4.523
EPER	0.061	0.048	0.069	377	0.043	−0.088	0.056	0.192
DNP	12.371	11.523	12.902	377	2.689	3.714	12.561	16.997
ENF	0.093	0.132	0.068	377	0.098	0.000	0.062	0.386
FII	0.136	0.160	0.120	377	0.127	0.000	0.102	0.531
IPP	4.398	1.498	6.211	377	7.484	−0.010	1.470	41.120

四 实证检验与结果解释

(一) 要素市场扭曲对技术创新投入的总体影响

加入 WTO 是我国改革开放持续深入的重大标志，对要素市场发展有着重要的影响。从表 3.1 可以看出，"入世"前后要素市场扭曲程度的均值分别是 0.754 和 0.599，差异较为明显；因而，"入世"前后要素市场扭曲对研发投入的影响大小可能不同。为此，本章对"入世"前 (1997—2001 年) 和"入世"后 (2002—2009 年) 作了分段估计，以考察这种影响是否存在差异。此外，各地区改革开放的次序和程度也存在显著差异，这些因素，会深刻影响中国不同地区要素市场的发育和发展进程，从而使得不同地区间的要素市场扭曲程度表现出较大差异 (张杰等，2011)；基于此，本章进一步考察要素市场扭曲对研发投入的影响是否存在区域差异。

分时间段和分地区的两步系统 GMM 估计结果如表 3.2 和表 3.3 所示。

残差序列相关性检验表明，差分后的残差存在一阶序列相关性而无二阶序列相关性，因此，从估计的结果可以断定原模型的误差项无序列相关性。同时，汉森过度识别检验的结果也显示，不能拒绝工具变量有效性的零假设（p 值均显著大于 0.1）。这说明了模型设定的合理性和工具变量的有效性。此外，估计结果在方向上保持了一致，且在统计上大多显著，这说明估计结果的稳健性。

表 3.2 不同时间段的估计结果显示，FMD 对 lnRDK 的影响始终为负，且"入世"前及 1997—2009 年间都在 1% 显著水平上显著，这表明要素市场扭曲与高技术产业研发资本投入存在负向关系，即要素市场扭曲程度的降低促进了我国高技术产业研发资本投入的增长，这验证了假说 3.1。与张杰等（2011）的实证结论相一致，即在要素市场扭曲程度越深的地区，要素市场扭曲对企业研发投入的抑制效应就越大。与"入世"前相比较，"入世"以后变量 FMD 的系数不显著且变小，这说明"入世"后要素市场扭曲对高技术产业研发资本投入的抑制效应降低且重要性减弱了；其原因可能在于：加入 WTO 以后，各地区要素市场扭曲（包括要素价格扭曲程度和要素市场分割程度）迅速降低，而要素市场分割程度的下降极大便利了研发资金在要素市场的合理流动，要素价格扭曲程度的降低则意味着要素价格信号更加真实和灵敏，能够更好地引导研发资金在企业间或行之间的转移调整，这为高技术企业的研发资金的获得提供了更好的市场环境；与此同时，更激烈的国际市场竞争也会激励着企业增加研发资本投入来确保或提高产品的国际竞争优势。

表 3.2　　要素市场扭曲对研发投入的影响（两步系统 GMM 方法）

	因变量：lnRDK			因变量：lnRDL		
	(1)	(2)	(3)	(4)	(5)	(6)
	1997—2009	1997—2001	2002—2009	1997—2009	1997—2001	2002—2009
FMD	-1.720*** (-3.62)	-2.955*** (-7.01)	-1.333 (-1.22)	1.533** (2.44)	0.520* (2.01)	0.624 (0.69)
SIZE	0.289** (2.21)	0.120 (0.45)	0.190*** (3.38)	0.322** (2.48)	0.100 (1.20)	-0.474 (-1.67)
DOP	2.011*** (5.72)	0.473 (0.71)	2.381*** (4.29)	1.278** (2.15)	-0.553 (-0.92)	1.449*** (3.53)
CTI	0.021 (0.44)	0.544** (2.65)	0.032 (0.54)	0.036 (0.53)	0.532** (2.09)	-0.007 (-0.14)

续表

	因变量: lnRDK			因变量: lnRDL		
	(1)	(2)	(3)	(4)	(5)	(6)
	1997—2009	1997—2001	2002—2009	1997—2009	1997—2001	2002—2009
EPER	-0.978 (-1.04)	-1.094 (-1.24)	-1.078 (-0.90)	0.197*** (3.77)	0.951*** (6.55)	0.583*** (2.81)
DNP	0.656*** (10.51)	0.628*** (17.92)	0.546*** (10.37)	0.470*** (8.09)	0.569*** (23.30)	0.488*** (13.23)
ENF	0.549** (2.49)	0.609 (1.65)	0.676 (1.54)	1.174*** (3.08)	0.640* (1.82)	1.085** (2.53)
FII	0.791** (2.33)	1.359*** (3.69)	0.697* (2.01)	1.302*** (5.12)	2.114*** (4.98)	1.046*** (3.35)
IPP	0.020** (2.60)	0.043 (1.44)	0.025*** (3.61)	0.031*** (3.78)	0.057** (2.36)	0.030*** (3.50)
常数项	2.846*** (3.95)	1.986* (1.71)	5.520*** (8.21)	0.612 (0.97)	1.176 (1.39)	2.266*** (2.85)
观测值	377	145	232	377	145	232
AR (1) 检验值 [p]ᵃ	-2.465 [0.014]	-1.825 [0.074]	-2.522 [0.012]	-2.615 [0.009]	-1.744 [0.081]	-2.104 [0.035]
AR (2) 检验值 [p]ᵇ	-1.040 [0.298]	0.164 [0.870]	-1.459 [0.144]	-1.311 [0.190]	-0.348 [0.728]	-1.580 [0.114]
汉森 检验值 [p]ᶜ	23.973 [1.000]	15.861 [0.198]	19.473 [1.000]	22.926 [1.000]	14.945 [0.244]	25.487 [1.000]

注:(1) ***、**、*分别表示统计值在1%、5%和10%的显著性水平下显著。(2) 圆括号内的数值为t值;方括号内的数值为概率p值。(3) a零假设为差分后的残差项不存在一阶序列相关 [若差分后的残差项存在一阶序列相关,系统GMM依然有效,参见罗德曼(2006)];b零假设为差分后的残差项不存在二阶序列相关(若差分后的残差项存在二阶序列相关,则系统GMM为无效);c为汉森检验的零假设为过度识别约束是有效的。(4) 考虑到样本观察值的有限性,这里以解释变量的一阶滞后值作为工具变量。(5) GMM方法所用的软件包是stata/MP 11.0,所用的程序是xtabond2。

出乎意料的是,表3.2显示FMD对lnRDL的影响始终为正,且仅"入世"后不显著。这意味着要素市场扭曲与研发人力投入存在着正向关系,即要素市场扭曲程度越高的地区,高技术企业的研发人力投入却越大;反之亦然。这与假说3.1的预期不同,与张杰等(2011)的研究结论相反 [尽管他们仅考察要素市场扭曲与研发(资金)投入的关系]。要素市场扭曲对研发资本投入和研发人力投入的影响差异,可能源于两者的流动性差异;这是因为,研发人员在劳动合同期限内一般不会流出去,流动性会远远低于研发资本的流动性;在要素市场扭曲程度越高的地区,要素市场分割程度越高，研发人员的流出率越低；而随着高技术企业研发人员的不断培养和引进，研发人力资源存量会越积越大；而在高技术企业的研发活动中，研发人力资源存量会被全部投入进去；结果是，要素市场扭曲程度越高会导致研发人力投入越多。事实上，《中国高技术产业统计年鉴》数据显示了高技术企业研发人力投入的高强度[①]，从 1997—2009 年间的平均数据来看，研发人力投入与增加值之比（即研发人力投入强度）达到了 10% 以上，远高于国外研发人力投入强度最大的国家——美国和日本，同一时期分别是 2.55%—2.74% 和 2.78%—3.12%。大量关于创新研究的文献发现，我国制造业研发的投入产出过程表现出规模报酬递减的特征，且研发资本的产出弹性大于研发人力的产出弹性（张等，2006；吴延兵，2006；戴魁早，2012）；其原因可能是研发人力投入过多而资本投入不足，研发资本与人力比例的不协调导致了研发效率的低下。可见，要素市场扭曲对研发资本投入和研发人力投入的影响差异，可能是我国制造业研发效率较低的重要原因。

"入世"前后，FMD 对 lnRDL 的影响不尽相同，"入世"前显著为正，"入世"后不显著。这意味着，"入世"后要素市场扭曲度相对较高的地区，研发人力投入并不显著高了；也就是说，"入世"后要素市场扭曲程度整体迅速下降促进了研发人力的合理流动，要素市场扭曲程度相对低的地区，研发人力投入不显著低于扭曲程度相对高的地区。

（二）要素市场扭曲对技术创新投入影响的企业差异

上文的实证结果表明，要素市场扭曲对高技术产业研发投入的产生着重要影响。本章进一步考察这种影响对不同特征的企业是否存在差异。为此，我们采用了两步系统 GMM 方法对计量模型（3.3）进行了估计，结果如表 3.3 所示。残差序列相关性检验和汉森过度识别检验说明了模型设定的合理性和工具变量的有效性；估计结果方向上的一致性和统计上的显著性表明结果具有稳健性。

表 3.3 中，要素市场扭曲与企业规模乘积项（FMD×SIZE）对研发资本投入和研发人力投入的影响都显著为正。这说明，在要素市场扭曲程度相当的省份地区，规模较大的企业越是倾向于更多的研发资本和研发人力

---

①　值得指出的是，过高的研发人力投入强度会带来一些负面影响，如会使投资主体不能有效地利用好研发人力投入，导致研发人力投入产出效率的低下（吴延兵，2006；戴魁早，2012）。

投入；或者说，在规模较大的企业中，要素市场扭曲对研发投入的抑制效应要小于规模较小的企业；也就是说，要素市场扭曲对飞机制造、计算机整机制造和通信设备制造等类型高技术企业研发投入的抑制程度要低些（见表3.4）。这验证了假说3.2，与张杰等（2011）的研究结论相反，该研究认为，在规模越大的企业中，要素市场扭曲对研发投入的抑制效应越大，理由是，规模越大的企业越有能力通过与政府建立寻租关系获得租金收益，进行研发投入的动力就越容易受到削弱和抑制。这种结果的差异可能源于研发投入的衡量，他们的研究没有将研发人力分解出来，而将研发人力投入以劳务费的形式计入研发资本投入，而研发人力与研发资金在形态和流动性等方面的差异使得这种衡量方法存在明显的缺陷。事实上，规模越大的企业研发人员会越多，研发人员在劳动合同期限内一般不会流动，这种低流动性使得企业规模越大，研发人力投入也会越多。可见，本章的衡量方法合理些，相应的研究结论也更符合现实情况。

要素市场扭曲与外向度乘积项（FMD×DOP）对研发资本投入和研发人力投入的系数显著为正，表明在要素市场扭曲相近的地区，参与国际竞争程度越高的企业越是倾向于更多的研发资本和研发人力投入；或者说，在外向度较低的企业中，要素市场扭曲对研发投入的抑制效应要大于外向度较高的企业；这验证了假说3.3。结合表3.4，可知要素市场扭曲对计算机整机制造、办公设备制造和通信设备制造等外向度较高的高技术企业研发投入的抑制效应要小些。其原因在于，在要素市场扭曲程度既定的前提下，相较于外向度低的高技术企业来说，参与国际市场程度越深的企业更偏向于增加研发投入以获得产品的国际竞争优势。这与张杰等（2011）的研究结论一致；该研究认为，要素市场扭曲对企业造成了出口的"挤出"效应，使在要素市场扭曲程度越高的省份地区中研发能力相对强的企业倾向于选择出口。

要素市场扭曲与资本密集度乘积项（FMD×CTI）对研发资本和人力投入的影响不相同，对研发资本投入有显著的正向影响，而对研发人力的影响不明显。这说明，在要素市场扭曲程度相当的省份地区，资本密集度较大的企业越是倾向于更多的研发资本投入，但对研发人力投入没有什么影响；或者说，在航天器制造和生物制品制造等高资本密集度的企业中（见表3.4），要素市场扭曲对研发资本投入的抑制效应要小于低技术密集度企业，但对研发人力投入的抑制效应没有差异。这在一定程度上验证了

表 3.3　研发投入对不同特征企业研发投入的影响（两步系统 GMM 方法）

	因变量: lnRDK					因变量: lnRDL		
	(1) 企业规模	(2) 外向度	(3) 密集度	(4) 企业绩效	(5) 企业规模	(6) 外向度	(7) 密集度	(8) 企业绩效
FMD	-2.195*** (-5.06)	-1.526*** (-2.99)	-1.945*** (-3.39)	-1.255** (-2.52)	0.377* (1.76)	0.618 (1.29)	0.650 (1.23)	0.756 (1.52)
SIZE	-0.113 (-1.29)	0.619*** (6.24)	0.340*** (4.33)	0.290** (2.57)	0.156*** (2.77)	0.194* (1.83)	0.022 (0.39)	0.073 (0.91)
DOP	-1.458*** (-3.27)	-3.322*** (-6.63)	-1.473*** (-4.11)	-1.982*** (-3.22)	-0.590 (-1.56)	-2.167*** (-3.62)	-0.164 (-0.34)	-0.618 (-1.01)
TI	0.025 (0.37)	-0.054 (-0.90)	-0.293* (-1.73)	0.064** (2.23)	0.054 (0.68)	-0.056 (-0.76)	-0.045 (-0.17)	-0.019 (-0.72)
EPER	-0.654 (-1.23)	-0.653 (-0.99)	-0.777 (-1.33)	-7.408 (-1.16)	-4.321*** (-7.44)	-4.607*** (-7.99)	-1.961 (-0.91)	-5.036 (-0.88)
DNP	0.603*** (34.20)	0.623*** (30.96)	0.638*** (31.68)	0.654*** (23.57)	0.528*** (26.49)	0.564*** (23.02)	0.555*** (29.92)	0.548*** (31.92)
ENF	0.228 (0.70)	0.142 (0.50)	0.004 (0.02)	-0.280 (-1.49)	1.029*** (2.72)	0.998*** (2.85)	0.945*** (2.60)	0.780*** (2.88)
FII	0.930*** (5.54)	0.686*** (3.45)	0.906*** (3.95)	0.725*** (3.03)	1.410*** (5.18)	1.308*** (4.78)	1.555*** (5.96)	1.553*** (7.14)
IPP	0.036*** (6.89)	0.020*** (3.01)	0.023** (2.19)	0.027** (2.22)	0.031*** (5.19)	0.030*** (4.86)	0.030*** (3.74)	0.030*** (3.34)
FMD×SIZE	1.194*** (6.69)				0.596*** (4.22)			

续表

	因变量：lnRDK				因变量：lnRDL			
	(1) 企业规模	(2) 外向度	(3) 密集度	(4) 企业绩效	(5) 企业规模	(6) 外向度	(7) 密集度	(8) 企业绩效
FMD×DOP		3.391*** (5.12)				2.115* (1.80)		
FMD×TI			0.669** (2.49)				0.130 (0.31)	
FMD×EPER				10.261 (1.06)				2.160 (0.23)
常数项	3.179*** (7.18)	2.717*** (5.71)	2.855*** (4.59)	2.679*** (3.13)	0.632*** (3.45)	0.278 (0.60)	-0.064 (-0.08)	0.369 (0.47)
观测值	377	377	377	377	377	377	377	377
AR (1) 检验值 [p] [a]	-2.371 [0.018]	-2.406 [0.016]	-2.425 0.015	-2.331 [0.020]	-2.617 [0.009]	-2.532 [0.011]	-2.466 [0.014]	-2.425 [0.015]
AR (2) 检验值 [p] [b]	-0.823 [0.410]	-0.775 [0.438]	-0.781 0.435	-0.636 [0.525]	-1.273 [0.203]	-1.298 [0.194]	-1.205 [0.228]	-1.297 [0.195]
汉森检验值 [p] [c]	22.579 [1.000]	22.037 [1.000]	21.141 [1.000]	23.998 [1.000]	17.067 [1.000]	21.659 [1.000]	19.834 [1.000]	21.620 [1.000]

注：同表 3.2。

假说 3.4。要素市场扭曲对两者的影响差异可能源于：高资本密集度企业创新过程中对两者的需求差异和两者的流动性差异；即这类企业高技术复杂度的产品创新活动需要先进的机器、设备和技术等方面较高的资本性投入，资本投入需求显著高于人力投入的需求；同时，获得高素质研发人员的难度显著高于研发资金；其结果是，对研发人力投入的影响不明显；这两个方面的不同导致了这种影响差异。

表 3.4　　　　　　　中国高技术细分行业的企业特征（2009 年）

行业	SIZE	DOP	CTI	EPER	行业	SIZE	DOP	CTI	EPER
化学药品制造业	1.387	0.217	0.385	0.106	电子元件制造业	1.001	1.289	0.323	0.044
中药材及中成药加工业	0.825	0.042	0.426	0.113	家用视听设备制造业	3.241	1.283	0.174	0.037
生物制品制造业	0.558	0.191	0.529	0.147	其他电子设备制造业	0.661	1.145	0.413	0.058
飞机制造及修理业	6.505	0.388	0.430	0.066	计算机整机制造业	5.456	3.162	0.044	0.016
航天器制造业	2.984	0.002	0.686	0.093	计算机外部设备制造业	5.084	2.296	0.155	0.042
通信设备制造业	4.855	1.564	0.159	0.064	办公设备制造业	2.728	1.750	0.196	0.060
雷达及配套设备制造业	2.176	0.044	0.392	0.086	医疗设备及器械制造业	0.383	0.646	0.380	0.119
广播电视设备制造业	0.524	0.877	0.243	0.063	仪器仪表制造业	0.394	0.394	0.317	0.086
电子器件制造业	2.344	1.526	0.478	0.025					

注：表中数据由作者整理而得。

要素市场扭曲与企业绩效乘积项（FMD×EPER）对研发资本投入和研发人力投入的影响都不显著为正，这说明，在要素市场扭曲程度相当的地区，企业绩效好的企业并不表现出更多的研发投入；或者说，在经济绩效较好的高技术企业中，要素市场扭曲对研发投入的抑制效应并没有明显小于绩效差的企业。这与假说 3.5 的预期不同。究其原因，在要素市场扭曲接近的省份地区，这种结果可能源于两方面效应的相互替代：一方面，经济绩效较好的企业有能力采用更先进的技术和设备、吸引更多的研发人员，这为增加研发投入提供了必要的条件；另一方面，较好经济绩效的企业更可能利用要素市场扭曲机会所创造的寻租机会获得利润，这可能导致企业竞争意识的淡薄、官僚主义的盛行，从而导致研发投入降低。

综上所述，在我国高技术产业中，对于企业规模较大、外向度较高、资本密集度较高的企业来说，要素市场扭曲对其研发投入的抑制效应要小些。

（三）稳健性检验

为了确保前文估计结果的有效性，除了采用上述估计中变量控制和两步系统 GMM 估计方法等措施外，本章还做了以下的稳健性检验：第一，考虑遗漏变量引起的内生性问题。由于影响研发投入的因素较多，实证分析时较难全部纳入解释变量，估计时，这些遗漏变量的影响会被计入残差项，从而容易引起内生性问题；基于此，这里在计量模型（3.1）和（3.3）中加入被解释变量（lnRDK 和 lnRDL）的滞后一阶为解释变量，并重新进行了估计。第二，工具变量（IV）的重新选取。从本章要素市场扭曲程度指标自身特征来看，该变量自身就是一种有效的工具变量[①]（Fisman and Svensson，2007；张杰等，2011）；同时，借鉴勒贝尔（Lewbel，1997）和张杰等（2011）的方法，构建要素市场扭曲均值的三次方作为要素市场扭曲指标的工具变量。第三，对外向度、资本密集度和企业绩效衡量指标的重新选取；即选取省际高技术产业的出口交货值与总产值的比率来表示地区的对开放度，选取资本存量值/劳动力数量测算资本密集度，选取高技术产业各省利润与总产值比例以及利税与总产值占比的算术平均值反映企业绩效。三种稳健性检验的两步系统 GMM 估计结果都显示，前文的主要研究结论具有较好的稳健性。

第四节　要素市场扭曲对技术创新投入影响程度的地区差异

一　计量模型说明与描述统计

在上文研究的基础上，这里进一步考察要素市场扭曲对我国高技术产

[①] 本章考察的是省份地区整体层面的要素扭曲程度对该省份地区内高技术产业研发投入的影响效应，这会消除两者之间可能的逆向因果关系所导致的内生性问题。理由是，省份地区层面的要素市场扭曲因素能够影响到辖区内微观层面的企业行为，但是，相反的影响渠道机制可能并不存在（张杰等，2011）。

业研发投入的影响是否存在区域差异。为了检验这种影响的区域差异，我们还是采用前文（3.1）的计量模型展开实证检验。与国内外大多数研究一样，本章对各地区样本分别进行估计以考察地区差异。相关变量的选取、数据来源和处理以及估计方法都与前文一致。

表 3.5　　　　　　　　　各地区主要变量的描述统计

变量	均值			标准差			最小值			最大值		
	东部	中部	西部	东部	中部	西部	东部	中部	西部	东部	中部	西部
FMD	0.529	0.746	0.755	0.184	0.104	0.137	0.119	0.541	0.314	0.853	0.933	0.940
lnRDK	10.921	9.191	8.820	2.032	1.791	2.287	4.719	3.738	3.624	14.264	12.345	12.548
lnRDL	8.116	7.163	6.864	1.720	1.474	2.059	2.303	2.708	2.303	10.997	9.306	9.960
SIZE	1.442	0.791	0.824	0.940	0.457	0.472	0.151	0.114	0.114	3.618	2.171	2.129
DOP	0.344	0.080	0.089	0.206	0.055	0.077	0.023	0.012	0.000	0.726	0.286	0.409
CTI	1.327	1.060	1.105	0.810	0.577	0.774	0.298	0.298	0.298	4.523	2.904	4.523
EPER	0.062	0.061	0.058	0.036	0.038	0.055	-0.045	-0.041	-0.088	0.192	0.192	0.183
DNP	13.778	11.560	11.174	2.565	1.875	2.708	4.605	4.043	3.714	16.997	14.691	15.523
ENF	0.096	0.099	0.080	0.094	0.103	0.097	0.000	0.000	0.000	0.386	0.386	0.386
FII	0.067	0.160	0.211	0.090	0.113	0.139	0.000	0.019	0.000	0.508	0.531	0.531
IPP	8.310	1.672	1.597	10.254	1.492	2.044	0.330	0.000	-0.010	41.120	8.680	10.360

按照《中国高技术产业统计年鉴》的标准分类将样本的 29 个省区市分为东、中、西三个地区。东部地区包括：北京、天津、河北、辽宁、上海、江苏、浙江、福建、山东、广东、广西和海南；中部地区包括：山西、内蒙古、吉林、黑龙江、安徽、江西、河南、湖北和湖南；西部地区包括：重庆、四川、贵州、云南、陕西、甘肃、青海和宁夏。各地区主要变量的描述统计结果如表 3.5 所示。

从表 3.5 中可以看出，东部地区要素市场扭曲的均值最小，其次是中部地区，均值最大的是西部地区。标准差结果显示，东部地区 FMD 为 0.184，在三个地区中最大；说明东部地区的要素市场扭曲程度虽然最低，但是东部地区内部省份之间要素市场的发展程度差别最大；中部地区 FMD 的标准差最小，表明其内部省份之间要素市场的发展程度差别是最小的。研发资本投入和研发人力投入的均值呈现东中西部地区的梯度次序排列，东部地区最大，其次是中部地区，最低是西部地区；而各地区研发投入的标准差值并没有呈现出东中西部梯度次序排列。各地区要素市场扭曲与研发投入的均值和标准差不相同的变化趋势，可能意味着要素市场扭曲对研发投入的影响存在着区域差异。

从图 3.4 分地区要素市场扭曲变化趋势显示，东中西部地区的要素市场扭曲程度呈现出不断改善的趋势；比较而言，东部地区的要素市场扭曲的程度最低，中部地区次之，而西部地区的要素市场扭曲程度最高；图 3.5各地区要素市场扭曲指数标准差说明，1997—2007 年间，东部地区各省域之间差异呈现出扩大趋势，且差异程度最为显著；西部地区各省域之间要素市场扭曲程度的差异也有上升趋势，而中部地区各省域间的差异趋势不太显著。可见，比较起来，东部地区整体上要素市场扭曲程度最低，但区域内各省域间的差异程度在扩大，而中西部地区要素市场扭曲程度较高，但内部各省域间的差异却低于东部地区。

图 3.6 和图 3.7 中分地区散点图显示，东、中、西部地区要素市场扭曲指数与高技术产业研发投入之间都存在明显的反向变动特征，负相关关系十分明显；但是，各地区两者的拟合值斜率存在一定的差异，这意味着各地区两个变量的负相关程度可能存在差异。表 3.5 的变量描述统计显示，东、中、西部地区要素市场扭曲变量和研发投入变量的均值都呈现由高到低的分布规律，而研发投入变量则有着反向梯度分布规律，这可能表明要素扭曲程度较低的地区研发投入要高些，反之亦然。这与前文理论假说 3.6 预期相符。接下来，本章通过计量分析揭示各地区要素市场扭曲和研发投入之间的相关关系。

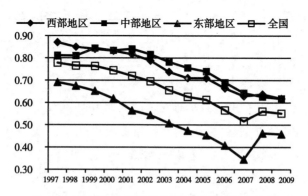

图 3.4　要素市场扭曲程度的区域差异变化趋势

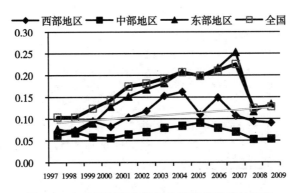

图 3.5 各地区要素市场扭曲程度标准差的变化

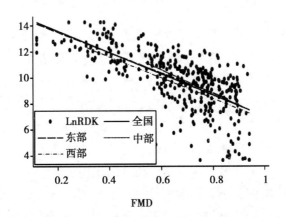

图 3.6 要素市场扭曲与研发资本投入散点图

二 要素市场扭曲对研发资本投入影响的区域差异

各地区要素市场扭曲对研发投入的影响也可能存在"入世"前后的差异。为了控制前文所采用的分时间段估计所导致的样本数量下降，本章引入时间虚拟变量 T 以考察这种差异：

$$T = \begin{cases} 1, & if\ 2002 \leqslant t \leqslant 2009 \\ 0, & if\ 1997 \leqslant t \leqslant 2001 \end{cases}$$

在方程（3.1）的右边加上乘积项 $v\ (T \times FMD)_{it}$（v 表示参数估计值），可以考察要素市场扭曲在"入世"前后的影响是否存在差异。如果 v 的估计值显著地不等于 0，可以判定"入世"前后的影响有差异（v 值大于 0 表示"入世"后的影响更大，v 值小于 0 则表示影响变小了）。

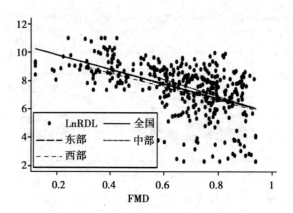

图 3.7　要素市场扭曲与研发人力投入散点图

表 3.6 和表 3.7 分别列出了因变量研发资本投入和研发人力投入的两步系统 GMM 方法的估计结果。残差序列相关性检验表明，差分后的残差存在一阶序列相关性而无二阶序列相关性，因此，从估计的结果可以断定原模型的误差项无序列相关性。同时，汉森过度识别检验的结果也显示，不能拒绝工具变量有效性的零假设（p 值均显著大于 0.1）。这说明了模型设定的合理性和工具变量的有效性。此外，估计结果在方向上保持了一致，且在统计上大多显著，这说明了估计结果的稳健性。

表 3.6 全国层面的估计结果模型（1）与前文表 3.2 模型（1）的结果相同。分区域估计结果与全国层面的情况存在较为明显的差异，一些影响高技术产业研发资本投入的显著性因素，分区域并不显著，或者影响程度和方向存在着差异。

从表 3.6 可以发现，各地区 FMD 对 lnRDK 的估计系数都显著为负，但系数大小有区别，这说明要素市场扭曲对各地区研发资本投入都产生了显著的抑制效应，但影响程度存在差异，对东部地区研发资本投入的抑制效应最小，其次是西部地区，而对中部地区研发资本投入的影响最大；而从表 3.5 的均值可知，西部地区的要素扭曲程度最大，中部地区次之，东部地区的最小。这说明要素市场扭曲程度与研发资本投入之间很可能存在非线性的关系，这没有完全验证假说 3.6。其原因可能源于要素市场扭曲对研发资本投入的抑制程度存在边际效应递减规律，即随着要素市场扭曲的改善达到一定的程度后，其对研发资本投入的抑制效应才会逐渐减少；也就是说，扭曲程度较高的地区在要素市场改善的初始阶段，其对研发资

表 3.6　要素市场扭曲对研发资本投入（lnRDK）的影响及区域差异

	全国		东部地区		中部地区		西部地区	
	(1)	(2)	(3)	(4)	(5)	(6)	(7)	(8)
FMD	-1.720*** (-3.62)	-1.994*** (-3.08)	-1.473*** (-3.07)	-1.577*** (-3.50)	-1.879* (-1.87)	-1.652* (-1.74)	-1.740** (-2.23)	-1.315* (-1.79)
T*FMD	—	0.270*** (3.11)	—	0.856*** (4.38)	—	0.277 (1.53)	—	0.473 (1.58)
SIZE	0.289** (2.21)	0.668*** (12.81)	0.120 (0.98)	0.086 (0.75)	0.903*** (3.51)	0.891*** (3.49)	1.064*** (2.70)	0.990** (2.52)
DOP	2.011*** (5.72)	0.178 (1.39)	0.345 (0.43)	0.063 (0.08)	-0.409 (-0.36)	-0.506 (-0.45)	2.503 (1.35)	1.933 (1.03)
TI	0.021 (0.44)	-1.944*** (-3.55)	-0.017 (-0.18)	-0.095 (-1.05)	0.711*** (4.06)	0.657*** (3.70)	0.257* (1.74)	0.216 (1.45)
EPER	-0.978 (-1.04)	-0.015 (-0.28)	6.458*** (4.11)	3.644** (2.27)	2.765 (1.61)	2.307 (1.33)	-1.942 (-1.20)	-2.140 (-1.33)
DNP	0.656*** (10.51)	-1.986** (-2.14)	0.536*** (9.53)	0.496*** (9.26)	0.093 (1.22)	0.080 (1.05)	0.205** (2.09)	0.185* (1.90)
ENF	0.549** (2.49)	-1.695 (-1.54)	-0.777 (-1.48)	-0.280 (-0.55)	-0.007 (-0.01)	0.106 (0.19)	-1.019 (-0.99)	-0.861 (-0.84)
FII	0.791** (2.33)	0.696** (2.50)	1.785** (2.33)	1.855** (2.57)	-0.566 (-0.94)	-0.399 (-0.66)	-0.031 (-0.04)	0.328 (0.42)

续表

	全国		东部地区		中部地区		西部地区	
	(1)	(2)	(3)	(4)	(5)	(6)	(7)	(8)
IPP	0.020** (2.60)	0.021** (2.56)	0.020*** (2.80)	0.021*** (3.13)	-0.012 (-0.20)	-0.005 (-0.08)	-0.038 (-0.56)	-0.019 (-0.28)
常数项	2.846*** (3.95)	3.122*** (4.26)	3.439*** (3.76)	4.164*** (4.76)	8.038*** (6.51)	7.948*** (6.47)	6.756*** (4.52)	6.458*** (4.32)
观测值	377	377	156	156	117	117	104	104
AR(1)检验值[p]^a	-2.465 [0.014]	-2.443 [0.015]	-2.543 [0.011]	-1.84 [0.066]	-2.491 [0.013]	-0.904 [0.366]	-2.312 [0.021]	-2.03 [0.043]
AR(2)检验值[p]^b	-1.040 [0.298]	-1.341 [0.180]	-1.072 [0.284]	0.42 [0.675]	-1.019 [0.308]	-1.001 [0.317]	-0.511 [0.609]	0.71 [0.480]
汉森检验值[p]^c	23.973 [1.000]	22.435 [1.000]	0.979 [1.000]	15.32 [1.000]	0.000 [1.000]	0.000 [1.000]	0.000 [1.000]	11.39 [1.000]

注：同表3.2。

表 3.7　要素市场扭曲对研发人力投入（lnRDL）的影响及区域差异

	全国		东部地区		中部地区		西部地区	
	(1)	(2)	(3)	(4)	(5)	(6)	(7)	(8)
FMD	1.533** (2.44)	1.471** (2.37)	0.180 (0.18)	0.238 (0.48)	0.258** (2.32)	0.450* (1.71)	0.881*** (2.97)	0.444*** (3.23)
T*FMD	—	-0.010* (-2.10)	—	-0.160 (-0.75)	—	-0.151*** (-2.84)	—	-0.063 (-0.24)
SIZE,	0.322** (2.48)	0.478*** (7.70)	0.061 (0.49)	0.055 (0.43)	0.266 (1.15)	0.287 (1.28)	0.091 (0.27)	0.101 (0.30)
DOP	1.278** (2.15)	0.305** (2.16)	0.898 (1.09)	0.845 (1.02)	0.498 (0.49)	0.656 (0.67)	2.039 (1.29)	2.115 (1.30)
TI	0.036 (0.53)	-0.610 (-1.00)	-0.024 (-0.24)	-0.038 (-0.39)	0.445*** (2.81)	0.532*** (3.42)	0.339*** (2.69)	0.344*** (2.68)
EPER	0.197*** (3.77)	0.040 (0.60)	2.480 (1.53)	1.953 (1.11)	-0.109 (-0.07)	0.637 (0.42)	-2.860** (-2.06)	-2.834** (-2.03)
DNP	0.470*** (8.09)	-6.070*** (-3.63)	0.209*** (3.60)	0.201*** (3.42)	0.065 (0.78)	-0.006 (-0.10)	-0.027 (-0.40)	0.068 (0.80)
ENF	1.174*** (3.08)	1.160*** (3.00)	0.985* (1.82)	-0.892 (-1.60)	0.720 (1.47)	0.536 (1.12)	-0.089 (-0.10)	-0.110 (-0.12)
FII	1.302*** (5.12)	1.277*** (4.95)	1.169 (1.48)	1.183 (1.49)	-0.711 (-1.31)	-0.984* (-1.85)	0.618 (0.95)	0.570 (0.83)

续表

	全国		东部地区		中部地区		西部地区	
	(1)	(2)	(3)	(4)	(5)	(6)	(7)	(8)
IPP	0.031*** (3.78)	0.031*** (3.70)	0.027*** (3.62)	0.027*** (3.63)	0.047 (0.87)	0.035 (0.66)	0.029 (0.50)	0.026 (0.45)
常数项	0.612 (0.97)	0.572 (0.87)	4.380*** (4.65)	4.516*** (4.70)	7.393*** (6.64)	7.540*** (7.00)	5.634*** (4.41)	5.674*** (4.38)
观测值	377	377	156	156	117	117	104	104
AR (1) 检验值 [p]ᵃ	-2.615 [0.009]	-2.585 [0.010]	-2.415 [0.016]	-1.682 [0.093]	-2.254 [0.025]	-2.431 [0.066]	-2.043 [0.041]	-2.406 [0.084]
AR (2) 检验值 [p]ᵇ	-1.311 [0.190]	-1.310 [0.190]	-1.028 [0.304]	-0.557 [0.578]	0.376 [0.707]	-0.058 [0.954]	-0.589 [0.556]	-0.839 [0.402]
汉森 检验值 [p]ᶜ	22.926 [1.000]	22.821 [1.000]	5.273 [1.000]	4.336 [1.000]	0.000 [1.000]	0.000 [1.000]	0.000 [1.000]	0.000 [1.000]

注：同表3.2。

本投入的抑制程度是上升的，随着扭曲程度逐渐下降到一个临界点后，这种抑制效应才会下降。这间接验证了冼国明和石庆芳（2013）的结论，即要素市场扭曲与投资之间呈倒 U 型关系，即过高或过低的要素市场扭曲都不利于投资，而中等程度扭曲时投资则最多。在存在"挤出效应"的情况下，越多的投资挤出的研发资本投入会越多；这就意味着，要素市场中等程度扭曲时，研发资本投入最少，即要素市场扭曲的抑制效应最大。

　　从"入世"前后看，由表 3.6 全国层面的 $T \times FMD$ 的系数显著为正可知，"入世"后变量 FMD 对研发资本投入的负向影响变小了，这说明"入世"后要素市场扭曲对高技术产业研发资本投入的抑制程度降低了。究其原因，可能在于加入 WTO 以后，各地区要素市场扭曲程度（包括价格扭曲和市场分割程度）迅速降低，这极大便利了 R&D 资金在要素市场的合理流动，而更加真实和灵敏的要素价格信号，能够更好地引导 R&D 资金在企业间或行之间的转移调整；与此同时，更激烈的国际市场竞争也激励着企业增加研发资本投入提高产品的竞争优势。

　　从各地区 $T \times FMD$ 系数可以看出，"入世"前后要素市场扭曲的影响存在较为显著的差异。东部地区 $T \times FMD$ 系数显著为正，说明"入世"后要素市场扭曲对东部地区研发资本投入的抑制效应下降了；而中西部地区 $T \times FMD$ 系数为正但不显著，说明"入世"有利于缓解要素市场扭曲对中西部地区高技术企业研发资本投入的抑制效应，但效果并不显著。"入世"前后的这种地区差异可能源于要素市场扭曲与研发资本投入的非线性关系，即要素市场扭曲程度要下降到一个临界点之后才能显著减轻其对研发资本投入的抑制效应；东部地区因"入世"后越过了这个临界值而效果显著，中西部地区因还没有达到这临界值则效果不明显[①]。

---

①　本章测算了东中西部地区"入世"前后 FMD 的均值，"入世"前的值分别为 0.640、0.828 和 0.842，"入世"后的值分别为 0.457、0.709 和 0.687；比较可以发现，东部地区 FMD 值下降得更多且数值显著低于中西部地区。FMD 值的变化差异可能正是各地区 $T \times FMD$ 的系数差异的原因。

三 要素市场扭曲对研发人力投入影响的区域差异

表 3.7 全国层面模型（1）估计结果与前文表 3.2 模型（4）中被解释变量 lnRDL 的结果相同。分地区看，各地区 *FMD* 对 *lnRDL* 的估计系数始终为正，仅东部地区系数不显著。这说明要素市场扭曲对各地区高技术产业研发人力投入产生了促进作用，与全国层面的结果相一致。各地区比较来看，要素市场扭曲对西部地区的影响最大，中部地区次之，东部地区最小且不显著；这与假说 3.6 的预期不符。对此可能的解释是：在扭曲程度较高的中西部地区，较高的市场分割阻碍了研发人员的合理流出，从而导致了（与研发资本投入不匹配的）较高的研发人力投入；而在扭曲程度较低的东部地区，研发人员的流动性相对较高，因而其对研发人力投入既没有促进作用也没有抑制作用。

由表 3.7 中全国层面 *T × FMD* 的系数显著为负可知，*FMD* 对 *lnRDL* 的影响"入世"前后不尽相同，"入世"后的影响显著下降了。这表明"入世"后要素市场的迅速发展促进了研发人力的合理流动，从而显著地降低了要素市场扭曲对研发人力投入的正向影响。比较各地区 *T × FMD* 的影响系数可以发现，"入世"后各地区要素市场扭曲对研发人力投入的促进作用都下降了，但仅中部地区显著。对此可能的解释是："入世"前研发人员流动性相对较高的东部地区，要素市场"入世"后的发展虽然能进一步提高研发人员的流动性，但效果不显著；而对西部地区来说，"入世"后研发人员的流动性虽有提高，但"入世"前要素市场扭曲程度过高以至于"入世"后的这种改善还不足以显著地降低要素市场扭曲对研发人力投入的正向影响；相较于西部地区，中部地区"入世"前的要素市场环境要好些，"入世"后能够显著地提高了研发人员的流动性，因而表现出"入世"后显著地降低了要素市场扭曲对研发人力投入的正向影响。

四 控制变量对技术创新投入的影响

值得指出的是，控制变量对高技术产业研发投入也有着不同程度的影响，具体来说（鉴于本章目的及篇幅限制，控制变量的影响分析从简，主要依据表 3.2 中第（1）列和第（4）列全国层面的估计结果进行分析）：

企业规模（SIZE）对高技术产业研发资本投入和研发人力投入的影响始终显著为正（尽管"入世"前后影响的显著性和大小存在差异），这说明企业规模越大，研发投入越多；这验证了熊彼特的创新理论，即规模越大的企业可以支持更多的创新活动；这也与国内外大多数的实证研究相一致（杰弗逊 et al.，2006；吴延兵，2009）。外向度（DOP）对研发资本和人力投入的影响都显著为正，表明参与国际市场程度越深的企业越偏向于增加研发投入以获得产品的国际竞争优势；这也印证国内的相关实证研究的结论（张杰等，2011；戴魁早，2012）。与预期不符的是，资本密集度（TI）对高技术产业研发投入的影响都不显著，表明资本密集度不是我国高技术产业研发投入的影响因素，这与"促进论"（柳卸林，2014）和"不利论"（张杰等，2011）的研究结论都不同；其原因可能在于两方面效应的相互抵消：一方面资本密集型产品的高生产技术复杂度会导致研发投入的增加；另一方面，资本密集度越高的企业会凭借自身较为先进的生产设备和技术能力获得市场竞争优势，而且容易获得与地方政府建立要素市场扭曲中的寻租机会，进而没有动力进行研发投入（张杰等，2011）。令人感到惊异的是，企业绩效（EPER）对我国高技术产业研发资本投入的影响始终为负，而对研发人力投入的影响始终显著为正，对两者的影响差异明显；究其原因，可能在于研发资本和研发人员的流动性程度不同；由于作为研发人力投入的人员在劳动合同期限内一般不会流动，因而其流动性远远低于研发资本的流动性。一般来说，经济绩效越好的企业越能集聚更多的研发人员，其结果是，企业绩效越好研发人力投入越多；而对研发资本来说却不尽然。

新产品需求（DNP）对高技术产业研发资本和人力投入的影响始终为正，说明新产品需求是促进研发投入的重要影响因素；这反映了市场需求推动着更多的科技人员和研发资金参与了高技术企业的创新活动，高技术产业的研发投入与新产品需求的良性互动正在逐渐形成；这也印证了戴魁早（2012）等的研究结论。融资环境（ENF）对研发投入的影响始终为正（尽管对研发资本投入的系数"入世"前后时间段不显著），这说明融资环境改善促进了高技术产业的研发投入，这与解维敏和方红星（2011）针对我国制造业企业的经验分析结论相一致，这意味着金融机构贷款作为我国高技术企业 R&D 筹资的重要组成部分，对于弥补企业自身资金的不足发挥了积极作用。财政投入强度（FII）对研发资本和人力投入的系数始终显著为正，这表明政府的财政投入是高技术产业研发投入增长的重要因素，即政府财政投入有效地弥补了高技术企业研发资金缺乏，这与陈仲常和余翔（2007）等学者的发现一致。知识产品保护（IPP）对高技术产业研发投入的影响始终为正，这与理论预期相符，即知识产权法律的完善和执法效果的提高所带来创新环境的改善，促进了高技术产业研发投入的增长，这印证了 Lin et al.（2010）、蔡地和万迪昉（2012）的研究结论。

五　稳健性检验

为了确保前文估计结果的有效性，除了采用上述变量控制和两步系统 GMM 估计方法等措施外，本章还做了以下的稳健性检验：第一，考虑遗漏变量引起的内生性问题。由于影响研发投入的因素较多，实证分析时较难全部纳入解释变量，估计时，这些遗漏变量的影响会被计入残差项，从而容易引起内生性问题。基于此，本章国内外学者的通常做法是，在计量模型（3.1）中加入被解释变量（lnRDK 和 lnRDL）滞后一阶为解释变量（结果如表 3.8 所示）。第二，工具变量（IV）重新选取。从本章要素市场扭曲程度指标自身特征来看，该变量自身是一种有效的工具变量（Fisman and Svensson，2007；张杰等，2011）；同时，借鉴勒贝尔（1997）和张杰等（2011）的方法，构建要素市场扭曲均值的三次方作为要素市场扭曲指标的工具变量。第三，对外向度和企业绩效衡量指标的重新选取；即选取省际高技术产业的出口交货值与总产值的比率来表示高技术企业的外向度，选取各省高技术企业的利润与总产值占比、利税与总产值占比的算术平均值反映企业绩效。三种稳健性检验的两步系统 GMM 估计结果都显示，前文的主要研究结论有较好的稳健性。

表 3.8　要素市场扭曲对研发投入影响的稳健性分析

	因变量: lnRDK				因变量: lnRDL			
	(1) 全国	(2) 东部地区	(3) 中部地区	(4) 西部地区	(5) 全国	(6) 东部地区	(7) 中部地区	(8) 西部地区
lnRDK (-1)	0.467*** (8.90)	0.386*** (5.08)	0.305*** (3.36)	0.435*** (3.72)	0.459*** (8.85)	0.444*** (4.98)	0.291*** (3.19)	0.480*** (4.59)
lnRDL (-1)	—	—	—	—	—	—	—	—
FMD	-0.794* (-1.96)	-0.789** (-2.79)	-1.055** (-2.39)	-0.854* (-3.66)	0.391*** (2.73)	0.166 (0.37)	0.367* (1.92)	0.618** (2.61)
T * FMD	0.146** (2.13)	0.223*** (1.70)	0.133 (0.75)	0.042 (0.13)	-0.133 (-1.29)	-0.141 (-0.72)	-0.391*** (-2.73)	-0.082 (-0.36)
SIZE	0.313*** (2.62)	0.012 (0.10)	0.818*** (2.87)	0.903** (2.01)	0.161 (1.57)	0.040 (0.32)	0.201 (0.83)	0.534 (1.57)
DOP	-1.043* (-1.75)	0.103 (0.15)	-0.402 (-0.38)	0.260 (0.14)	-0.020 (-0.04)	0.312 (0.41)	1.026 (1.15)	-0.198 (-0.13)
TI	0.101 (1.47)	-0.062 (-0.75)	0.513*** (2.96)	0.046 (0.32)	0.200*** (3.39)	0.051 (0.56)	0.467*** (3.32)	0.184 (1.65)
EPER	-0.302 (-0.32)	4.973*** (2.70)	1.913 (1.11)	-2.562 (-1.45)	-1.660** (-2.00)	3.018 (1.53)	0.010 (0.01)	-3.578** (-2.57)
DNP	0.243*** (5.93)	0.385*** (7.22)	0.067 (0.85)	0.137 (1.46)	0.084** (2.40)	0.146** (2.62)	-0.003 (-0.04)	-0.006 (-0.08)

续表

	因变量：lnRDK				因变量：lnRDL			
	(1)	(2)	(3)	(4)	(5)	(6)	(7)	(8)
	全国	东部地区	中部地区	西部地区	全国	东部地区	中部地区	西部地区
ENF	-0.478 (-1.26)	-0.302 (-0.64)	-0.369 (-0.62)	-2.164* (-1.99)	-0.567* (-1.73)	-0.593 (-1.16)	-0.064 (-0.13)	-2.036** (-2.39)
FII	0.043 (0.11)	0.752 (1.05)	-0.304 (-0.52)	-0.304 (-0.38)	-0.564* (-1.67)	0.004 (0.01)	-1.271** (-2.60)	-0.707 (-1.09)
IPP	0.001 (0.08)	0.010 (1.47)	-0.020 (-0.34)	-0.050 (-0.77)	0.009 (1.39)	0.016** (2.21)	0.012 (0.24)	-0.013 (-0.25)
常数项	2.593*** (3.66)	1.605 (1.65)	5.040*** (3.45)	3.811** (2.37)	2.911*** (5.00)	2.177** (2.24)	5.629*** (4.78)	3.145** (2.58)
观测值	348	144	108	96	348	144	108	96
AR (1) 检验值 [p][a]	-2.63 [0.009]	-1.82 [0.069]	-1.98 [0.047]	-2.52 [0.012]	-2.10 [0.013]	-2.76 [0.006]	-2.84 [0.005]	-2.47 [0.014]
AR (2) 检验值 [p][b]	-0.32 [0.747]	-1.06 [0.289]	0.46 [0.642]	-0.15 [0.878]	-0.74 [0.306]	-0.06 [0.956]	-1.42 [0.155]	-0.08 [0.939]
汉森 检验值 [p][c]	16.07 [1.000]	12.82 [1.000]	14.98 [1.000]	15.28 [1.000]	15.21 [1.000]	15.97 [1.000]	16.69 [1.000]	15.23 [1.000]

注：同表 3.2。

第五节　要素市场扭曲的研发抑制效应
地区差异的决定因素

上文的研究结果表明，要素市场扭曲对研发投入的影响存在明显的地区差异，本章进一步尝试对这种差异的可能原因提供进一步的解释。众所周知，由于经济基础、自然条件以及政策等原因，我国的东部、中部和西部地区在经济发展水平以及高等教育发展水平等方面存在较大区别，而可能正是这些方面的区域不平衡导致了要素市场扭曲研发效应的地区间差异。超过了经济发展"门槛"水平的地区凭借其雄厚的经济实力和改革力度能够更好地推动要素价格体系和要素市场体系的不断发展和完善，能够更好地为高技术企业提供研发活动所需的资金和科技人才，并有着便于科技人才自由流动的人才市场，因此，这些地区要素市场扭曲对企业研发资本投入的负向影响要低些。而对另一些还未能逾越经济发展"门槛"水平的地区而言，则不仅要素价格扭曲和市场分割较为严重，而且其本身的经济发展水平也无法较好地为高技术企业提供研发活动所需的资金和科技人才。实际上，这意味着要素市场扭曲的研发效应可能存在着一定的门槛特征，即当一个地区的综合能力达到一个门槛值时，要素市场扭曲对研发资本投入的抑制程度会下降；反之，如果没有达到门槛值，则这种抑制效应较大。基于此，我们通过构造门槛回归模型，以考察经济发展水平等区域自身状况因素对要素市场扭曲研发效应的影响是否存在门槛特征。

一　门槛模型的设定

上面的分析表明，要素市场扭曲与研发投入之间可能因为一些区域自身因素的不同而呈现出非线性关系[1]，表现出区间差异。为了避免人为划

---

[1]　在考察通过影响某一变量对被解释变量产生差异影响的因素时，以往研究通常采用组检验或交互项连乘检验。分组检验是按照某一设定的指标将样本分为不同的子样本，从而得到不同因素在各子样本区间对被解释变量影响的差异，但这一方法面临的问题是分组标准的确定，传统分组检验只是简单地依照某个影响指标对样本进行平均分组，这必然难以准确反映各种因素对被解释变量的影响。交互项连乘检验在相关研究中也得到广泛应用，但是该方法的局限在于其所测定的指标影响是单调递增或递减的，但事实往往并非如此。近年来发展的"门槛回归"方法作为分组检验方法的一种扩展，针对上述两种检验方法的局限进行了改进，在诸多领域研究中得到应用（李平和许家云，2011）。

分区域自身因素的区间带来偏误，在这采用汉森（1999）发展的门槛面板模型，根据数据本身的特点内生地划分各区域自身因素的区间，进而研究不同区间内要素市场扭曲与研发投入之间的关系。下面，我们先重点介绍单一门槛模型的设定，进而扩展到多门槛模型。单一门槛回归的基本思想是，在模型内的某一区域因素存在一个门槛水平的情况下，对于$g_{it} \leq \gamma$与$g_{it} > \gamma$两种情况而言，要素市场扭曲对被解释变量研发投入的影响存在着明显的差异。单一门槛模型表述如下：

$$RD_{it} = \alpha_0 + \alpha_1 FMD_{it} I(g_{it} \leq \gamma) + \alpha_2 FMD_{it} I(g_{it} > \gamma) + \beta X_{it} + \lambda_i + \varepsilon_{it}$$

$$(3.10)$$

式（3.10）中，g_{it}为门槛变量，反映各个区域因素；γ为区域因素特定的门槛值，α_1和α_2分别为门槛变量在$g_{it} \leq \gamma$与$g_{it} > \gamma$时解释变量——要素市场扭曲变量FMD_{it}对被解释变量RD_{it}的影响系数，$I(\cdot)$为一个指标函数，$\varepsilon_{it} \sim iidN(0, \sigma^2)$为随机干扰项；其他符号反映的内容与式（3.1）相同。

式（3.10）中，γ残差平方和为$S(\gamma) = \hat{e}(\gamma)'\hat{e}(\gamma)$，如果$\gamma$越接近门槛水平，模型的残差平方和就越小（Chan，1993），这样，可以通过最小化$S(\gamma)$获得γ的估计值，即$\gamma = argminS(\gamma)$，进而可以估计出其他参数。参数估计值后，还需要进行以下两个方面的检验：

一是检验式（3.10）中系数α_1和α_2是否存在显著性差异。如果检验结果表明$\alpha_1 = \alpha_2$，说明式（3.10）没有表现出明显的门槛特征。该检验的原假设为$H_0: \alpha_1 = \alpha_2$，对应的备择假设为$H_1: \alpha_1 \neq \alpha_2$，检验统计量为，$F = [S_0 - S(\gamma)] / \sigma^2$，其中$\sigma^2 = 1/T \times \hat{e}(\gamma)'\hat{e}(\gamma) = 1/T \times S(\gamma)$，$S_0$为原假设下的残差平方和。在原假设的条件下，各个区域因素变量的门槛值γ无法识别，因而F统计量的分布是非标准的。这种情况下，可以采用汉森（1999）的自抽样法（Bootstrap）获得其渐近分布，从而可以构造其p值。

二是检验区域因素变量门槛的估计值是否等于其真实值。原假设为$H_0: \hat{\gamma} = \gamma_0$，由于存在多余参数的影响，需要使用极大似然估计量检验门槛值（汉森，1996），来获得似然比检验统计量：$LR_1 = [S_1(\gamma) - S_1(\hat{\gamma})] / \hat{\sigma}^2$。这个统计量是非标准的，汉森（1996）建议采用一个简单的计算公式计算其非拒绝域，即当$LR_1(\gamma_0) \leq c(\tau)$时，不能拒绝原假设，其中$c(\tau) = -\ln(1 - \sqrt{1 - \tau})$，$\tau$为显著水平。

以上只是假设各个区域因素变量存在一个门槛的情况，但从计量的角度看可能会存在多个门槛，在此，我们以双重门槛模型为例做以下简要说明，模型设定如：

$$RD_{it} = \alpha_0 + \alpha_1 FMD_{it} I(g_{it} \leqslant \gamma_1) + \alpha_2 FMD_{it} I(\gamma_1 < g_{it} \leqslant \gamma_2) +$$
$$\alpha_3 FMD_{it} I(g_{it} > \gamma_2) + \beta X_{it} + \lambda + \varepsilon_{it} \qquad (3.11)$$

式（3.11）的估计方法为先假设单一模型中估计出的 $\hat{\gamma}_1$ 是已知的，再进行 γ_2 的搜索，得到误差平方和最小时的 $\hat{\gamma}_2$ 值；$\hat{\gamma}_2$ 值是渐近有效的，$\hat{\gamma}_1$ 却不具有此性质（Bai，1997）。这样再固定 $\hat{\gamma}_2$ 对 $\hat{\gamma}_1$ 进行重新搜索，可得到优化后的一致估计量。以此类推，要素市场扭曲研发效应的多重门槛模型可在单一和双重门槛模型的基础上进行扩展，在此不再赘述。

二　门槛变量选择与数据说明

结合前文对要素市场扭曲影响研发活动的机制分析，在此将影响要素市场扭曲研发效应的区域因素概括为各地区经济发展水平、人力资本水平、财政收入、产权结构和对外开放程度五个主要方面，据此构建门槛变量，考察各门槛变量在不同门槛值区间对要素市场扭曲研发效应的影响差异。

（1）经济发展水平。一个地区或者国家经济发展水平高低在一定程度上反映了要素市场扭曲（或者要素市场发育）的程度。范爱军等（2007）的研究发现，经济越不发达的地区越有动力进行市场分割和扭曲要素价格；原因是，经济欠发达的地区一般是经济发展动力不足和技术水平较落后的地区，当地政府需要采取地方保护措施分割区际要素市场和压低（或抬高）要素价格以扶植当地相关产业的发展，以提高本地区产品的竞争力，以及避免外地竞争力更高的产品将本地产品挤出本地市场。反之，经济发达的地区要素市场分割程度和价格扭曲程度低些，而且还能够更好地为高技术企业提供研发活动所需的资金和科技人才，对人才的引力往往大于经济发展水平低的地区（李平和许家云，2011）。这可能意味着，经济发达的地区要素市场扭曲对研发投入的抑制效应会低些。参考国内外文献的通常做法，本章选择人均 GDP 水平作为衡量指标，相关数据来自中经网统计数据库，用价格指数平减为 1995 年的不变值并取自然对数以消除异方差。

（2）人力资本水平。人力资本水平的高低决定了一个地区经济的发展水平，也在一定程度上反映了地区要素市场的发育程度。Peri（2006）、李平和许家云（2011）的研究发现，一个地区人力资本整体水平的高低决定了这个地区的人文环境，它是科研人员赖以发展和创新的土壤，因而高水平人力资本倾向于流向人力资本存量高的地区。这种人力资本流动现象，既说明人力资本水平较高地区的劳动力价格扭曲程度较低，也反映了该地区要素市场的分割程度较低（雷鹏，2009；康志勇，2012）。与此同时，人力资本的聚集也会伴随着资本的聚集。因而，这些地区能够更好地为高技术企业的 R&D 活动提供所需的资金和高水平人才。这可能意味着，人力资本水平较高的地区要素市场扭曲对研发投入的抑制效应会低些。借鉴已有文献的常用做法，本章选取各地区高校在校生人数占其总人口的比重反映人力资本水平（单位为每百人在校大学生数），相关数据来自《中国统计年鉴》各年度和中经网。

（3）财政收入。财政收入是衡量地区发展水平的重要指标，可以准确地反映一个地区的可支配财力以及提供公共物品与服务的能力（李平和许家云，2011）。研究表明，要素市场分割和价格扭曲会阻碍地区财政收入增长（刘小勇，2011）；而财政收入越低的地区，要素的市场分割和价格扭曲程度越高（范爱军等，2007）；这是因为，在当地政府财政收入低而面临财政压力时，为维持政府的正常运转以及提供有效的公共服务，地方政府有动力通过价格扭曲和分割市场等行政手段干预市场活动，以保护当地企业的发展来保障财政收入的最大化。同时，作为企业 R&D 活动经费的重要组成部分，财政投入的高低决定了地区 R&D 的供给能力；财经收入越高的地区，当地企业研发投入能力也越高（鲍莫尔，2002；解维敏和方红星，2011），因而要素市场扭曲对研发投入的抑制程度也越低。参考已有文献的通常做法（李平和许家云，2011），采用各地区一般财政预算收入来衡量，取自然对数以消除异方差；数据来自《中国统计年鉴》相关年度。

（4）产权结构。经济国有化程度越高的地区，政府对市场的控制力越强，越容易直接参与经济活动，为保障当地的经济增长和缓解当地隐性失业的压力，实现当地利益最大化，政府越有动力阻碍市场一体化进程，因而会导致较高程度的要素市场分割（白重恩，2004；范爱军等，2007）；史晋川和赵自芳（2007）研究发现，国有经济部门中要素相对价格的扭曲程度要高于非国有经济部门。事实上，在经济转型的过程中，市场扭曲扮演了对国有企业进行隐性补贴的角色，一个地区的国有比重决定了隐性补贴程度，进而决定了要素市场扭曲程度（刘瑞明，2012）。反之，非国有经济比重较高地区，要素市场扭曲程度要低些；而且，非国有经济的发展所带来竞争程度的提高与产权结构的明晰都有利于激励企业对R&D活动的投入，以保持和获得竞争优势（Huang 和 Xu，1998；吴延兵，2007）。这很可能意味着，非国有经济发展程度越高的地区，要素市场扭曲对研发投入的抑制程度越低。参照吴延兵（2007）的做法，本章选取非国有经济发展程度反映各地区的产权结构，各地区非国有经济发展指数来自于樊纲等（2012）的《中国市场化进程指数报告》。

（5）对外开放程度。对外开放程度越高的地区或者国家，产品和要素的流动性越高；而较高的要素流动性则反映了地区间较低的要素市场分割程度以及较低的要素价格扭曲程度。Li Jie（2003）的研究发现，随着国内关税下降所带来的对外贸易程度提高，各地区要素市场分割程度出现了相应的下降；陆铭和陈钊（2006）、范爱军等（2007）的研究结果也表明，我国地区对外开放度的提高与市场分割程度的降低存在着显著的正相关关系。在对外开放程度较高的地区，高技术企业所面临的国际国内两个市场竞争更加激烈，这样的竞争环境有利于激励企业增加研发投入获得或确保产品的竞争优势。这很可能意味着，开放程度较高的地区，要素市场扭曲对研发投入的抑制效应会低些。借鉴相关研究的通常做法，用贸易依存度来测算各地区的对外开放度，贸易依存度等于区域进出口总值与区域国内生产总值之比（单位：%）。数据来自中经网统计数据库，用美元中间汇价将进出口总值进行换算。

三　门槛效果检验与门槛值估计

通过上述分析，在这选取经济发展水平、人力资本水平、财政收入、产权结构和对外开放程度作为要素市场扭曲研发效应的门槛变量，依次运用式（3.11）对上述各影响因素进行门槛检验和门槛值估计。

（1）各个影响因素门槛值数量的确定。依次在不存在门槛、一个门槛和两个门槛估计，得到的 F 统计量和采用自抽样法（Bootstrap）得出显著性及 10% 水平的临界值如表 3.9 所示（限于篇幅，对应的 p 值未列出）。从表 3.9 中的门槛检验结果可以看出，因变量是研发资本投入（lnRDK）时，人均 GDP、人力资本水平、财政收入、产权结构和对外开放程度的单一和双重门槛效果都通过 1% 或 5% 水平下的显著性检验，且仅有对外开放程度没有通过三重门槛效果的显著性检验。同时，因变量是研发人力投入（lnRDL）时，财政收入仅有单一门槛值显著，经济发展水平、人力资本水平、产权结构和对外开放程度的单一和双重门槛效果分别通过 10% 水平下的显著性检验，且经济发展水平和对外开放程度还有通过10% 显著性水平三重门槛检验。这说明这些变量（除财政收入外）都包含一个或者两个门槛值，而且有些变量还有三重门槛值；对这些可能有三重门槛变量的进一步估计发现，这些变量的第三个门槛值与第二个门槛值较为接近，且对应参数估计结果中解释变量的系数也很接近（限于篇幅，对应的结果未列出）；针对这种情况，汉森（1999）建议不考虑第三个门槛值。

表 3.9　　　　　　　　　　　门槛效果检验

指标	因变量：lnRDK					因变量：lnRDL				
	人均GDP	人力资本	财政收入	产权结构	对外开放程度	人均GDP	人力资本	财政收入	产权结构	对外开放程度
单一门槛检验	31.7***	71.7***	34.4***	20.8***	16.0**	29.5***	15.6***	18.0**	9.3**	15.6**
双重门槛检验	34.4***	33.1***	23.3***	11.2***	8.4**	6.3*	6.5*	2.6	5.9*	9.0*
三重门槛检验	13.9**	12.2***	7.848*	10.4**	1.9	6.3**	5.3	3.5	5.7	7.0*
10%临界值　单一	6.686	9.734	8.709	8.111	8.879	11.932	6.422	10.400	7.218	10.184
双重	3.060	8.921	2.987	5.219	5.186	5.221	5.619	4.408	3.807	7.260
三重	5.039	4.411	7.065	5.646	4.504	3.484	5.323	5.231	6.705	4.641

注：(1) ***、**、* 分别表示统计值在 1%、5% 和 10% 的显著性水平下显著。(2) 表中的数字为门槛检验对应的 F 统计量，临界值为自抽样法（Bootstrap）反复抽样 300 次得到的结果。

表 3.10　　　　　　　　　　　门槛值估计结果

指标	因变量:lnRDK				因变量:lnRDL			
	门槛值 1		门槛值 2		门槛值 1		门槛值 2	
	估计值	95%置信区间	估计值	95%置信区间	估计值	95%置信区间	估计值	95%置信区间
人均GDP	8.52	[8.50, 8.60]	9.64	[9.41, 9.86]	10.15	[8.90, 10.17]	9.68	[9.38, 9.76]
人力资本	0.66	[0.65, 0.67]	1.62	[1.56, 1.64]	1.71	[0.25, 1.74]	0.77	[0.63, 1.30]
财政收入	7.27	[6.95, 7.31]	5.96	[5.85, 6.12]	7.27	[6.70, 7.29]	—	—

指标	因变量:lnRDK				因变量:lnRDL			
	门槛值1		门槛值2		门槛值1		门槛值2	
	估计值	95%置信区间	估计值	95%置信区间	估计值	95%置信区间	估计值	95%置信区间
产权结构	6.00	[5.41, 8.37]	4.45	[4.00, 4.60]	7.65	[3.59, 8.37]	5.74	[3.59,6.4]
对外开放程度	0.09	[0.06, 0.20]	0.44	[0.37, 0.61]	0.07	[0.06, 0.21]	0.53	[0.43,0.61]

（2）各个影响因素门槛值的估计。表3.10列出了各个变量的门槛估计值和相应的95%置信区间，可以根据经济发展水平（其他变量以此类推）的门槛值将各地区分成低发展水平、中等发展水平和高发展水平三种类型。同时，对两个因变量的同一门槛变量的门槛值进行比较发现，对外开放度对应两个门槛值较为接近，财政收入一个门槛值相同（为7.27）；而人力资本对应两个门槛值差别较大（值为0.66、1.62与0.77、1.71），经济发展水平和产权结构对应两个门槛值也有些差异（分别为8.52、9.64与9.68、10.15；4.45、6.00与5.74、7.65）。

四　门槛模型参数估计与结果分析

将各变量对应的门槛值代入式（3.10）或式（3.11），估计出要素市场扭曲的影响系数。为了控制变量的内生性，在这继续采用两步系统GMM方法进行估计，结果如表3.11所示。残差序列相关性和汉森过度识别检验都显示模型设定的合理性和工具变量的有效性。

（1）经济发展水平。人均GDP与要素市场扭曲研发效应呈现出显著的非单调关系。当经济发展水平低于8.52时，要素市场扭曲对研发资本投入的影响系数为-0.136；当大于这个值时，系数为-0.069；随着人均GDP跨越第二个门槛值9.64，影响系数由负数变为正数0.070。这表明，随着经济发展水平跨过一定门槛值（9.64）后，要素市场扭曲对研发资本投入的抑制效应变为促进效应了。从研发人力投入来看，当经济发展水平低于9.68时，要素市场扭曲的影响系数为-0.138，而大于这个值时，其影响系数由负变为正，为0.097；随着人均GDP跨越第二个门槛值10.15，影响系数变为0.054。通过比较分析可以发现，虽然人均GDP不同的门槛区间，要素市场扭曲对研发资本和人力的影响存在差异，但是当

表 3.11　门槛模型的参数估计结果

解释变量	因变量: lnRDK					因变量: lnRDL				
	人均GDP	人力资本	财政收入	产权结构	对外开放度	人均GDP	人力资本	财政收入	产权结构	对外开放度
	(1)	(2)	(3)	(4)	(5)	(6)	(7)	(8)	(9)	(10)
FMD_1	-0.136*** (-5.53)	-0.127*** (-4.96)	-0.079*** (-2.84)	-0.077*** (-3.39)	-0.124*** (-3.09)	-0.138*** (-4.80)	-0.095*** (-3.94)	-0.115*** (-4.01)	-0.090*** (-3.05)	-0.041 (-0.99)
FMD_2	-0.069* (-1.82)	-0.102*** (-2.85)	-0.058 (-0.92)	-0.043 (-1.03)	-0.028 (-1.21)	0.097** (2.29)	0.069 (1.64)	0.156*** (3.23)	0.104** (2.23)	0.078 (1.25)
FMD_3	0.070*** (5.30)	0.065*** (6.40)	0.077*** (3.77)	0.039*** (2.89)	0.129*** (3.67)	0.054*** (2.63)	0.046** (2.30)	—	0.053** (2.34)	0.108*** (3.59)
SIZE	0.107*** (2.92)	0.082** (2.63)	0.125** (2.75)	0.084** (2.07)	0.125*** (3.11)	0.046 (1.05)	0.029 (0.57)	0.010 (0.23)	0.058 (1.20)	-0.019 (-0.36)
DOP	0.135*** (3.07)	0.080 (1.57)	0.113** (2.43)	0.076 (1.39)	0.094 (1.14)	0.103*** (2.86)	0.114** (2.21)	0.136** (2.72)	0.086* (1.77)	0.206** (2.42)
TI	-0.028 (-1.19)	-0.011 (-0.44)	-0.035 (-1.59)	-0.017 (-0.84)	-0.010 (-0.47)	-0.004 (-0.14)	0.003 (0.07)	-0.006 (-0.17)	-0.009 (-0.28)	-0.001 (-0.03)
EPER	-0.049** (-2.36)	-0.006 (-0.12)	-0.052* (-1.79)	0.054 (1.17)	0.005 (0.37)	-0.140*** (-7.79)	-0.181*** (-4.13)	-0.119*** (-3.14)	-0.110** (-2.72)	-0.111*** (-2.94)
DNP	0.818*** (36.33)	0.795*** (21.51)	0.915*** (23.71)	0.781*** (29.81)	0.838*** (24.01)	0.866*** (44.23)	0.832*** (26.49)	0.860*** (28.62)	0.845*** (26.51)	0.809*** (13.44)

续表

解释变量	因变量: lnRDK					因变量: lnRDL				
	人均GDP	人力资本	财政收入	产权结构	对外开放度	人均GDP	人力资本	财政收入	产权结构	对外开放度
	(1)	(2)	(3)	(4)	(5)	(6)	(7)	(8)	(9)	(10)
ENF	-0.005 (-0.38)	0.033** (2.43)	0.018 (1.50)	0.034** (2.19)	0.008 (0.69)	0.037** (2.26)	0.032* (1.73)	0.045*** (2.94)	0.036 (1.65)	0.038* (1.98)
FII	0.062*** (5.00)	0.069*** (5.37)	0.005 (0.34)	0.059*** (4.04)	0.040* (1.81)	0.097*** (5.88)	0.110*** (6.16)	0.088*** (4.70)	0.102*** (5.71)	0.127*** (4.19)
IPP	0.100*** (4.04)	0.083** (2.64)	0.052 (1.56)	0.099** (2.19)	0.056 (1.43)	0.147*** (4.88)	0.123** (2.72)	0.117*** (3.48)	0.130*** (4.28)	0.083* (1.85)
观测值	377	377	377	377	377	377	377	377	377	377
AR (1) 检验值 [p][a]	-2.418 [0.016]	-2.514 [0.012]	-2.402 [0.016]	-2.487 [0.013]	-2.459 [0.014]	-2.530 [0.011]	-2.334 [0.020]	-2.104 [0.035]	-2.161 [0.031]	-2.181 [0.029]
AR (2) 检验值 [p][b]	-0.864 [0.388]	-0.847 [0.397]	-0.862 [0.389]	-0.749 [0.454]	-0.887 [0.375]	-1.368 [0.171]	-1.334 [0.182]	-1.335 [0.182]	-1.232 [0.218]	-1.319 [0.187]
汉森 检验值 [p][c]	21.641 [1.000]	20.898 [1.000]	22.366 [1.000]	18.077 [1.000]	21.136 [1.000]	21.711 [1.000]	20.613 [1.000]	19.599 [1.000]	18.049 [1.000]	23.131 [1.000]

注: 同表3.2。

表 3.12　门槛变量的均值（1997—2009 年）

地区	人均gdp	人力资本	财政收入	产权结构	对外开放度
北京	10.473	2.798	6.624	7.296	1.280
天津	10.211	2.220	5.802	7.208	0.868
河北	9.338	0.833	6.578	5.892	0.111
山西	9.148	0.865	6.099	4.645	0.095
内蒙古	9.387	0.707	6.165	4.643	0.090
辽宁	9.671	1.210	6.774	6.598	0.351
吉林	9.298	1.152	6.115	5.175	0.133
黑龙江	9.369	1.053	6.428	4.669	0.116
上海	10.636	1.894	6.989	8.442	1.238
江苏	9.835	1.175	7.020	8.084	0.668
浙江	9.951	0.945	6.719	8.867	0.494
安徽	8.877	0.713	6.357	5.894	0.116
福建	9.666	0.843	6.209	7.702	0.543
江西	8.915	0.980	6.047	5.490	0.084
山东	9.611	0.890	6.987	6.925	0.287
河南	9.055	0.681	6.696	5.708	0.050
湖北	9.145	1.263	6.444	5.675	0.095
湖南	9.042	0.850	6.466	5.588	0.064
广东	9.863	0.716	7.448	8.735	1.372
广西	8.867	0.544	6.161	5.168	0.102
海南	9.153	0.701	4.786	5.496	0.256
重庆	9.123	0.900	5.847	6.305	0.094
四川	8.912	0.676	6.736	5.878	0.081
贵州	8.342	0.419	5.908	4.095	0.056
云南	8.805	0.459	6.413	4.567	0.096
陕西	8.995	1.340	6.157	4.251	0.092
甘肃	8.704	0.714	5.786	3.953	0.082
青海	9.001	0.467	4.844	2.875	0.057
宁夏	9.047	0.640	4.752	3.995	0.113

注：数据来源于作者计算。

人均 GDP 跨过 9.68 门槛时，要素市场扭曲对两者的影响都由负变为正了。这意味着，人均 GDP 超过 9.68 的地区，要素市场扭曲对研发投入产生了促进作用；而低于这个值的地区，则抑制了研发投入的增长。这验证了，要素市场扭曲对研发投入的扭曲效应随着经济发展水平的提高而降低了。跨过经济发展水平 9.68 门槛值的地区有北京、天津、上海、江苏、浙江和广东①，而跨过 9.64 门槛值还有福建（见表 3.12）。

（2）人力资本水平。从研发资本投入来看，当人力资本水平低于 0.66 时，要素市场扭曲的影响系数为 -0.127；当大于这个值时，影响系数为 -0.102；随着人力资本水平跨越门槛值 1.62，影响系数变为正数，为 0.065。这表明人力资本水平跨过门槛值 1.62 后，要素市场扭曲对研发资本投入的负向影响变为正向影响了。从研发人力投入来看，当人力资本水平低于 0.77 时，要素市场扭曲的影响系数为 -0.095，而大于这个值时，其影响系数变得不显著了（为 0.069）；随着人力资本水平跨越第二个门槛值 1.71，影响系数显著为正了，为 0.046。这验证了，随着人力资本水平的提高，要素市场扭曲的研发扭曲效应下降了。比较起来，使得要素市场扭曲研发人力效应为正的人力资本水平门槛值更大些（值为 1.71）。通过对比发现跨过人力资本水平门槛值 1.62 的地区有北京、天津和上海。

（3）财政收入。从研发资本投入来看，当财政收入低于 5.96 时，要素市场扭曲的影响系数为 -0.079；当大于这个值时，影响系数不显著为 -0.058；随着财政收入跨越门槛值 7.27，要素市场扭曲的系数显著为正，为 0.077。这表明财政收入跨过第二门槛值后，要素市场扭曲的影响由抑制变为促进了。从研发人力投入来看，当财政收入低于 7.27 时，要素市场扭曲的系数为 -0.115，而大于这个门槛值值时，其影响系数变得显著为正，值为 0.156。可见，地区财政收入对要素市场扭曲研发效应存在明显的门槛特征。这验证了，要素市场对研发投入的扭曲程度会随着财政收入水平的提高而下降。通过对比，可以发现跨过地方财政收入门槛值

① 由于本章研究目的是考察 1997—2009 年间要素市场扭曲对 R&D 投入影响的区域差异，因此这里的各地区人均 GDP 值以及其他门槛变量采用的都是样本期间 1997—2009 年的均值。当然，不同时间段各地区各门槛变量的均值都会有所不同。本章也测算了"入世"前后的均值，从结果看，"入世"后跨过各门槛变量对应门槛值的地区数量要多于"入世"前的地区。

（7.27）的地区只有广东，其他地区都未达到这个水平。

（4）产权结构。非国有经济发展指数低于4.45时，要素市场扭曲对研发资本投入的系数为-0.077；当大于这个值时，其系数变得不显著（-0.043）；当非国有经济发展跨越第二门槛值6.00时，系数变得显著为正了（0.039）。这说明非国有经济发展跨过门槛值6.00后，要素市场扭曲对研发资本投入的影响变为显著为正了。从研发人力投入来看，当非国有经济发展指数低于5.74时，影响系数为-0.090；而大于这个门槛值时，其系数变得显著为正了（0.104）；当跨越第二个门槛值7.65，其系数变小为0.053。这验证了，随着地区非国有经济的不断发展，要素市场扭曲对研发投入的扭曲程度降低了。比较起来，虽然非国有经济发展的不同门槛区间、要素市场扭曲对研发资本和研发人力的影响存在显著的差异，但使要素市场扭曲研发资本和人力效应为正的门槛值区间却比较接近（分别为6.00和5.74）。比较可以发现，跨过非国有经济发展水平门槛值（6.00）的地区有北京、天津、辽宁、上海、江苏、浙江、福建、山东、广东和重庆，而达到门槛值5.74的地区还有四川。

（5）对外开放程度。从研发资本投入来看，当贸易依存度低于0.09时，要素市场扭曲的影响系数显著为负（-0.124）；当大于这个值时，影响系数变得不显著；随着贸易依存度跨越第二门槛值0.44，要素市场扭曲的影响系数显著为正（0.129）。这表明，当贸易依存度跨过门槛值0.44以后，要素市场扭曲对研发资本投入的影响由负向变为正向了。从研发人力投入来看，当贸易依存度低于0.07时，要素市场扭曲的影响系数不显著为负，而大于这个值时，其影响系数变为正但不显著（为0.078）；而当贸易依存度跨越门槛值0.53，影响系数显著变为正了（为0.108）。这验证了，要素市场对研发投入扭曲效应会随着地区对外开放度提高而不断下降。通过比较，可以发现，使得要素市场扭曲的研发资本和研发人力效应显著为正的贸易依存度门槛值区间比较接近（分别为0.44和0.53），其中，达到贸易依存度门槛值（0.53）的地区有北京、天津、上海、江苏、福建和广东，而达到贸易依存度0.44门槛值的地区还有浙江。

由此可见，各地区可以根据自身门槛变量值的实际状况，在适当改变经济发展水平、人力资本水平、财政收入、产权结构和对外开放程度等方面做工作，以有效地规避要素市场扭曲对高技术产业研发投入的抑制效应。

第六节　本章总结

本章在对要素市场扭曲影响地区技术创新投入的机理进行理论分析的基础上，实证考察了要素市场扭曲对技术创新投入的影响、企业差异及区域差异，并进一步运用门槛检验方法，探讨了这种区域差异是否源于地区间经济发展水平、人力资本水平、财政收入、产权结构和对外开放程度等因素的差别。

实证分析结果支持学者们（张杰等，2011；李平和季永宝，2014）得到的"要素市场扭曲抑制了企业研发资本投入增长"的结论，但"要素市场扭曲显著地促进了研发人力投入的提高"这一结论却与理论预期相反。究其原因，要素市场扭曲对研发活动两种投入要素的影响差异主要归因于研发资本和研发人力不同的流动性。本章研究还发现，"入世"后要素市场的发展或者扭曲程度的改善，有效地缓解了我国高技术产业研发资本投入的不足，同时也在一定程度上弱化了高技术产业过度的研发人力投入。此外，企业特征影响着要素市场扭曲对技术创新投入的抑制效果；对于企业规模较大、外向度较高、资本密集度较高的企业来说，要素市场扭曲对研发投入的抑制效应要小些。

关于要素市场扭曲影响技术创新投入的地区差异，本章的结果显示要素市场扭曲对东部地区研发资本投入的抑制效应最小，西部地区次之，中部地区最大；"入世"后要素市场扭曲程度的降低，显著地缓解了东部地区的抑制效应，而对中西部地区的缓解效果却不显著。从研发人力投入看，要素市场扭曲对西部地区的正向影响最大，中部地区次之，东部地区最小且不显著；"入世"后要素市场扭曲程度的改善，降低了对各地区研发人力投入的正向效应，但仅中部地区显著。这样的结论表明了要素市场扭曲与研发投入之间存在非线性关系，而各地区经济发展水平、人力资本水平、财政收入、产权结构和对外开放程度的差异则共同解释了两者之间的非线性关系；门槛估计结果显示了经济发展水平等因素的不同门槛值区间，要素市场扭曲对研发投入的影响大小和影响方向都存在明显的差异。

本章的研究表明，要素市场扭曲抑制了高技术产业研发资本投入增长，而促进了研发人力投入；这为我国高技术产业研发资本投入不足而研发人力投入过度这种奇特现象①提供了一种较为合理的解释，进而为我国产业创新效率较低这一问题的研究和解决引入了一条新思路。同时，本章证实了要素市场扭曲是导致地区间研发投入差异的重要因素，以及地区自身因素的改善可以成功规避要素市场对研发投入的扭曲效应；这表明，各地区不仅可以通过推进要素市场的发育和发展来提升研发投入能力，还可以根据自身状况，在促进经济发展与财政收入、提高人力资本水平与对外开放程度以及明晰产权制度等方面下足功夫来有效规避要素市场对研发投入的扭曲效应。

---

① 《中国高技术产业统计年鉴》年度数据显示，2011 年我国高技术产业 R&D 经费占工业总产值的比重为 1.63，远远低于同期发达国家——美国、瑞典、英国和日本的 16.89、13.2、11.1 和 10.5。同年，我国高技术产业 R&D 人力投入与增加值之比（即 R&D 人力投入强度）达到 11.3，远高于 R&D 投入强度最大的发达国家——美国和日本，对应的值分别为 3.21 和 2.75。

第四章

要素市场扭曲是否损害产业
技术创新效率？

本章主要考察要素市场扭曲对技术创新效率的影响，即本书的 FCPP 理论框架中要素市场扭曲（F，Factor Market Distortion）与技术创新过程（P，Process）之间的关系。① 将沿着以下思路探讨四个问题：（1）构建一个理论模型，探讨要素市场扭曲影响技术创新效率的机理；（2）运用基于 DEA 的 Malmquist 指数，测算中国高技术产业省级层面的技术创新效率；（3）运用系统 GMM 估计方法考察要素市场扭曲对高技术产业技术创新效率的影响，以验证理论模型的结论；（4）进一步考察规模、外向度、技术密集度等企业特征是否改变要素市场扭曲对技术创新效率的影响程度。

第一节 引言

尽管大量文献对影响或抑制中国企业或产业创新效率的因素进行了探索（杰弗逊等，2006；方军雄，2007；成力为和孙玮，2012；戴魁早和刘友金，2013），研究发现，企业规模、市场竞争程度、产权结构、知识产权保护和市场化进程等都是影响创新效率的重要因素。但是，尚未有文献注意到中国经济体制改革过程中各地区普遍存在要素市场扭曲这一特殊现象的影响。通过对已有相关文献的梳理，可以定性地归纳出要素市场扭曲对创新效率可能产生的影响：首先，地方保护所形成的要素市场分割抑

---

① 本章主要由戴魁早和刘友金（2016a）的论文《要素市场扭曲与创新效率：对中国高技术产业发展的经验分析》（载《经济研究》2016 年第 7 期，人大复印资料《产业经济》2016 年第 12 期全文转载）修改和完善而成。

制了创新资源在地区之间的自由流动，这削弱了市场机制对要素资源的优化配置功能（李善同，2004），而要素价格扭曲导致的要素价格信号失真会造成资本和劳动力等要素使用的低效率（银温泉和才婉茹，2001；罗德明等，2012；毛其淋，2013）；要素市场扭曲形成的这两个方面资源误置效应可能会阻碍企业或产业创新效率的提升。其次，在政府控制劳动力和资本等关键要素定价权和分配权的情况下，企业通过与政府建立某种寻租联系就能够以较低成本获得生产过程中稀缺的要素（包括减免税收和补贴等），从而获得超额利润或寻租收益（克拉森斯等，2008；张杰等，2011a）；而寻租关联带来的额外收益可能会抑制关联企业通过创新活动或者提高创新效率获得利润的动机（Boldrin 等，2004；聂辉华和贾瑞雪，2011）。第三，要素市场扭曲通过抑制企业创新投入的增长对技术水平产生锁定效应（张杰等，2011a；郑振雄和刘艳彬，2013；李平和季永宝，2014），进而可能阻碍企业创新效率提升。可见，要素市场扭曲可能是抑制我国企业或产业创新效率的重要因素。

　　鉴于尚未有文献对这一问题进行解答，为此，本章借鉴海尔森和克勒劳（2009）生产率误置模型的思路，构建一个理论模型分析了要素市场扭曲对创新效率的影响，并选用我国高技术产业的面板数据对理论模型的结论进行验证。

　　本章的主要贡献体现在以下几个方面：（1）进行了理论模型的创新，拓展了要素市场扭曲影响资源配置效率的研究领域。本章借助生产率误置模型，构建一个新的理论模型分析了要素市场扭曲对创新效率的影响，并对理论命题进行了实证检验，这是现有文献尚未涉及的领域，是对现有研究的极大补充。（2）丰富了创新效率的影响因素研究。现有文献大多是分析市场结构和环境等因素对创新效率的影响，尚未关注我国要素市场扭曲这一特殊现象的影响。本章从理论和实证两个层面对此进行了考察，这丰富了创新效率的研究视角且充实了既有的研究。（3）深化和拓展了创新效率的研究内容。既有文献大多是考察一些重要因素对创新效率的影响，较少关注这种影响的企业差异。本章不仅检验了要素市场扭曲抑制创新效率的企业差异，而且考察了企业特征对这种抑制效应的影响是否存在门槛效应。

第二节　要素市场扭曲影响技术创新效率的机理：理论模型

一　基本假设

（一）生产

沿用海尔森和克勒劳（2009）的做法，我们考虑一个垄断竞争的市场结构。将代表性厂商 i 创新产出设定为如下的柯布-道格拉斯生产函数（C-D 函数）形式：

$$Y_i = A_i (RK)_i^{\alpha} (RL)_i^{\beta} \qquad (4.1)$$

RK 和 RL 分别为 R&D 资本投入和 R&D 人力投入，α 和 β 分别是两者的指数，刻画的是两种要素投入的产出弹性。Y_i 反映代表性厂商的创新产出；创新产出包括专利产出和新产品产出，鉴于新产品产出既能反映创新产出还能够反映产出成果被市场接受的程度，因而在这里将 Y_i 设定为代表性厂商 i 的新产品产出。A_i 代表创新效率，即创新过程的全要素生产率（TFP），反映其他因素（R&D 资本和人力之外的因素）对创新产出的贡献。

（二）创新效率

在定义企业或行业全要素生产率时，学术界有自然生产率（physical productivity）和收益生产率（revenue productivity）两种方法。由于收益生产率能够反映出企业特有的市场扭曲问题，因而，Foster 等（2008）建议采用后者定义市场扭曲环境下企业或行业的全要素生产率（TFP）。在这里，与海尔森和克勒劳（2009）一样，我们将反映代表性厂商 i 创新效率的自然生产率（$TFPQ_i$）和收益生产率（$TFPR_i$）定义如下：

$$TFPQ_i = A_i = Y_i / [(RK)_i^{\alpha} (RL)_i^{\beta}] \qquad (4.2)$$

$$TFPR_i = A_i = P_i A_i = P_i Y_i / [(RK)_i^{\alpha} (RL)_i^{\beta}] \qquad (4.3)$$

上式中，P_i 为代表性厂商的新产品价格，其他符号含义与式（4.1）相同。如果不存在要素市场扭曲，更多的 R&D 资本和 R&D 人力会配置到自然生产率 $TFPQ_i$ 较高的企业中，而新产品产出的增长则会拉低其价格。

（三）利润

改革开放 30 多年来，中国经济体制从计划经济逐渐向市场经济转变，市场化程度不断地提高，但是，市场化进程中存在要素市场的改革滞后于产品市场的改革进程这一突出问题（黄益平，2009）。为了刻画要素市场扭曲的影响，本章将要素市场当作参照变量，用 τ_i 表示代表性厂商 i 所在地区的要素市场相对于产品市场的扭曲程度；τ_i 取值范围为 0—1，τ_i 值越大，表示要素市场扭曲程度越高；反之亦然；简单起见，假定 τ 对资本与劳动市场的影响是同等程度的。这样 i 地区代表性厂商的利润函数可以由下式表达：

$$\pi_i = (1 + \tau_i)P_iY_i - r_i(RK)_i - w_i(RL)_i \tag{4.4}$$

其中，w_i 为劳动市场竞争性均衡时单位 R&D 人力的工资，并假定代表性厂商所有 R&D 员工面临相同的工资率。r_i 为资本市场竞争性均衡时单位 R&D 资本的利率，假定厂商创新过程中所有 R&D 资本的利率水平相同。P_i 为产品市场竞争性均衡时新产品的价格。由于我国政府主导要素资源的初始配置及要素价格的制定，要素价格长期以来处于低估状态，价格扭曲现象较为严重（张杰等，2011a，2011b），因而创新过程中投入要素的价格低于竞争性均衡时的价格。这样，代表性厂商的利润水平高于竞争性均衡，根据前文对 τ_i 的设定，$\tau_iP_iY_i$ 则较好地反映要素价格扭曲给厂商带来的额外收益或好处。

（四）需求

为了简便，假定代表性厂商 i 研发单一产品，而且经济体中共有 n 家厂商。采用学术界通常的做法，设定市场出清时，消费者从购买这单一新产品中获得的效应函数为如下的 CES 函数形式：

$$U(Y_i) = \left[\int_0^n Y_i^{\sigma-1/\sigma} di \right]^{\sigma/\sigma-1} \tag{4.5}$$

此外，用 E 反映消费者对所有厂商研发新产品的总支出，P_iY_i 为消费者对代表性厂商 i 研发新产品的支出，则 E 可以由消费者对所有厂商的支出之和来定义。

二 消费者的选择

依据上文定义的消费者效应函数和总支出，消费者的效应最大化问题可以由下式表达：

$$maxU(Y_i) = max\left[\int_0^n Y_i^{\sigma-1/\sigma} di \right]^{\sigma/\sigma-1}, \ s.t. \ \int_0^n P_iY_i di \leq E \tag{4.6}$$

要想找出使得消费者效应最大化时的创新产出数量 Y_i，可以构建拉格朗日函数，并对厂商 i 和 j 的新产品产出分别求偏导①，令这些导数为零，取一阶条件的比值，可以得到：

$$\phi 1 = \left[\int_0^n Y_i^{\sigma - 1/\sigma} di \right]^{\sigma/\sigma - 1} - \lambda \left(\int_0^n P_i Y_i di - E \right) \tag{4.7}$$

$$(Y_i/Y_j)^{-1/\sigma} = P_i/P_j \Leftrightarrow Y_i/Y_j = (P_i/P_j)^{-\sigma} \tag{4.8}$$

式（4.7）为拉格朗日函数。式（4.8）为一阶条件的比值，反映了效应最大化时消费者对代表性厂商 i 和 j 新产品产出的需求量和对应价格之间的关系；对式（4.8）两边同乘以 P_i，可以变换成为 $P_i Y_i/Y_i = P_i^{1-\sigma}/P_i^{-\sigma}$；从 0 到 n 上积分，可以得到：

$$\int_0^n P_i Y_i di/Y_j = \int_0^n P_i^{1-\sigma} di/P_j^{-\sigma} \Leftrightarrow E/Y_j = \int_0^n P_i^{1-\sigma} di/P_j^{-\sigma} \tag{4.9}$$

其中 E 为预算约束取等式的值。在这里，借鉴学术界的通常做法（海尔森和克勒劳，2009），定义一个价格指数作为 CES 的加总价格，即 $P = \int_0^n P_i^{-\sigma} di$，式（4.9）可以变换为：

$$Y_i = Y_i(P_i, E, P) = EP_i^{-\sigma}/P^{1-\sigma} \tag{4.10}$$

式（4.10）表明，市场出清条件下效应最大化时，消费者对代表性厂商 i 的产出需求量 Y_i 是由消费者的总支出、厂商产出的对应价格和加总价格决定的。

三　厂商的选择

由前文设定的利润函数式（4.4）以及市场出清条件下消费者效应最大化时的选择，可以写出代表性厂商 i 创新过程利润最大化问题的表达式：

$$max(\pi_i) = max\left[(1 + \tau_i) P_i Y_i - TC_i \right], \quad s.t. \ Y_i = EP_i^{-\sigma}/P^{1-} \tag{4.11}$$

TC_i 表示总成本，由式（4.4）R&D 资本和 R&D 人力支出构成，即 $TC_i = r_i (RK)_i + w_i (RL)_i$。为了简便，我们用边际成本替代总成本，假定代表性厂商 i 创新过程的边际成本（用符号 MC_i 表示）不变，且没有固定成本；这样，有 $TC_i = (MC)_i Y_i$。用 MC 替换 TC_i 并把式（4.10）代入利

---

① 对于代表性厂商 i 的一阶必要条件为 $\sigma/(\sigma - 1) \int_0^n Y_i^{(\sigma-1)/\sigma} di]^{[\sigma/(\sigma-1)]-1} (\sigma - 1)/\sigma Y_i^{[(\sigma-1)/\sigma]-1} = \lambda P_i$，依次类推，可以得到代表性厂商 j 的一阶必要条件。

润函数，对价格 P_i 求导且取一阶条件，可以得到：

$$(1 + \tau_i)(1 + \sigma)E[P_i^{-\sigma}/P^{1-\sigma}] = \sigma E(MC)_i[P_i^{-\sigma-1}/P^{1-\sigma}] \Leftrightarrow P_i$$
$$= \{\sigma/[(\sigma - 1) *$$
$$1 + \tau_i)]\}(MC)_i \qquad (4.12)$$

式 (4.12) 表明，垄断竞争厂商创新产出的市场价格 P_i 是其边际成本的函数；同时，也受到要素市场扭曲程度 τ_i 的影响，τ_i 值越大，P_i 越低。此外，该式还表明，所有垄断竞争代表性厂商的要价相同，而且价格是关于边际成本的固定加成。然而，现实生产中式 (4.12) 的边际成本值很难统计，因而需要用较容易观察到的 r_i 和 w_i 进行替换。基于此，我们使用创新产出既定 (Y_0) 前提下成本最小化的解决思路进行推导。依据前文设定的代表性厂商 i 生产函数，可以构建成本最小化问题的拉格朗日函数，具体如下：

$$\phi2 = r_i(RK)_i + w_i(RL)_i + \lambda[A_i(RK)_i^{\alpha}(RL)_i^{\beta} - Y_0] \qquad (4.13)$$

式 (4.13) 对 RK、RL_i 和 λ 分别求偏导并取一阶条件，可以得到：

$$\partial(\phi2)/\partial(RK)_i = r_i - \lambda[A_i\alpha(RK)_i^{\alpha-1}(RL)_i^{\beta}] = 0 \qquad (4.14)$$
$$\partial(\phi2)/\partial(RL)_i = w_i - \lambda[A_i\beta(RK)^{\alpha}(RL)^{\beta} - 1]_i = 0 \qquad (4.15)$$
$$\partial(\phi2)/\partial\lambda = A_i(RK)_i^{\alpha}(RL)_i^{\beta} - Y_0 = 0 \qquad (4.16)$$

解上面三个方程式，并进行相关替代或者换算，能够确定代表性厂商 i 既定创新产出为 Y_0 时成本最小化时 R&D 资本和 R&D 人力的投入数量，具体由以下公式进行反映：

$$RK_i/RL_i = (\alpha w_i)/(\beta r_i) \qquad (4.17)$$
$$RK_i = [(\alpha w_i)/(\beta r_i)]^{\beta/(\alpha+\beta)}[Y_0/A_i]^{1/(\alpha+\beta)} \qquad (4.18)$$
$$RL_i = [(\beta r_i)/(\alpha w_i)]^{\alpha/(\alpha+\beta)}[Y_0/A_i]^{1/(\alpha+\beta)} \qquad (4.19)$$

式 (4.18) 和式 (4.19) 揭示了创新产出给定条件下成本最小化时 R&D 资本和 R&D 人力的最优组合。这两个方程也表明，R&D 资本和 R&D 人力的投入数量受到创新效率 A_i （自然生产率）的影响；如果 A_i 提高了且产出不变，R&D 资本和人力的投入均会下降。进一步地，依据这两个方程式，我们可以推算出任意创新产出 Y_i 时厂商的成本函数。将 RK_i 和 RL_i 代入厂商的成本公式 $TC_i = r_i(RK)_i - w_i(RL)_i$ 中，并经过代数运算，可以得到：

$$TX_i = [(\alpha/\beta)^{\beta/(\alpha+\beta)} + (\alpha/\beta)^{-\alpha/(\alpha+\beta)}]w_i^{\beta/(\alpha+\beta)}r_i^{\alpha/(\alpha+\beta)}[Y_i/A_i]^{1/(\alpha+\beta)}$$
$$(4.20)$$

式（4.20）表明，代表性厂商创新过程的总成本是创新效率（自然生产率）、工资率、利率以及 R&D 投入的产出弹性等因素的函数。在这里，为了简便，借鉴学术界的通常做法（海尔森和克勒劳，2009），假定代表性厂商的创新过程是规模报酬不变的，即 $\alpha+\beta=1$。这样，上式变换后再对 Y_i 求导则可以得到代表性厂商的边际成本 MC_i：

$$MC_i = C_0 w_i^\beta r_i^\alpha (1/A_i) \qquad (4.21)$$

其中，$C_0 = (\alpha/\beta)^\beta + (\alpha/\beta)^{-\alpha}$，因 $\alpha>0$ 以及 $\beta>0$，所以有 $C_0>0$。进一步地，将（4.21）代入（4.12）式，则可以得到代表性厂商利润最大化时的价格 P_i：

$$P_i = C_1/(1+\tau_i) w_i^\beta r_i^\alpha (1/A_i) \qquad (4.22)$$

式（4.22）中，$C_1 = C_0\sigma/(\sigma-1)$，因 $\sigma>1$ 且 $C_0>0$，有 $C_1>0$。上式表明，代表性厂商的新产品价格是要素市场扭曲、创新效率（自然生产率）、工资率、利率以及 R&D 投入的产出弹性等因素的函数。

四　要素市场扭曲的影响

在我国要素市场价格扭曲现象严重的背景下，相较于自然生产率，收益生产率 $TFPR_i$ 能够更好地刻画代表性厂商的创新效率。依据前文定义的 $TFPR_i$ 计算公式，我们将式（4.22）进行简单的变换，可以得到利润最大化时代表性厂商的收益生产率 $TFPR_i$：

$$TFPR_i = P_i A_i = C_1/(1+\tau_i) w_i^\beta r_i^\alpha \qquad (4.23)$$

式（4.23）表明，代表性厂商创新过程的收益生产率是要素市场扭曲、工资率、利率以及 R&D 投入的产出弹性等因素的函数；式中，C_1、α、β、w_i 和 r_i 均大于 0；其他条件不变的情况下，τ_i 值越大，$TFPR_i$ 越小；反之亦然；这表明，代表性厂商所面对的要素市场扭曲程度越高，厂商的收益生产率越低。上式对 τ_i 求一阶偏导，可以得到：

$$\partial(TFPR)_i/\partial\tau_i = -C_1 w_i^\beta r_i^\alpha/(1+\tau_i)^2 \qquad (4.24)$$

上式中，因 C_1 和其他因素的值都大于 0，可知 $\partial(TFPR)_i/\partial\tau_i<0$。这表明，要素市场扭曲与代表性厂商的收益生产率之间存在单调递减的关系，即随着要素市场扭曲的程度上升，厂商的创新效率（收益生产率）越低。综合以上分析可得命题 4.1。

命题 4.1：在其他条件相同的情况下，要素市场扭曲程度的提高会导致企业或产业创新效率的下降；或者说，要素市场的发展或扭曲程度改善能够提高企业或产业的创新效率。

我国各地区的要素市场不仅普遍存在价格扭曲现象，而且不同地区的要素市场市场化进程也不一致，扭曲程度差异明显（毛其淋，2013；林伯强和杜克锐，2013）；因此命题4.1还说明，要素市场扭曲程度较高的地区，要素市场对企业或产业创新效率的负向影响更大、抑制程度更高；反之亦然。

式（4.23）对 τ_i 求二阶偏导，可得 $\partial^2 (TFPR)_i / \partial \tau_i^2 = 2C_1 w_i^\beta r_i^\alpha / (1+\tau_i)^3$。由前文对式中各因素的取值可知，$\partial^2 (TFPR)_i / \partial \tau_i^2 > 0$。结合一阶导数 $\partial (TFPR)_i / \partial \tau_i < 0$，我们可以绘制出要素市场扭曲 τ_i 与收益生产率 $TFPR_i$ 之间的关系图（见图4.1）。从图可以看出，随着 τ_i 不断变大，要素市场扭曲对收益生产率的边际负效应在逐渐降低；而随着 τ_i 值的不断变小，其对收益生产率的边际正效应在逐渐增加；由此有命题4.2。

命题4.2：在其他条件相同的情况下，随着要素市场扭曲程度的不断提高，额外增加的扭曲给企业或产业创新效率带来的降低程度越来越小；反过来，随着要素市场的不断发展或扭曲程度的不断改善，额外降低的扭曲给企业或产业创新效率提高带来的促进作用越来越大；两者之间存在U型关系。

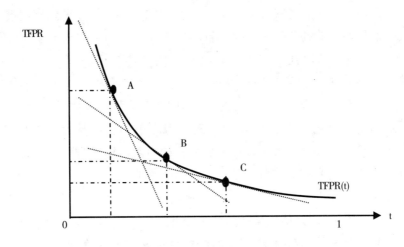

图 4.1　要素市场扭曲与收益生产率的关系图

命题4.2说明，在要素市场扭曲程度较高的地区，市场扭曲的初步改善对企业或产业创新效率的积极影响可能并不大；而随着市场扭曲程度的持续下降，这种积极影响会越来越大。正如图4.1所示，随着要素市场扭曲程度由 C 点向 B 点再向 A 点的不断下降，创新效率提升的幅度越来越大。同时，命题 4.2 还说明，当要素市场扭曲程度较高时，即使地区间扭曲程度存在一定的差异，但是地区间的创新效率差异可能并不很大；反之，当要素市场扭曲程度较低时，地区间扭曲程度较小的差异也可能对应着较大的创新效率差异。

第三节　要素市场扭曲损害技术创新效率的程度：经验证据

一　计量模型的设定

为了实证考察理论命题的结论，依据前文对创新效率的定义，我们将高技术产业创新效率 A_{it} 设定为收益生产率形式。A_{it} 是要素市场扭曲（ FMD_{it} ）的函数，由下式表达：

$$A_{it}(FMD_{it}) = TFPR_{it} = P_{it}Y_{it}/F(RK_{it}, RL_{it})$$
$$= c_0 + c_i X_{it}(FMD_{it}) + \lambda_i + \varepsilon_{it} \qquad (4.25)$$

与前文式（4.1）一致，上式中 $F(RK_{it}, RL_{it})$ 为 C-D 函数形式，RK_{it} 和 RL_{it} 分别表示 R&D 资本投入和 R&D 人力投入，Y_{it} 为新产品产出。P_{it} 为新产品价格，$P_{it}Y_{it}$ 则反映了新产品销售收入。A_{it} 代表创新效率，即创新过程的收益生产率 $TFPR_{it}$，反映 R&D 资本和 R&D 人力之外因素对创新产出的贡献。X_{it} 为影响创新效率 A_{it} 的因素，包括要素市场扭曲 FMD_{it}。下标 i 表示地区，t 代表时间，λ_i 是不可观测的地区效应，ε_{it} 为随机扰动项。

式（4.25）隐含地假定了创新效率会随着各影响因素的变化而瞬时发生相应的改变，也就是不存在调整性的滞后效应。然而，现实情况并非这样，像效率这样的经济变量往往表现出路径依赖的特征，即前期水平对当期结果可能存在不能忽视的影响（邵帅等，2013）。事实上，影响新产品产出的重要因素本身的调整可能存在较为明显的滞后性（如 R&D 资本等都具有存量特征的变量），从而会导致创新效率的变化随之滞后。因而，对创新效率变化的滞后效应进行考察具有重要的现实意义。我们可以借助局部调整模型对这种滞后效应进行简要的解释。考虑如下的局部调整模型：

$$A_{it}^e(FMD_{it}) = \eta + \varphi Z_{it} + \delta_{it} \qquad (4.26)$$

上式中，A_{it}^{e} 表示创新效率的期望水平，η 为常数项，Z_{it} 为式（4.25）中解释变量所组成的向量，包括要素市场扭曲 FMD_{it}，φ 为解释变量的系数向量，δ_{it} 为随机扰动项。理论上，可以将创新效率的期望水平理解为，在市场经济体制发达以及要素市场不存在价格扭曲和市场分割的条件下，企业或者产业预期的最优创新效率水平。式（4.26）表明了各影响因素的当期水平影响着创新效率的期望水平，由于制度、体制和要素市场等因素的限制，创新效率的期望水平在短期内往往很难实现，而需要政府通过相关政策措施调控并结合市场机制逐步调整，使得当前水平向期望的创新效率水平逐渐靠拢。这符合局部调整模型的假设，被解释变量的实际变化只是预期变化的一部分。由此，存在以下的关系：

$$A_{it}(FMD_{it}) - A_{i,\ t-1}(FMD_{it}) = (1 - \zeta)(A_{it}^{e} - A_{i,\ t-1}) \qquad (4.27)$$

其中，$1-\zeta$（$0<\zeta<1$）为实际创新效率向期望创新效率的调整系数，其值越大说明调整速度越快；当 $\zeta = 0$ 时，表明实际创新效率与预期创新效率相等，为充分调整状态；当 $\zeta = 1$，则说明当前创新效率与前期创新效率水平相同，t 期创新效率完全未进行调整。式（4.27）表明，滞后一期的实际创新效率 $A_{i,t-1}$ 与预期创新效率 A_{it}^{e} 的差距为（$A_{it}^{e}-A_{i,t-1}$），而 t 期的创新效率调整幅度为（$1-\zeta$）（$A_{it}^{e}-A_{i,t-1}$）。将式（4.27）代入式（4.26）可以得到：

$$A_{it}(FMD_{it}) = TFPR_{it}(FMD_{it}) = \eta^{*} + \zeta A_{i,\ t-1} + \varphi^{*} Z_{it} + \delta_{it}^{*} \quad (4.28)$$

上式中，$\eta^{*} = (1-\zeta)\eta$，$\varphi^{*} = (1-\zeta)\varphi$，$\delta_{it}^{*} = (1-\zeta)\delta_{it}$。$\varphi^{*}$ 为短期乘数，反映解释变量 Z_{it} 对创新效率的短期影响；φ 为短期乘数，反映解释变量 Z_{it} 对创新效率的长期影响；ζ 为滞后乘数，反映前一期创新效率对当期的影响，即刻画了滞后效应的大小。式（4.28）所表示的动态面板模型即检验要素市场扭曲对创新效率影响的基本形式。

在实证检验（4.28）时，能否准确测算创新效率的水平，对结论可靠性的影响很大。而在效率测算方法方面，学术界主要采用两种方法：一种是传统的索洛残值法，另一种测算方法是基于 DEA 的 Malmquist 指数法。前者将 A_{it} 的变化率定义如下：

$$(A_{it} - A_{i,\ t-1})/A_{it} = (Y_{it} - Y_{i,\ t-1})/Y_{it} - \alpha(RK_{it} - RK_{i,\ t-1})/$$
$$RK_{it} - \beta(RL_{it} - RL_{i,\ t-1})/RL_{it} \qquad (4.29)$$

上式的核算方法实际暗含了100%研发资源配置效率水平的前提假设，但是现实中经济决策单元（DMU）可能没有达到这么高的资源配置水平。

后者放宽了索洛残值法的前提假设，因而能够更好更全面地反映创新效率的变化（Fare 等，1994）。基于此，我们选用后者进行测算。产出视角（output oriented）的 DEA 模型将每个地区的高技术产业看作一个研发决策单位，测算出的 Malmquist 指数反映了相对于 t 时刻而言，$t+1$ 时刻技术前沿的距离函数的变化比例。如果值大于 1，则表明从 t 时刻到 $t+1$ 时刻创新效率提高了，小于 1 则说明创新效率下降了，等于 1 则创新效率不变。Malmquist 指数可以进一步分解为技术效率变化指数（反映创新资源的配置效率改善）和技术进步指数（反映技术水平的提高）两个部分[1]。

通常认为，全要素生产率的提高既可能源于技术效率的改善，以至于产出水平接近现有技术条件下的生产可能性边界；又可能源于技术水平的提高，即市场可行性边界的外移。可见，创新资源配置效率的改善和技术进步可能也是影响创新效率提高的重要因素。基于此，参考张伟和吴文元（2011）、邵帅等（2013）的做法，我们将两者引入模型（4.28），从而得到如下的计量检验模型：

$$TG_{it} = \gamma_0 + \gamma_1 TG_{i,\,t-1} + \gamma_2 EF_{it} + \gamma_3 TE_{it} + \gamma_4 FMD_{it} + \sigma_i Z_{it}^* + \lambda_i + \varepsilon_{it}$$

$$(4.30)$$

式（4.30）中，TG_{it} 是创新过程 TFP 的增长率，反映高技术产业创新效率的变化；EF_{it} 是技术效率的变化率，反映创新资源配置效率的改善程度；TE_{it} 是技术水平的变化率，反映技术进步的程度；γ_0—γ_4 为待估参数；σ_i 为待估参数的系数向量，λ_i 是不可观测的地区效应，ε_{it} 为随机扰动项。Z_{it}^* 代表影响高技术产业创新效率变化的控制变量。

根据创新领域的相关文献，式（4.30）中控制变量 Z_{it}^* 由规模等企业特征变量、知识产权保护、产权制度以及反映技术溢出效应的技术市场交易量等构成[2]。理由是：（1）熊彼特的创新理论认为，在创新活动及过程中，较大规模的企业越有可能产生创新的规模经济效应，因而可能有着较

---

① 技术效率变化指数测度了从 t 时刻到 $t+1$ 时刻每个决策单元的相对资源配置效率变化，反映的是决策单元向最佳前沿面移动的程度。技术进步指数测度了最佳前沿面在两个时刻之间的移动幅度，反映的是技术水平的变化。

② 影响创新效率的因素可能有很多，实证分析时很难将所有影响因素都包含进来，而且在计量模型中放入过多的影响变量也容易引致多重共线性问题。而且，前面设定的计量检验模型被解释变量的滞后项，涵盖了这些未纳入因素的影响。

高的创新效率。经验研究表明①，企业规模对专利数量和新产品销售收入等创新产出均有显著的影响（张等，2003；杰弗逊等，2006；余泳泽，2009）。（2）外向度较高的企业既能够通过从国际分工中获得的更多利益提高创新效率（Gorg 等，2008），又有动力在更为激烈的国际竞争环境下不断提高创新效率以获得或保持国际竞争优势（刘海云和唐玲，2009；成力为和孙玮，2012）。（3）经济绩效较好的企业有能力采用更先进的技术和设备，也能够为员工提供更好的工作环境和福利，进而有助于企业生产效率和创新效率的提高（吴延兵，2006；戴魁早和刘友金，2013）。（4）技术密集度较高的企业，其产品的生产技术复杂程度更高（文东伟和冼国明，2009）；在研发新产品过程中，复杂程度越高的产品，创新过程的风险程度会更高，新产品成功的概率也会更低（柳卸林，2014），因而其创新效率可能会更低。（5）知识产权保护的改善可以为企业 R&D 活动提供良好的制度环境（樊纲等，2011），是影响中国企业创新效率的重要因素（李平等，2007；Lin 等，2010；胡凯等，2012）。（6）对于中国这样市场经济尚不成熟的国家而言，产权制度是影响创新效率的特殊因素，杰弗逊等（2006）、成力为和孙玮（2012）的研究显示，国有企业产权过于集中不利于创新效率的提高。（7）新技术产生的溢出效应（或扩散效应）能够推动技术水平的提高，进而有利于企业创新效率的提升（赵树宽和胡彩梅，2012；柳卸林等，2014）。

二　创新效率的测算

（一）Malmquist 生产率指数说明

基于 DEA 方法的 Malmquist 指数度量创新效率具有两方面的优势：一是无须要素价格信息和经济均衡假设，从而避免了较强的理论假设约束；二是可以将全要素生产率长分解为效率变化与技术进步率两部分。因此，

---

① 由于方法和数据的不同，企业规模与创新效率关系的实证研究结论不尽相同。具体来看，大致可以分为三类：一是"大企业创新效率更高论"，如布兰德尔、Griffith 和 Van Reenen（1995，1999）、盖尔（2001）的研究表明企业市场份额和企业规模对专利数量和专利被引用次数均有显著正影响。二是"小企业创新效率更高论"，如帕卫特 et al.（1987）的研究表明小企业有更高的创新效率。三是"不确定论"，如弗雷曼和索伊特（1997）也认为，小企业在进入成本低、资本密集度低的产业中创新份额较大，而在资本密集度高的产业中创新份额较小；吴延兵（2006）也证实，企业规模对我国制造业的创新产出（专利数量或者新产品销售收入）的影响并不确定。

最近的研究大多采用 DEA 方法[1]来测算创新效率（梁平等，2009）。参照国内大多数研究的做法（梁平等，2009；成立为等，2013），本章基于投入视角进行测算。而投入视角的 Malmquist 指数将各地区的高技术产业看作一个创新（或研发）决策单位，一个最佳实践前沿面可以由三种等价的方式表述：创新投入要求集、创新产出可能性集和曲线图（Fare 等，1994）。假设在每一个时期 $t = 1$，2，$\cdots$，T，第 $k = 1$，2，$\cdots$，K 个地区使用 $n = 1$，2，$\cdots$，N 种创新投入 $R^t_{k,n}$，得到第 $m = 1$，2，$\cdots$，M 种创新产出 $y^t_{k,m}$。依据理论模型的设定，创新投入 $R^t_{k,n}$ 包括研发资本投入和研发人力投入两种要素；创新产出 $y^t_{k,n}$ 则为新产品销售收入，等于新产品产出与价格的乘积（下文同）。在 DEA 条件下，每一期参考技术被定义为：

$$L^t(y^t \mid C, S) = \{(R^t_1, R^t_2, \cdots, R^t_N): y^2_{k,m} \leq \sum_{k=1}^{K} z^t_k y^t_{k,m}\}$$

$$m = 1, 2, \cdots, M; \sum_{k=1}^{K} z^t_k y^t_{k,n} \leq R^t_{k,n};$$

$$n = 1, 2, \cdots, N; z^t_k \geq 0, k = 1, 2, \cdots, K \qquad (4.31)$$

式（4.31）中，C 为固定规模报酬，S 表示创新投入要素强，z 表示每一个横截面观察值的权重。地区 i 基于创新投入的 Farrell 技术效率的非参数规划模型为：

$$F(y^t, R^t \mid C, S) = \min\theta^k; \text{ s. t. } y^t_{k,m} \leq \sum_{k=1}^{K} z^t_k y^t_{k,m}, m = 1, 2, \cdots, M;$$

$$\sum_{k=1}^{K} z^t_k y^t_{k,n} \leq \theta^k R^t_{k,n}; n = 1, 2, \cdots, N; z^t_k \geq 0, k = 1, 2, \cdots, K$$

$$(4.32)$$

为了得到创新效率随时间变化的 Malmquist 生产率指数，需要引入距离函数（distance function），而距离函数是 Farrell 技术效率的倒数（Fare 等，1994），从而可以定义创新投入距离函数为：

$$D^t_i(y^t, R^t) = 1/F^t_i(y^t, R^t \mid C, S) \qquad (4.33)$$

创新投入距离函数可以看作是某一创新点（R^t，y^t）向理想的最小投入点压缩的比例。当且仅当 $D^t_i(y^t, R^t) = 1$，（R^t，y^t）在创新前沿面上，

---

[1]　DEA 方法的基本思路是以非参数方法构造出最佳创新产出前沿面，所有观测点都位于这个前沿面之上或之下，然后将决策单元的创新产出组合与最佳前沿面进行比较，得出决策单元创新资源配置效率改进和技术进步的相关情况。

创新在技术上是有效率的。如果 $D_i^t(y^t, R^t) > 1$，在时间 t，(R^t, y^t) 在创新前沿面的外部，创新在技术上是无效的。在时间 t+1，把式子中的 t 替代为 (t+1) 便可得到此时的距离函数 $D_i^{t+1}(y^{t+1}, R^{t+1})$。这样，基于创新投入的创新效率（全要素生产率 TFP）可以用 Malmquist 生产率指数来表示：

$$M_i^t = D_i^t(y^t, R^t) / D_i^{t+1}(y^{t+1}, R^{t+1}) \tag{4.34}$$

式 (4.34) 这个指数测度了在时期 t 的技术条件下，从时期 t 到 t+1 的创新效率的变化。同样的，我们可以定义在时期 t+1 的技术条件下，测度从时期 t 到 t+1 的创新效率变化的 Malmquist 生产率指数：

$$M_i^{t+1} = D_i^{t+1}(y^t, R^t) / D_i^{t+1}(y^{t+1}, R^{t+1}) \tag{4.35}$$

Malmquist 生产率变化指数所表示的创新效率可以被分解为创新资源配置效率的变化和技术进步的变化（Fare 等，1992）。为了得到以时期 t 为基期 t+1 期的创新效率（全要素生产率 TFP），可以利用 Fare 等（1997）的思路，用几何平均值计算地区 i 高技术产业创新效率（TFP_i）的变化：

$$
\begin{aligned}
TFP_i(R^{t+1}, &\ y^{t+1};\ R^t,\ y^t) - \{[D_i^t(R^t, y^t)/D_i^t(R^{t+1}, y^{t+1})] \\
&[D_i^{t+1}(R^t, y^t)/D_i^{t+1}(R^{t+1}, y^{t+1})]\}^{1/2} \\
= &\frac{D_i^t(R^t, y^t)}{D_i^{t+1}(R^{t+1}, y^{t+1})}\left[\frac{D_i^{t+1}(R^t, y^t)}{D_i^t(R^{t+1}, y^{t+1})} \times \frac{D_i^{t+1}(R^t, y^t}{D_i^t(R^{t+1}, y^{t+1})}\right]^{1/2} \\
= &\ EFF(R^{t+1}, y^{t+1};\ R^t,\ y^t)TECH(R^{t+1}, y^{t+1};\ R^t,\ y^t)
\end{aligned} \tag{4.36}
$$

在式 (4.36) 中，如果 TFP_i $(R^{t+1}, y^{t+1}; R^t, y^t)$（即 Malmquist 指数）值大于1，则表明从 t 时刻到 t+1 时刻高技术产业的创新效率提高了，小于1 则说明创新效率下降了，等于1 则创新效率不变。EFF $(R^{t+1}, y^{t+1}; R^t, y^t)$（记为 EFF）是规模报酬不变且要素自由处置条件下的创新资源配置效率变化指数，这个指数测度从时期 t 到 t+1 每个观察对象到最佳实践边界的追赶（catching-up）程度，测度了从 t 时刻到 t+1 时刻每个决策单元的相对资源配置效率变化。$TECH$ $(R^{t+1}, y^{t+1}; R^t, y^t)$（记为 TECH）是技术进步指数，这个指数测度技术边界从时期 t 到 t+1 的移动，测度了最佳前沿面在两个时刻之间的移动幅度，反映了技术水平的变化。[①]

---

① 事实上，技术效率和技术进步指数可以进一步分解，鉴于本部分的研究目的，分解指数不赘述。

（二）技术创新效率的测算数据

创新产出、研发资本投入和研发人力投入是运用 Malmquist 指数测算高技术产业创新效率所必需的三个变量。关于创新产出数据，依据理论模型的设定，采用新产品销售收入[①]来表示，等于新产品产出与价格的乘积，并利用工业品出厂价格指数转换为 1995 年的实际值。关于研发人力投入数据，选取各地区高技术产业 R&D 活动人员折合全时当量[②]来表示。关于研发资本投入，由于影响创新产出的资本投入具有存量特征，因此需要选取数据研发资本存量来刻画。由于国内目前没有相关统计数据，需要采用永续盘存法（PIM）来估算高技术产业研发资本存量（R&D 资本存量）。参照吴延兵（2006）等的方法，各地区高技术产业 t 期的 R&D 资本存量可以用过去所有时期 R&D 支出现值与 t-1 期 R&D 资本存量现值之和表示：

$$RK_t = \sum_{i=1}^{n} \mu_t E_{t-i} + (1 - \delta) RK_{t-1} \qquad (4.37)$$

上式中，RK 代表各地区研发资本存量，E 代表 R&D 支出，k 为滞后期，μ 为 R&D 支出滞后贴现系数，δ 为研发资本存量的折旧率。假定平均滞后期为 θ，并假定 t-θ 期的 R&D 支出直接构成了 t 时期的研发资本存量的增量，从而使得 $\sum_{i=1}^{n} \mu_t E_{t-i} = E_{t-\theta}$；再假定 $\theta = 1$，那么：

$$RK_t = E_{t-1} + (1 - \delta) RK_{t-1} \qquad (4.38)$$

式（4.38）共需要确定四个变量：（1）当期 R&D 支出 E 的选取。为了避免重复计算，本章从 R&D 支出总额中扣除了劳务费，得到当期 R&D 支出 E。（2）R&D 支出价格指数。用各地区原材料购进价格指数和固定资产投资价格指数的加权平均值来构建，并将原材料购进价格指数的权重 a 分别设定为 0.5，然后以 1995 年为基期，用构建 EPI 指数按照平减各地

---

① 国内外学者主要采用两个指标来反映创新产出，一是新产品销售收入指标，二是专利产出指标；专利产出为直接指标，新产品销售收入为间接指标。考虑到新产品销售收入既能够反映创新产出，还能够反映创新产出的价格，因而符合收益生产率测算的要求。

② R&D 活动人员折合全时当量是指在报告年内，实际从事科技活动人员（工作时间占制度工作时间 90% 以上）中从事基础研究、应用研究和试验发展三类活动的人员（包括直接参加上述三类项目活动的人员及这三类项目的管理和服务人员）的工作时与 R&D 活动人员中工作时间不到制度工作时间 90% 的人员工作时间所折合的全时工作时的总和。

区的 R&D 支出得到其实际值。（3）折旧率 δ 的确定。参考吴延兵（2006）等做法，根据经验法直接将折旧率 δ 设定为15%。（4）基期研发资本存量 K_0 的确定。根据克欧伊和黑尔普曼（Coe&Helpman，1995）的方法，基期的研发资本存量为 $K_0 = E_0 / (g+\delta)$，并使用各地区高技术产业 R&D 实际支出的算术平均增长率 g。

（三）技术创新效率的测算结果

从表 4.1 和表 4.2 给出的我国高技术产业创新效率（TFP）及其两个分解指数——创新资源配置效率（EFF）和技术进步（TECH）的估算结果，从中可以发现以下几个特征。

表 4.1　　　创新效率及其分解的变化趋势（1997—2009）

	1997—1998	1998—1999	1999—2000	2000—2001	2001—2002	2002—2003	2003—2004	2004—2005	2005—2006	2006—2007	2007—2008	2008—2009	均值
EFF	0.928	1.027	1.068	0.952	1.039	1.035	1.007	1.020	1.020	0.969	1.029	1.025	1.009
TECH	1.069	0.991	0.876	1.007	0.947	0.966	0.948	1.033	0.975	0.996	0.996	0.993	0.982
TFP	0.992	1.017	0.935	0.958	0.984	0.999	0.955	1.054	0.994	0.965	1.024	1.018	0.991

资料来源：作者运用 DEAP 软件计算得到。

表 4.2　　　各地区年均创新效率及其分解（1997—2009）

	EFF	TECH	TFP		EFF	TECH	TFP
北京	1.010	0.979	0.989	河南	1.013	0.983	0.995
天津	1.004	0.979	0.983	湖北	1.006	0.985	0.991
河北	1.026	0.982	1.007	湖南	1.006	0.978	0.983
山西	1.005	0.978	0.982	广东	1.019	0.986	1.004
内蒙古	1.020	1.003	1.023	广西	1.011	0.982	0.993
辽宁	0.993	0.983	0.977	海南	1.022	0.987	1.009
吉林	1.011	0.978	0.988	重庆	1.008	0.981	0.989
黑龙江	1.003	0.985	0.988	四川	1.007	0.979	0.986
上海	1.013	0.982	0.994	贵州	0.993	0.981	0.974
江苏	1.010	0.980	0.990	云南	1.021	0.978	0.998
浙江	1.014	0.977	0.991	陕西	1.002	0.986	0.988
安徽	1.011	0.980	0.991	甘肃	0.992	0.976	0.969

续表

	EFF	TECH	TFP		EFF	TECH	TFP
福建	1.022	0.981	1.002	青海	1.000	0.994	0.994
江西	0.996	0.981	0.978	宁夏	1.013	0.974	0.987
山东	1.010	0.982	0.992	均值	1.009	0.982	0.991

资料来源：作者运用 DEAP 软件计算得到。

（1）就各地区高技术产业的均值来看，创新效率 TFP 的均值为 0.991，表明各地区高技术产业创新效率的历年平均增长率为 -0.9%，各地区创新效率水平在样本期内呈现出下降趋势。技术进步的均值为 0.982，表明年均增长率为 -0.18%；而资源配置效率的均值为 1.009，年均增长率为 0.9%。可见，资源配置效率的改善对高技术产业创新效率产生了积极的促进作用，但是技术水平的负向影响大于资源配置效率的正向影响，最终导致了高技术产业创新效率整体的负增长。可见，各地区高技术产业创新效率负增长的主要源于技术水平的下降，而资源配置效率的改善对创新效率变化的贡献较小。

（2）各地区高技术产业的创新效率增长存在较大的差异。内蒙古高技术产业的创新效率增长最快，平均每年的增长率为 2.3%；接着依次是海南、河北、广东和福建地区，其创新效率年均增长率分别为 0.9%、0.7%、0.4% 和 0.2%；其他地区的创新效率年均增长率均为负，其中甘肃的负增长最为显著，年均值为 -3.1%。从各地区分解指数的均值可以看出，除了内蒙古技术进步年均增长率为正之外，其他地区的技术进步年均增长率都为负，负增长最大的地区是甘肃，年均增长率为 -2.4%；而各地区的资源配置效率均值则大多为正，仅辽宁、江西、贵州和甘肃四个地区为负；资源配置效率增长率最高地区为河北，年均增长率为 2.6%。可见，从各地区创新效率变化率的贡献来看，资源配置效率的改善拉动了创新效率的提高，但是，技术水平的下降却导致了大多数地区创新效率的负增长。

（3）从变化趋势上看，除 1997—1988 年、2000—2001 年和 2006—2007 年之外，各地区高技术产业资源配置效率均值在样本期间都在增长，表明样本期内，高技术产业资源配置效率都在不断提高。而技术进步仅在少数时间段处正增长，最终导致高技术产业的创新效率也在大部分年度处于负增长状态；但是 2007—2008 年以后，创新效率呈现出持续提高的趋势。各指数的变化趋势表明，资源配置效率的不断提高促进了高技术产业创新效率的提高；但是，技术水平的负增长拉低了高技术产业的创新效率。

三　变量与数据说明

主要变量的定性描述如表 4.3 所示，要素市场扭曲变量（FMD）的选取与测算见第二章的相关内容；解释变量和基本控制变量（TG、EF 和 TE）为前文创新效率（TFP）、创新资源配置效率（EFF）和技术进步（TECH）三个指数的测算结果减去 1 后得到的数值。企业规模（SIZE）、企业外向度（DOP）、企业绩效（EPER）和知识产权保护（IPP）等变量的选取、说明与第三章对应的变量一致。其他变量的选取说明如下。

表 4.3　　　　　　　　　　　变量的定性描述

变量类型	符号	含义	度量指标及说明	单位	预期符号
被解释变量	TG	创新效率变化率	根据 DEA - Malmquist 指数测算	%	—
核心解释变量	FMD	要素市场扭曲	根据要素市场发育程度指数测算	%	-
基本控制变量	TG_{t-1}	创新效率变化率	滞后一期	%	+
	EF	资源配置效率	根据 DEA - Malmquist 指数测算	%	+
	TE	技术进步	根据 DEA - Malmquist 指数测算	%	+
企业特征变量	SIZE	企业规模	企业销售收入、固定资产和人员数算术平均值	—	不确定
	DOP	企业外向度	企业出口交货值占总产值的比重	%	+
	EPER	企业绩效	企业利税总额占总销售收入的比重	%	不确定
	TID	企业技术密集度	根据资本化指数测算	%	-
其他控制变量	IPP	知识产权保护程度	根据各地区产权保护指数测算	分	+
	PRS	产权制度	根据各地区非国有经济发展指数测算	分	+
	TSP	技术溢出	各地区技术市场交易总量占 GDP 的比重	%	+

技术密集度（TID）。为了体现技术密集度与资本密集度（CTI，测算方法见第三章相关内容）的差异，本章采用省际高技术产业资本化指数来

反映，即等于资本形成总额/（资本形成总额+最终总消费），资本形成总额用实际资产存量反映，最终总消费用工业品出厂价格指数平减后的销售收入来衡量。对于实际资本存量，需要加以估算。为了简化计算，采用以下的估算公式：

$$K_t = I_t/P_t + (1 - \delta_t)K_{t-1} \tag{4.39}$$

上式中，K_t 为 t 年的实际资本存量，K_{t-1} 为 t-1 年的实际资本存量，P_t 为固定资产投资价格指数，I_t 为 t 年的名义投资，δ_t 为 t 年的固定资产的折旧率。由于数据问题，在估算各地区高技术产业资本存量时存在着两个难点：一是基期的资本存量的确定；二是实际净投资（包括固定资产投资价格指数和资本折旧）的确定。在这里，以 1995 年为基期，用 1995 年年底各地区高技术产业的固定资产净值来表示基期的资本存量；以 1995 年为基期的固定资产投资价格指数来表示固定资产价格指数；对于资产折旧，采取学术界通用的5%固定资产折旧率。

产权制度（PRS）。选取非国有经济发展指数来反映，该指标越大表明该地区非国有企业的比重越高；各地区非国有经济发展指数来自于樊纲等（2011）的《中国市场化进程指数报告》。

技术溢出（TSP）。选取各地区的技术市场交易总量占 GDP 的比重来反映。

样本期与前面章节一致，相关数据主要来源于《中国统计年鉴》《中国高技术产业统计年鉴》《中国市场化指数》以及中经网统计数据库。各地区的技术市场交易总量与 GDP 值、资本化指数测算所需的最终总消费用工业品出厂价格指数等都来源于《中国统计年鉴》相关年度和中经网，非国有经济发展指数和知识产权保护指数来源于《中国市场化指数》相关年度，其他数据来源于《中国高技术产业统计年鉴》相关年度。在数据处理过程中，为了减轻异常值（或称离群值）对估计结果的影响，本章也对所有连续变量均进行缩尾处理，变量描述统计结果如表 4.4 所示。

表 4.4　　　　　　　　　主要变量的描述统计

变量	均值			观测值	标准差	最小值	25分位数	中位数	75分位数	最大值
	全样本	"入世"前	"入世"后	全样本						
TG	-0.003	-0.012	0.002	348	0.106	-0.379	-0.040	-0.006	0.025	0.554

续表

变量	均值			观测值	标准差	最小值	25分位数	中位数	75分位数	最大值
	全样本	"入世"前	"入世"后	全样本						
EF	0.013	0.001	0.020	348	0.101	-0.367	-0.026	0.007	0.046	0.457
TE	-0.016	-0.012	-0.018	348	0.057	-0.150	-0.050	-0.014	0.027	0.128
FMD	0.649	0.748	0.599	348	0.187	0.119	0.546	0.685	0.789	0.940
SIZE	1.135	0.723	1.341	348	0.761	0.174	0.565	0.946	1.421	3.618
DOP	0.196	0.150	0.218	348	0.195	0.000	0.053	0.103	0.306	0.726
EPER	0.064	0.054	0.069	348	0.040	-0.088	0.044	0.058	0.081	0.192
TID	1.240	0.769	1.475	348	0.743	0.298	0.736	1.069	1.527	4.523
IPP	4.689	1.647	6.211	348	7.713	-0.010	0.840	1.610	4.905	41.120
PRS	6.278	3.870	7.482	348	3.070	0.680	3.855	5.925	8.740	13.150
TSP	0.704	0.615	0.760	348	1.236	0.000	0.210	0.350	0.699	0.922

注：（1）有些变量与第三章相同，但描述统计值存在一些差异，原因在于本表没有包括1997年的观测值。（2）总观测值样本数也小于第三章。

四　整体估计结果分析

从表4.4可以看出，"入世"前后要素市场扭曲与创新效率各变量都存在较为明显差异，因而要素市场扭曲对创新效率的影响也可能存在差异。在这里引入时间虚拟变量 T 进行考察：

$$T = \begin{cases} 1, & if\ 2002 \leqslant t \leqslant 2009 \\ 0, & if\ 1997 \leqslant t \leqslant 2001 \end{cases}$$

在方程（4.30）的右边加上乘积项 $v\ (T \times FMD)_{it}$（v 表示参数估计值），可以考察要素市场扭曲在"入世"前后的影响是否存在差异。如果 v 的估计值显著地异于0，可以判定"入世"前后的影响有差异（v 值大于0表示"入世"后的影响更大，v 值小于0则表示影响变小了）。

对式（4.30）动态面板数据模型进行估计时，理论上存在两个方面的内生性问题，一是被解释变量滞后项与随机扰动项相关而可能产生的内生性问题，二是遗漏变量可能导致的内生性问题。因此如采用通常的固定效应或随机效应模型，估计结果很可能有偏且不一致，而传统的工具变量法对于动态面板模型并非有效的方法（Cameron 和 Trivedi，2009）。阿拿恩欧和鲍威尔（1995）建议采用广义矩估计方法（GMM）来克服动态面板数据中出现的上述两个问题。动态面板 GMM 估计方法的好处在于它通过差分或使用工具变量来控制住未观察到的时间和个体效应，同时还使用前期的解释变量和滞后的被解释变量作为工具变量克服内生性问题。然而，差分广义矩估计方法（DIF-GMM）仍旧存在弱工具变量的问题，因此，布兰德尔和波恩德（1998）提出并建议采用 SYS-GMM 方法估计。SYS-GMM 将解释变量水平值作为一阶差分方程的工具变量，而解释变量一阶差分滞后项作为水平变量估计方程的工具变量，对包含变量水平值的原估计方程与进行了一阶差分后的估计方程同时进行估计。因而，比 DIF-GMM 在有效性和一致性上都有了很大的改进，而且 SYS-GMM 即使不引入外部工具变量，也能够从解释变量的滞后项中选取合适的工具变量（罗德曼，2009）。

SYS-GMM 的有效性取决于两个关键问题：一是解释变量滞后值作为工具变量是否有效。由于工具变量是否有效决定了 SYS-GMM 估计结果是否一致，因此需要使用阿拿恩欧-波恩德检验（AB 检验）判断工具变量的选择是否合理，并利用汉森检验工具变量的过度识别约束。关于汉森检验，如果不能拒绝零假设就意味着工具变量的设定是恰当的。而 AB 检验是检验 GMM 回归系统中差分的残差项是否存在二阶序列自相关，差分的残差项如果存在二阶自相关就意味着原始残差序列是自相关并至少遵循阶数为 1 的移动平均过程，则说明工具变量的选取是有效且合理的。二是权重矩阵的选择。根据权重矩阵选择的不同，GMM 方法可以分为一步和两步估计，相对于一步估计而言，两步估计是渐进有效的，但同时也存在估计量标准向下偏误的缺陷（布兰德尔和波恩德，1998）；而伍德里奇（Windmeijer，2005）的改进实现了对两步估计标准误的纠正，使得两步稳健性估计比一步估计更为有效。基于此，本章主要采用两步 SYS-GMM① 对模型（4.30）进行参数估计。

由于影响创新效率的因素很多，因而在选取控制变量时可能会遗漏一些变量。为了尽可能降低遗漏变量问题所产生的影响，本节将遵循计量经

① SYS-GMM 适用于截面单位多、时间跨度小（大 N 小 T）型的面板数据，因为过少的截面单位会使 AB 检验缺乏可靠性，而过长的时间跨度会产生过多的工具变量。而本章 29 个地区 12 年的面板数据样本恰恰可以很好地满足这一要求。

表 4.5

整体估计结果

解释变量	模型 1	模型 2	模型 3	模型 4	模型 5	模型 6	模型 7	模型 8	模型 9
			时间段：1997—2009				"入世"时间虚拟变量		
TG_{t-1}	0.034*** (18.80)	0.036** (2.52)	0.020 (1.44)	0.033*** (9.97)	0.035** (2.48)	0.021 (1.49)	0.034*** (15.31)	0.036** (2.53)	0.020 (1.43)
EF	0.943*** (525.88)	0.924*** (63.41)	0.919*** (64.89)	0.941*** (428.78)	0.923*** (63.88)	0.918*** (64.80)	0.944*** (547.84)	0.925*** (63.39)	0.919*** (64.77)
TE	0.565*** (159.74)	0.573*** (38.30)	0.563*** (37.93)	0.564*** (152.12)	0.572*** (38.51)	0.562*** (37.87)	0.561*** (128.56)	0.574*** (38.30)	0.562*** (37.70)
FMD	-0.031*** (-3.88)	-0.016 (-0.51)	-0.012 (-0.25)	-0.160*** (-4.83)	-0.240*** (-2.63)	-0.110 (-1.08)	-0.036*** (-4.23)	-0.008 (-0.24)	-0.006 (-0.12)
FMD^2	—	—	—	0.143*** (4.12)	0.237*** (2.61)	0.118 (1.09)	—	—	—
T×FMD	—	—	—	—	—	—	0.008*** (3.26)	0.016 (0.94)	0.009 (0.44)
SIZE	0.014* (1.80)	0.007 (0.26)	0.031 (0.71)	0.013 (1.13)	-0.002 (-0.07)	0.027 (0.61)	0.019** (2.09)	0.009 (0.35)	0.029 (0.66)
DOP	0.028*** (2.78)	0.007 (0.23)	0.023 (0.42)	0.022* (1.97)	0.007 (0.23)	0.010 (0.17)	0.036*** (3.35)	0.012 (0.43)	0.026 (0.46)
EPER	0.007*** (2.96)	0.009 (0.60)	0.004 (0.23)	0.005** (2.63)	0.011 (0.76)	-0.004 (-0.19)	0.007*** (3.24)	0.010 (0.67)	0.004 (0.21)
TID	-0.009** (-2.60)	-0.015 (-0.89)	0.009 (0.40)	-0.010*** (-3.29)	-0.012 (-0.72)	0.013 (0.56)	-0.007* (-1.76)	-0.011 (-0.62)	0.011 (0.47)
IPP	0.027*** (4.08)	0.028 (1.29)	0.010 (0.36)	0.017** (2.20)	0.007 (0.29)	0.002 (0.09)	0.024*** (3.57)	0.026 (1.19)	0.008 (0.27)
PRS	0.002 (0.24)	-0.019 (-0.80)	-0.003 (-0.08)	0.010 (1.02)	0.008 (0.31)	0.015 (0.37)	0.002 (0.22)	-0.008 (-0.31)	0.007 (0.16)

续表

解释变量	模型 1	模型 2	模型 3	模型 4	模型 5	模型 6	模型 7	模型 8	模型 9
			时间段：1997—2009					"入世" 时间虚拟变量	
TSP	0.103*** (19.18)	0.066*** (3.31)	0.187*** (4.50)	0.091*** (7.65)	0.053*** (2.61)	0.169*** (3.79)	0.099*** (12.58)	0.066*** (3.33)	0.181*** (4.15)
估计方法	两步系统 GMM	动态 POLS	动态 FE	两步系统 GMM	动态 POLS	动态 FE	两步系统 GMM	动态 POLS	动态 FE
参数联合检验值 [p]	9.3×10^4 [0.000]	452.731 [0.000]	482.279 [0.000]	1.2×10^5 [0.000]	423.397 [0.000]	442.480 [0.000]	9.4×10^4 [0.000]	414.906 [0.000]	440.821 [0.000]
观测值	319	319	319	319	319	319	319	319	319
R^2 值	—	0.942	0.950	—	0.943	0.950	—	0.942	0.950
AR (1) 检验值 [p][a]	-4.747 [0.000]	—	—	-4.966 [0.000]	—	—	-3.354 [0.001]	—	—
AR (2) 检验值 [p][b]	-1.157 [0.247]	—	—	-1.167 [0.243]	—	—	-1.175 [0.240]	—	—
汉森检验值 [p][c]	23.653 [1.000]	—	—	24.293 [1.000]	—	—	22.247 [1.000]	—	—

注：(1) ***、**、* 分别表示统计值值在1%、5%和10%的显著性水平下显著。(2) 圆括号内的数值为t值；方括号内的数值为概率p值。(3) a 零假设为差分后的残差项不存在一阶序列相关 [若差分后的残差项存在一阶序列相关，系统GMM依然有效，参见罗德曼 (2009)]；b 零假设为差分后的残差项不存在二阶序列相关 [若差分后的残差项存在二阶序列相关，则系统GMM为无效]；c 为汉森检验的零假设为过度识别约束是有效的。(4) GMM方法所用的软件包是 stata /MP 11.0，所用的程序是 xtabond2。(5) GMM方法所用的一阶滞后值作为工具变量，这里将解释变量的一阶滞后值作为工具变量，考虑到样本观察值的有限性。

济学中"从一般到特殊"的正确建模原则[①]（李子奈，2008），即首先以包含全部控制变量的整体回归模型作为分析对象进行"一般性"实证检验，在确定要素市场扭曲对创新效率的具体影响后，再采用在基本控制变量基础上依次逐步添加其他控制变量的"特殊性"方法进行参数估计，以专门考察各控制变量对这种影响的冲击情况。

表 4.5 中模型 1 报告了式（4.30）的两步 SYS-GMM 估计结果，汉森检验和 AB 检验均满足 GMM 估计的要求，即残差显著存在一阶自相关而不存在二阶自相关，且汉森统计量不显著，这表明模型 1 采用的工具变量合理有效，也不存在工具变量的过度识别问题。从参数估计的结果来看，要素市场扭曲的系数在 1% 的水平上显著为负，说明要素市场扭曲显著地抑制了高技术产业创新效率的提高。

虽然 GMM 估计量具有一致性，但是样本较小或者工具变量较弱时，其估计量较易产生大的偏差（李文星等，2008）。针对这种情况，波恩德（2002）建议将 GMM 估计量分别于包含被解释变量滞后项的混合估计模型（POLS）和固定效应模型（FE）的估计量进行比较，观察被解释变量滞后项的 GMM 估计系数是否介于后两个模型的对应估计量之间。由于 POLS 估计时被解释变量滞后项与不可观察的地区效应正相关，对应的估计系数应该是向上偏倚（biased upwards）；而 FE 估计时的被解释变量滞后项与随机扰动项负相关，对应的估计系数是向下偏倚（biased downwards）；因而，被解释变量滞后项的 GMM 估计系数应该在 POLS 和 FE 对应的估计系数之间。基于此，我们在模型 2 和模型 3 中列出了引入创新效率滞后一期 TG_{t-1} 的动态 POLS 和 FE 的估计结果，比较可知，模型 1 的 TG_{t-1} 的系数 0.034 的确介于模型 2 和模型 3 的 G_{t-1} 系数 0.020 和 0.036 之间，这表明模型 1 的 SYS-GMM 估计结果并未因为样本数量和工具变量的选择而产生明显的偏差。以上估计结果清楚地显示，要素市场扭曲与创新效率变化之间的显著负相关关系非常稳健，从而很好地验证了理论模型的命题 4.1。

[①] 从建模的"一般性"原则看，正确的思路应该是遵循"从一般到特殊"的原则，以能够包容所有经过约化得到的"简洁"模型作为总体模型的建模起点，即最初的模型应该包含所有对被解释变量产生影响的变量，尽管某些变量会因为显著性不高或者不满足正交性条件等原因在后来的约化过程中被排除，这样做无疑可以尽可能降低遗漏变量问题所产生的影响（李子奈，2008）。

表 4.5 中模型 4—模型 6 引入了要素市场扭曲变量的二次项，汉森检验和 AB 检验均有效，且 TG_{t-1} 的系数显示模型 4 结果有效且无明显偏差。模型 4 中，要素市场扭曲一次项系数显著为负，而二次项系数显著为正，说明了要素市场扭曲与高技术产业创新效率之间存在显著的 U 型关系。这验证了命题 4.2 的结论。这表明，我国要素市场扭曲初始阶段的改善对高技术产业创新效率的积极影响可能并不大；而随着要素市场改革的不断深入或扭曲程度的不断降低，其对高技术产业创新效率的提升效果会越来越显著。

表 4.5 中模型 7—模型 9 报告了引入了"入世"时间虚拟变量后的相关估计结果。显而易见，模型 7 的汉森检验和 AB 检验均满足 GMM 估计的要求，且 TG_{t-1} 的系数 0.034 介于模型 8（POLS）和模型 9（FE）的系数 0.020 和 0.036 之间，这表明了模型 7 估计结果有效且无明显偏差。从模型 7 可以发现，FMD 估计系数仍在 1% 水平上显著为负，再次证明了要素市场扭曲对创新效率的负向影响；而 $T \times FMD$ 估计系数在 1% 水平上显著为正，则说明"入世"后要素市场扭曲对创新效率的负向影响显著降低了；这表明，"入世"后要素市场的发展或者扭曲程度的改善显著地弱化了要素市场扭曲对创新效率的抑制效应。究其原因，可能在于：加入 WTO 后的要素市场扭曲程度（包括价格扭曲和市场分割程度）降低，既便利了 R&D 资源在要素市场的合理流动，又能通过更加真实和灵敏要素价格信号更好地引导 R&D 要素在企业间或项目间的转移调整。此外，"入世"后更激烈的国际市场竞争也激励着企业不断地提高创新活动的效率；"入世"后以上三个方面的影响都有助于提升高技术产业的创新效率。

五　分步估计结果分析

在"一般性"验证的基础上，接下来，我们通过依次添加控制变量的方式进行"特殊性"分析，以考察各控制变量对要素市场扭曲的创新效应有着怎样的影响。我们首先从仅包含滞后一期创新效率变化、资源配置效率变化率和技术进步三个基本控制变量的模型 1 进行分析。结果与前文一样，要素市场扭曲的系数显著为负。模型 2—模型 5 中依次加入了四个企业特征变量，模型 6—模型 8 中则依次引入知识产权保护、产权制度和技术溢出等变量。从表 4.6 可以看出，模型 1—模型 8 的两步 SYS-GMM 参数联合检验结果都很显著，汉森检验和 AB 检验的结果表明了工

表 4.6　分步估计结果

解释变量	模型 1	模型 2	模型 3	模型 4	模型 5	模型 6	模型 7	模型 8
TG_{t-1}	0.044*** (131.19)	0.044*** (57.97)	0.043*** (82.36)	0.042*** (30.57)	0.043*** (26.30)	0.043*** (24.09)	0.042*** (28.17)	0.034*** (18.80)
EF	0.944*** (999.72)	0.944*** (1539.91)	0.944*** (1741.95)	0.943*** (668.75)	0.945*** (743.15)	0.945*** (741.65)	0.943*** (591.63)	0.943*** (525.88)
TE	0.570*** (274.76)	0.568*** (209.52)	0.571*** (319.05)	0.571*** (234.27)	0.568*** (163.11)	0.569*** (167.83)	0.567*** (152.00)	0.565*** (159.74)
FMD	-0.031*** (-18.28)	-0.029*** (-9.24)	-0.027*** (-6.83)	-0.025*** (-5.25)	-0.030*** (-11.62)	-0.029*** (-4.86)	-0.031*** (-4.39)	-0.031*** (-3.88)
SIZE	—	0.002 (0.85)	0.004 (0.89)	0.005 (1.16)	0.008 (1.64)	0.008 (1.43)	0.008* (1.94)	0.014* (1.80)
DOP	—	—	0.006* (1.77)	0.005 (1.32)	0.007** (2.28)	0.010** (2.43)	0.012** (2.89)	0.028*** (2.78)
EPER	—	—	—	0.002 (1.63)	0.005* (1.96)	0.005* (1.89)	0.002 (1.02)	0.007*** (2.96)
TID	—	—	—	—	-0.009*** (-3.76)	-0.009*** (-3.20)	-0.009*** (-3.14)	-0.009** (-2.60)
IPP	—	—	—	—	—	0.009* (1.94)	0.008** (2.17)	0.027*** (4.08)

续表

解释变量	模型 1	模型 2	模型 3	模型 4	模型 5	模型 6	模型 7	模型 8
PRS	—	—	—	—	—	—	0.007 (1.56)	0.002 (0.24)
TSP	—	—	—	—	—	—	—	0.103*** (19.18)
估计方法	两步系统 GMM	两步系统 GMM	两步系统 GMM	两步系统 GMM	两步系统 GMM	两步系统 GMM	两步系统 GMM	两步系统 GMM
参数联合检验值 [p]	1.3×10^6 [0.000]	1261.548 [0.000]	1.7×10^6 [0.000]	8.2×10^5 [0.000]	1.1×10^6 [0.000]	6.6×10^5 [0.000]	5.2×10^5 [0.000]	9.3×10^4 [0.000]
观测值	319	319	319	319	319	319	319	319
AR (1) 检验值 [p][a]	-2.58 [0.010]	-1.72 [0.085]	-1.70 [0.088]	-1.81 [0.070]	-2.53 [0.011]	-2.08 [0.038]	-2.20 [0.028]	-4.747 [0.000]
AR (2) 检验值 [p][b]	-1.213 [0.225]	-1.213 [0.225]	-1.204 [0.229]	-1.200 [0.230]	-1.198 [0.231]	-1.200 [0.230]	-1.197 [0.231]	-1.157 [0.247]
汉森 检验值 [p][c]	25.399 [1.000]	23.809 [1.000]	26.541 [1.000]	26.983 [1.000]	25.278 [1.000]	25.248 [1.000]	23.739 [1.000]	23.653 [1.000]

注：同表 4.5。

具变量有效且模型设计整体是合理的。从解释变量的估计系数看，随着控制变量的逐步引入，控制变量的符号均保持不变，且无异常波动，表明了估计结果具有稳健性。

表4.6模型2—模型4结果显示，在依次引入规模、外向度和绩效三个企业特征变量后，要素市场扭曲对创新效率的负向影响持续变小了，而且三个变量系数都为正；这说明三个因素不仅有助于提升高技术产业的创新效率，而且能弱化要素市场扭曲的效率抑制效应。而加入技术密集度模型5显示，技术密集度的估计系数在1%显著水平上为负，而且要素市场扭曲的系数负值更大了；这表明产品生产技术的复杂化既不利于企业创新效率的提高，又强化了要素市场扭曲对创新效率的负向影响。上述结论说明企业特征的适当改变能够规避要素市场扭曲的效率抑制效应；也印证了吴延兵（2006）和余泳泽（2009）关于企业规模对创新效率影响的结论，即大企业由于资金实力雄厚、人员素质和管理水平较高，能够实现创新的规模经济和范围经济，因而创新效率更高；也与外向度（成力为和孙玮，2012）、企业绩效（吴延兵，2006；戴魁早和刘友金，2013）和技术密集度（柳卸林等，2014）的相关研究结论一致，即外向度较高、经济绩效较好和技术密集度较低的企业，创新效率也较高。

表4.6模型6报告了引入知识产权保护的SYS-GMM估计结果，变量系数在10%水平上显著为正，且要素市场扭曲的负向影响变小了；这说明知识产权保护的加强既有利于高技术产业创新效率的提高，又能缓解要素市场对创新效率的扭曲效应。这也印证了李平等（2007）、Lin等（2010）以及胡凯等（2012）"加强知识产权保护有利于改善创新活动效率"的结论。

表4.6模型7报告了引入非国有经济发展指数刻画的产权制度的估计结果，结果显示其系数不显著为正，说明非国有企业的发展并没有显著地提升高技术产业的创新效率。前面结论意味着国有产权高技术企业的创新效率并不显著低于非国有产权企业，这与杰弗逊等（2006）、成力为和孙玮（2012）的研究结论——"国有产权企业的创新活动效率低于非国有产权企业"并不一致。其原因可能是：近年来非国有企业的发展不断激励了国有产权企业预算约束的硬化（陈钊，2004），不断推动了后者创新效率的提高（方军雄，2007），因而国有与非国有企业之间的效率差异不再明显了。此外，引入非国有经济发展指数没有弱化要素市场扭曲的负向影

响,说明产权制度非国有化并不能缓解要素市场扭曲的效率抑制效应。

最后,在表4.6模型8引入了技术市场交易量所表征的技术溢出变量,估计结果显示了技术溢出的系数显著为正,说明了技术市场交易增长对高技术产业创新效率的提升产生了推动作用;这印证了柳卸林等(2014)的理论预期,即技术交易产生的技术溢出或技术扩散能够有效地提升企业或产业的创新效率。但引入技术溢出变量并没有对要素市场扭曲的系数产生影响,说明技术交易市场发展在规避要素市场的效率扭曲方面无明显积极作用。为什么技术溢出能提升高技术产业创新效率但却未能弱化要素市场扭曲对创新效率的抑制效应呢?对此可能的解释是:新技术市场交易的增长虽然能通过溢出效应有效提升高技术产业的创新效率,但技术市场(要素市场组成部分)存在的价格扭曲或者市场分割会在很大程度上抵消技术溢出带来的积极影响,因而表现为要素市场扭曲对创新效率的抑制效应并未降低。

纵观表4.6模型1—模型8的估计结果,要素市场扭曲的系数一直保持显著为负,这也再次说明要素市场扭曲对创新效率的负向影响是非常稳定的。我们选取的大部分控制变量对要素市场扭曲的创新效应都有着显著的影响,规模、外向度和经济绩效等企业特征变量以及知识产权保护对要素市场扭曲的负向效应有着较为显著的规避作用。表4.6的结果还显示,三个基本控制变量的系数值一直显著为正,且与预期相符。从资源配置效率变化和技术进步的系数大小看,前者对创新效率的解释力更强,说明了资源配置效率的改善对高技术产业创新效率提升的作用更为突出。创新效率滞后一期的系数一直显著为正,表明创新效率的提高具有一定程度的路径依赖特征,也说明高技术产业创新效率的变化是一个连续渐进的调整过程。

六 稳健性检验

为了确保估计结果的有效性,除了采用上述的变量控制、内生性控制、遗漏变量控制及其他计量方法的辅助性参考等措施外,本章还在对创新效率重新测算的基础上,对前文的估计结果进行稳健性检验。

前文测算创新效率时,采用的是创新产出的间接衡量指标——新产品销售收入,该指标未体现出 R&D 活动的直接产出,因而在采用直接产出指标对创新效率进行重新测算就显得非常必要。学术界主要采用另一个指

表 4.7　　稳健性检验结果（整体估计）

解释变量	模型 1	模型 2	模型 3	模型 4	模型 5	模型 6	模型 7	模型 8	模型 9
			时间段：1997—2009				"入世"时间虚拟变量		
TG_{t-1}	-0.009*** (-3.24)	-0.006 (-0.65)	-0.010 (-0.97)	-0.009*** (-3.83)	-0.007 (-0.68)	-0.011 (-1.07)	-0.009*** (-5.83)	-0.007 (-0.62)	-0.010 (-0.94)
EF	1.014*** (717.39)	1.010*** (92.24)	1.012*** (89.49)	1.011*** (508.04)	1.010*** (91.99)	1.012*** (89.52)	1.013*** (700.98)	1.011*** (92.09)	1.012*** (89.35)
TE	0.563*** (210.17)	0.561*** (51.49)	0.564*** (50.04)	0.559*** (171.45)	0.561*** (51.43)	0.565*** (50.08)	0.563*** (294.39)	0.562*** (51.10)	0.564*** (49.95)
FMD	-0.018*** (-8.40)	-0.013 (-0.60)	-0.018 (-0.51)	-0.019** (-2.26)	-0.033 (-0.51)	-0.090 (-1.12)	-0.015*** (-4.91)	-0.016 (-0.70)	-0.022 (-0.59)
FMD^2	—	—	—	0.032** (2.11)	0.044 (0.68)	0.093 (1.23)	—	—	—
T×FMD	—	—	—	—	—	—	0.003 (1.70)	-0.005 (-0.45)	-0.005 (-0.33)
SIZE	0.016*** (3.81)	0.020 (1.07)	0.011 (0.33)	0.009 (1.48)	0.021 (1.13)	0.014 (0.44)	0.013** (2.44)	0.021 (1.11)	0.010 (0.30)
DOP	-0.002 (-0.60)	-0.002 (-0.11)	0.062 (1.51)	0.001 (0.31)	-0.002 (-0.11)	0.072* (1.71)	-0.000 (-0.02)	-0.004 (-0.20)	0.063 (1.53)
EPER	0.010*** (4.82)	0.013 (1.24)	0.000 (0.00)	0.010*** (5.32)	0.013 (1.20)	-0.001 (-0.05)	0.009*** (4.65)	0.013 (1.27)	0.000 (0.02)
TID	-0.019*** (-10.22)	-0.013 (-0.92)	-0.013 (-0.42)	-0.019*** (-5.24)	-0.015 (-1.02)	-0.026 (-0.79)	-0.017*** (-6.53)	-0.013 (-0.93)	-0.010 (-0.29)

续表

解释变量	模型 1	模型 2	模型 3	模型 4	模型 5	模型 6	模型 7	模型 8	模型 9
			时间段：1997—2009				"入世" 时间虚拟变量		
IPP	0.024*** (7.13)	0.026 (1.54)	0.020 (0.71)	-0.004 (-1.14)	-0.011 (-0.69)	-0.020 (-0.97)	0.022*** (5.02)	0.030 (1.58)	0.025 (0.78)
PRS	-0.007** (-2.58)	-0.014 (-0.94)	-0.026 (-1.28)	0.020*** (6.46)	0.022 (1.21)	0.006 (0.19)	-0.008** (-2.32)	-0.015 (-0.98)	-0.027 (-1.32)
TSP	0.008*** (5.05)	0.004 (0.32)	0.007 (0.40)	0.008*** (4.81)	0.003 (0.28)	0.004 (0.23)	0.007*** (3.54)	0.005 (0.42)	0.008 (0.45)
估计方法	两步 SYS-GMM	动态 POLS	动态 FE	两步 SYS-GMM	动态 POLS	动态 FE	两步 SYS GMM	动态 POLS	动态 FE
联合检验值 [p]	1.2 * 10^6 [0.000]	936.882 [0.000]	925.620 [0.000]	1.3 * 10^6 [0.000]	856.746 [0.000]	849.391 [0.000]	2.4 * 10^6 [0.000]	856.601 [0.000]	845.791 [0.000]
R² 值	—	0.971	0.973	—	0.971	0.973	—	0.971	0.973
观测值	319	319	319	319	319	319	319	319	319
AR (1) 检验值 [p]ᵃ	-1.811 [0.070]	—	—	-1.806 [0.071]	—	—	-1.808 [0.071]	—	—
AR (2) 检验值 [p]ᵇ	-1.231 [0.218]	—	—	-1.247 [0.212]	—	—	-1.242 [0.214]	—	—
汉森检验值 [p]ᶜ	25.866 [1.000]	—	—	23.082 [1.000]	—	—	24.504 [1.000]	—	—

注：同表 4.5。

标——专利产出数衡量 R&D 活动的直接产出。由于专利授权数的滞后性较为突出，且受到较多人为因素的影响（成力为和孙玮，2012），因而我们采用专利申请数作为直接衡量指标进行测算。根据重新测算的创新效率，我们对前文整体估计的结论进行稳健性检验，结果如表 4.7 所示。其中，模型 1—模型 3 是全样本的两步 SYS-GMM、动态 POLS 和动态 FE 估计结果，模型 4—模型 6 加入了要素市场扭曲二次项，模型 7—模型 9 加入了"入世"后时间虚拟变量。稳健性估计的结果表明，两步 SYS-GMM 的残差序列相关性检验和汉森过度识别检验的结果表明，相应模型设定的合理性和工具变量的有效性。从表 4.7 的估计结果可以看出，模型 1 中要素市场扭曲的系数在 1% 水平上显著为负，在加入要素市场扭曲二次项和时间虚拟变量的模型 4 和模型 7 中，要素市场扭曲的相关系数都显著，且与表 4.5 的相关结论大多相一致，这表明前文得出的结论具有较好的稳健性。

第四节　要素市场扭曲对不同特征企业创新效率的影响差异

一　估计方法说明

上文分步估计的结果说明，企业特征很可能是影响要素市场扭曲创新效应的重要因素。国内外的研究表明，规模、外向度、经济绩效和技术密集度等特征不同的企业，创新效率存在着明显差异（弗雷曼等，1997；Broadberry 等，2001；鲍莫尔等，2002；杰弗逊等，2006；吴延兵，2006；成力为和孙玮，2012；戴魁早和刘友金，2013）；张杰等（2011b）也发现，要素市场扭曲对 R&D 投入的影响存在企业差异。由此我们会有这样的疑问：企业特征是否是影响要素市场扭曲的创新效应的重要因素？即在要素市场扭曲相同的环境中，不同特征企业的创新效率会不会存在明显差异呢？为了考察企业特征的影响，借鉴张杰等（2011a）的做法，我们在式（4.30）解释变量中加入要素市场扭曲与企业特征变量的乘积项进行检验（估计结果如表 4.8 所示）。

表 4.8 中模型 1—模型 8 分别报告了两步和一步 SYS-GMM 估计结果，解释变量系数的显著性表明了两步 SYS-GMM 的估计结果更为有效，因

此，本章主要依据两步估计的结果进行分析。两步 SYS-GMM 估计的汉森检验和 AB 检验均满足 GMM 估计的要求，表明所采用的工具变量合理有效，不存在工具变量的过度识别问题，模型设计具有合理性。对表 4.8 和表 4.5 比较可知，加入乘积项后其他解释变量的系数值及显著性并未发生显著的变化，说明表 4.8 的估计结果具有稳健性。

二　估计结果分析

表 4.8 模型 1 加入了要素市场扭曲与企业规模的乘积项，估计结果显示乘积项的系数显著为正，说明在要素市场扭曲相同的环境中，规模较大的企业创新效率也较高；即相对于规模较小的企业来说，规模较大的高技术企业中，要素市场扭曲对创新效率的抑制程度要低些。这样的结论表明，企业规模在规避要素市场扭曲对创新效率的抑制效应中具有显著的作用。究其原因，可能在于：规模较大的高技术企业，由于资金实力雄厚以及较高的人员素质、技术水平和管理水平，更容易在创新过程中实现规模经济和范围经济（杰弗逊等，2006；吴延兵，2006；余泳泽，2009），对创新效率的提高表现强有力的拉动作用，可以在很大程度上抵消要素市场扭曲对创新效率带来的不利影响，因而表现出更高的创新效率。从高技术细分行业的企业规模来看，医疗设备及器械制、仪器仪表制造等企业的规模较小，而飞机制造及修理、计算机整机制造和通信设备制造等企业的规模较大（见表 3.4）。可见，在飞机制造及修理、计算机整机制造等规模较大的企业中，要素市场扭曲对创新效率的负向影响要小些。

表 4.8 模型 3 的结果显示，要素市场扭曲与外向度乘积项的系数显著为正，说明在要素市场扭曲相同的环境中，外向度较高的企业有着较高的创新效率；即在外向度较高的企业中，要素市场扭曲对创新效率的抑制程度较低；换句话说，随着外向度的提高，要素市场扭曲的对企业创新效率的抑制程度会降低。该结论表明，企业外向度的提高能够有效地弱化要素市场扭曲的创新效率抑制效应。对此可能的解释是：更激烈的国际竞争环境，激励着外向度较高的企业将从国际分工中所获得的超额利润投入提高技术水平、管理水平和人员素质当中去（刘海云和唐玲，2009；成力为和孙玮，2012），这会推动企业创新效率的提高，能够在一定程度上抵消要素市场扭曲对创新效率的负面影响。从高技术细分行业来看，计算机整机制造业和通信设备制造业等企业的外向度较高，而航天器制造业和中药材

表 4.8　　要素市场扭曲对不同特征企业创新效率的影响

解释变量	模型 1	模型 2	模型 3	模型 4	模型 5	模型 6	模型 7	模型 8
	企业特征变量							
	SI		OD		PE		TI	
TG_{t-1}	0.028*** (8.02)	0.035*** (2.80)	0.032*** (14.68)	0.036*** (2.81)	0.033*** (15.92)	0.035*** (2.79)	0.033*** (15.69)	0.035*** (2.76)
EF	0.940*** (410.36)	0.943*** (72.81)	0.941*** (435.80)	0.943*** (72.74)	0.942*** (458.75)	0.944*** (73.02)	0.941*** (348.38)	0.943*** (72.84)
TE	0.556*** (108.71)	0.571*** (42.69)	0.563*** (148.04)	0.570*** (42.65)	0.564*** (153.06)	0.571*** (42.80)	0.563*** (142.27)	0.570*** (42.72)
FMD	-0.046*** (-3.26)	-0.016 (-0.40)	-0.014** (-2.13)	-0.012 (-0.04)	-0.031** (-2.18)	-0.041 (-0.87)	-0.012** (-2.01)	-0.014 (-0.31)
SIZE	0.018 (1.28)	0.042 (0.91)	0.002 (0.20)	0.009 (0.32)	0.012 (1.62)	0.019 (0.75)	0.013* (1.86)	0.017 (0.67)
DOP	0.036*** (4.51)	0.030 (1.08)	0.026 (1.16)	0.042 (0.71)	0.023* (1.80)	0.028 (1.01)	0.023** (1.97)	0.025 (0.90)
EPER	-0.007*** (-3.29)	-0.006 (-0.44)	-0.005** (-2.69)	-0.006 (-0.46)	-0.013 (-0.61)	-0.030 (-0.36)	-0.007*** (-2.99)	-0.006 (-0.45)
TID	-0.003 (-0.77)	-0.012 (-0.70)	-0.008*** (-2.88)	-0.010 (-0.59)	-0.010** (-2.71)	-0.013 (-0.76)	0.046*** (4.76)	0.044 (0.96)
IPP	0.028*** (3.96)	0.024 (1.14)	0.016** (2.17)	0.017 (0.79)	0.027*** (4.09)	0.028 (1.40)	0.014** (2.15)	0.020 (0.95)
PRS	-0.015 (-1.57)	0.003 (0.12)	0.010 (1.07)	0.009 (0.40)	0.003 (0.46)	-0.002 (-0.08)	0.015* (1.98)	0.014 (0.53)
TSP	0.096*** (9.85)	0.100*** (5.06)	0.097*** (11.04)	0.097*** (4.95)	0.106*** (17.77)	0.104*** (5.44)	0.094*** (9.67)	0.100*** (5.20)

续表

解释变量	模型1	模型2	模型3	模型4	模型5	模型6	模型7	模型8
	企业特征变量							
	SI	SI	OD	OD	PE	PE	TI	TI
FMD×SIZE	0.012** (2.04)	0.018 (1.60)	—	—	—	—	—	—
FMD×DOP	—	—	0.026** (2.06)	0.047 (1.32)	—	—	—	—
FMD×EPER	—	—	—	—	0.007 (0.31)	0.026 (0.29)	—	—
FMD×TID	—	—	—	—	—	—	-0.057*** (-6.38)	-0.056 (-1.33)
估计方法	两步系统 GMM	一步系统 GMM	两步系统 GMM	一步系统 GMM	两步系统 GMM	一步系统 GMM	两步系统 GMM	一步系统 GMM
参数联合检验值 [p]	$1.2×10^5$ [0.000]	552.570 [0.000]	$4.1×10^4$ [0.000]	552.408 [0.000]	$1.3×10^5$ [0.000]	553.693 [0.000]	$9.5×10^4$ [0.000]	552.598 [0.000]
观测值	319	319	319	319	319	319	319	319
AR (1) 检验值 [p][a]	-5.994 [0.000]	-4.726 [0.000]	-6.242 [0.000]	-4.678 [0.000]	-4.844 [0.000]	-7.512 [0.000]	-4.789 [0.000]	-6.134 [0.000]
AR (2) 检验值 [p][b]	-1.162 [0.245]	-1.159 [0.247]	-1.157 [0.247]	-1.179 [0.238]	-1.154 [0.248]	-1.192 [0.233]	-1.144 [0.253]	-1.188 [0.235]
汉森检验值 [p][c]	17.541 [1.000]	—	22.142 [1.000]	—	23.172 [1.000]	—	23.051 [1.000]	—

注：同表4.5。

及中成药加工业等企业的外向度较低（见表3.4）。这意味着，在航天器制造业等外向度较低的高技术企业中，要素市场扭曲对创新效率的抑制程度更高，而在计算机整机制造和通信设备制造等外向度较高的企业，其抑制程度则较低。

表4.8模型5中要素市场扭曲与企业绩效乘积项的系数不显著为正，说明在要素市场扭曲相同的环境中，相对于绩效较差的企业来说，绩效较好企业的创新效率较高，但差异并不显著，即在经济绩效较好的高技术企业中，要素市场扭曲对企业创新效率的负向影响虽然低些，但低的程度并不明显，也可以说经济绩效的提高虽然能够改善要素市场扭曲对企业创新效率的抑制效应，但效果不明显。这表明企业经济绩效的改善在规避要素市场扭曲对创新效率的抑制效应中的积极作用并不明显。这样的结论可能源于企业绩效对创新效率存在两种相反的影响，一种是经济绩效较好的企业可以采用更先进的技术和设备，并为员工提供更好的福利和工作环境，这有助于推动创新效率的提高；另一种是较好的经济绩效可能导致企业危机感、紧迫感的缺失和竞争意识的淡薄，这会阻碍创新效率的提高（吴延兵，2006；戴魁早和刘友金，2013）。从高技术细分行业比较来看（见表3.4），生物制品制造、医疗设备及器械制造、中药材及中成药加工等高技术企业的绩效较好，航天器制造业和计算机整机制造业等企业的绩效较差。可见，在航天器制造等绩效较差的企业中，要素市场扭曲的抑制效应较高。

表4.8模型7中要素市场扭曲与技术密集度乘积项的系数显著为负，说明在要素市场扭曲相同的环境中，较高技术密集度的企业创新效率较低，即在技术密集度较高的企业中，要素市场扭曲对创新效率的抑制效应更高。究其原因，可能在于：技术密集度较高的企业，新产品的复杂程度会较高，因而创新过程的风险程度及新产品成功的概率会更低（柳卸林，2014），从而会强化要素市场扭曲对创新效应的抑制效应。该结论表明，技术密集度的降低能够有效地规避要素市场扭曲的抑制效应。比较起来，计算机整机制造和通信设备制造等企业技术密集度较低，而航天器制造业和生物制品制造业的技术密集度较高（见表3.4）；这意味着，在计算机整机制造等企业中，要素市场扭曲对创新效率的抑制程度相对小些。

综上所述，对我国高技术产业来说，在规模较大、外向度较高、经济绩效较好以及技术密集度较低的企业中，要素市场扭曲对创新效率的抑制程度较低；或者说，要素市场的发展或扭曲程度的改善，对这些企业创新效率的积极影响更大。

第五节　本章总结

本章拓展了海尔森和克勒劳（2009）生产率误置模型，建立一个新的理论模型分析了要素市场扭曲对创新效率的影响，并利用我国高技术产业省际面板数据对理论模型的结论进行了验证；在此基础上，进一步地实证考察了要素市场扭曲对创新效率的影响是否存在企业差异，以及企业特征的适当改变为何能够规避要素市场扭曲对创新效率的抑制效应。

理论和经验研究发现，要素市场扭曲显著地抑制了产业创新效率的提高，而且两者之间还存在 U 型关系。当扭曲程度较高时，要素市场改善对产业创新效率的边际效应较小；而随着扭曲程度的持续下降，其对产业创新效率的边际效应越来越大。这表明，推进我国要素市场的改革和发展可以促进产业创新效率的提高；在扭曲状况改善的初始阶段，产业创新效率的提升效果可能并不明显，而随着要素市场扭曲状况的持续改善，产业创新效率的提升幅度会越来越大。这意味着，推动各地区要素市场的持续改革和扭曲状况的持续改善，对我国产业（尤其是高技术产业）创新效率的提高有非常重大的意义。

关于企业特征的影响，本章进一步的经验研究发现，企业特征不仅显著地影响着高技术企业的技术创新效率，而且在规模较大、外向度较高、经济绩效较好以及技术密集度较低的企业中，要素市场扭曲对创新效率的抑制程度更低。这意味着，各地区不仅可以通过推进要素市场的发育和发展来提升产业创新效率，还可以根据本地区企业特征的自身状况，在企业规模、外向度、经济绩效和技术密集度等方面下足功夫来有效规避要素市场对创新效率的扭曲效应。

本章首次将要素市场扭曲引入创新效率研究领域，并建立一个新的理论模型用以分析要素市场扭曲对创新效率的影响，也为我国产业创新效率较低这一问题的解决引入了一条新思路。同时，本章的研究结论对我国产业（尤其是高技术产业）创新效率及其自主创新能力的提升有着重要的政策启示。

第五章

要素市场扭曲如何影响产业技术创新产出?

本章主要考察要素市场扭曲对技术创新产出的影响,即本书 FCPP 理论框架中要素市场扭曲 (F, Factor Market Distortion) 与技术创新绩效 (P, Performance) 之间的关系。[①] 将沿着以下思路探讨四个问题: (1) 通过梳理相关领域的文献,归纳要素市场扭曲影响技术创新绩效的机理; (2) 将要素市场扭曲纳入技术创新产出函数,运用柯布-道格拉斯生产函数构建一个计量模型考察要素市场扭曲对高技术产业技术创新产出的影响,以验证理论分析的结论; (3) 运用面板分位数估计方法,考察在技术创新绩效不同分位数的地区,要素市场扭曲的影响程度是否存在差异; (4) 探讨要素市场扭曲对规模等特征不同企业技术创新绩效的影响程度是否存在差异。

第一节 引言

大量文献对影响或者抑制我国企业技术创新绩效的因素进行了探索,研究发现,企业规模 (杰弗逊 et al., 2006; 吴延兵, 2006)、技术机会 (吴延兵, 2006)、产权制度 (方军雄, 2007; 吴延兵, 2009) 和市场化进程 (成力为和孙玮, 2012; 戴魁早和刘友金, 2013) 等都是影响产业技术创新绩效的重要因素。但是,已有研究未注意到中国各地区普遍存在的要素市场扭曲的可能影响。众所周知,作为要素的研发资金与人力,其

---

① 本章主要由戴魁早和刘友金 (2016b) 的论文《要素市场扭曲如何影响创新绩效》(载《世界经济》2016 年第 11 期,人大复印资料《产业经济》2017 年第 1 期全文转载) 修改和完善而成。

聚集、配置和流动都是在要素市场上进行的，因而，要素市场的发育程度或者扭曲程度会对企业创新绩效产生直接且重要的影响。

为此，本章试图在相关领域已有文献的基础上，梳理和归纳出要素市场扭曲影响技术创新绩效的机理，并将要素市场扭曲纳入到技术创新产出函数分析框架，实证考察要素市场扭曲如何影响高技术产业技术创新绩效。本章的主要贡献有：（1）从理论和实证两个层面探讨了要素市场扭曲与技术创新绩效之间的关系，这丰富了技术创新绩效的研究视角，是对现有研究的有益补充。（2）运用面板分位数估计方法，考察在技术创新绩效不同分位数的地区，要素市场扭曲的影响程度是否存在差异，这丰富了技术创新绩效的研究内容。（3）对于不同特征的企业而言，技术创新绩效的高低可能会有些区别。为此，本章考察了在规模、外向度、经济绩效和技术密集度等特征不同的企业中，要素市场扭曲对创新绩效的影响是否存在差异；并运用门槛检验方法，回答了各地区是否可以通过改变企业特征来规避要素市场扭曲可能对技术创新绩效产生的抑制效应。

第二节　要素市场扭曲对产业技术创新产出的影响机理

一　要素市场扭曲对技术创新产出的影响

通过对已有价格扭曲和市场分割等领域文献的回顾和梳理，以及第四章的相关研究，可以归纳出要素市场扭曲影响企业或者产业创新产出的机理。

首先，要素市场扭曲形成的资源误置效应阻碍企业或者产业创新产出水平的提升。一方面，地方保护所形成的要素市场分割抑制了创新资源在地区之间的自由流动，阻碍了创新资源跨地区转移到相对高效的研发项目，削弱了市场机制对要素资源的优化配置功能（李善同，2004），进而抑制创新活动产出水平的提高。另一方面，要素价格扭曲则会导致要素价格信号失真，市场无法根据价格信号实现要素资源的最优配置，造成了资本和劳动力等要素使用的低效率（银温泉和才婉茹，2001；罗德明等，2012；毛其淋，2013），进而抑制了企业生产效率或者创新产出水平的提升。第四章的研究进一步发现，要素市场扭曲会抑制产业创新效率的提高；进而可能对创新产出产生负向影响。

其次，要素市场扭曲条件下滋生的寻租关系不利于企业或者产业创新产出水平的提升。在政府控制劳动力和资本等关键要素定价权和分配权的情况下，企业通过与政府建立某种寻租联系就能够以较低成本获得生产过程中稀缺的要素（包括减免税收、税收返还、补贴和人才引进政策等），从而获得超额利润或寻租收益（张杰等，2011a）。而寻租关联带来的额外收益会抑制关联企业自身能力建设的动力（杨其静，2011），使得关联企业通过创新活动或者提高创新效率获得利润的动机受到削弱（Boldrin和 Levine，2004；张杰等，2011a），结果导致企业相对较低全要素生产率或者创新效率（聂辉华和贾瑞雪，2011）。

最后，要素市场扭曲对技术水平的锁定效应也抑制企业或者产业创新产出水平的提升。要素市场扭曲容易造成企业的技术水平锁定：一方面，要素市场扭曲抑制了企业研发投入的增长（张杰等，2011a；郑振雄和刘艳彬，2013；李平和季永宝，2014），这不利于企业生产技术水平的提高。另一方面，作为要素市场组成部分的技术市场，其价格扭曲或市场分割都会阻碍企业或者产业的技术进步；理由是，较高的价格不利于新技术的运用和推广，进而阻碍新技术的扩散及溢出；而较低的价格则无法补偿企业新技术的研发支出，会削弱企业新技术研发的动力，这也会阻碍技术水平的提高；此外，技术市场分割则通过阻碍先进技术的跨地区流动和扩散（孙早等，2014），抑制着企业或产业整体技术水平的提高。众所周知，效率的提高源于技术的进步，而要素市场扭曲从以上两个方面对技术进步的抑制，最终会阻碍企业或产业创新产出水平的提升。

综上所述，有假说 5.1：要素市场扭曲抑制我国高技术产业创新产出水平的提升。

二　要素市场扭曲对不同特征企业技术创新产出的影响

以上理论分析表明，要素市场扭曲抑制了企业或者行业创新产出水平的提升。然而，理论上这种抑制效应的程度可能还会受到企业特征的影响。大量研究表明，在规模、外向度、经济绩效和资本密集度等特征不同的企业中，创新产出的能力都存在明显的差异。因而，在相同的要素市场扭曲环境中，不同特征企业或者行业的创新产出水平也会表现得有所不同。

第一，要素市场扭曲的创新绩效抑制效应可能会受到企业规模的影响。熊彼特的创新理论认为，企业规模越大，越有可能产生规模经济效应。在创新活动及创新过程中，较大规模的企业越有可能产生创新的规模经济效应，因而可能有着较高的创新绩效。大量经验研究的结论表明，企业规模对专利数量、专利被引用次数和新产品销售收入等创新产出均有显著正影响（杰弗逊等，2006；布兰德尔等，1999；盖尔，2001；戴魁早和刘友金，2013）。因而，在相同的要素市场扭曲环境中，相对于规模较小企业来说，规模越大企业的创新绩效可能更高。基于此，有待检验的假说 5.2：在规模较大的高技术企业中，要素市场扭曲的创新绩效抑制效应要低些。

第二，企业外向度是影响要素市场扭曲的创新效应的重要因素。对于参与国际贸易的高技术企业来说，具备融入国际分工体系的优势，拥有获取竞争性中间投入品的渠道以及较低的沉没成本，因而能够从国际分工中获得更多的利益（Gorg 等，2008）；同时，较高的外向度意味着企业会面临的国际市场竞争越激烈（刘海云和唐玲，2009），这样的竞争会激励着企业不断提高创新效率以获得或保持国际竞争优势。因而，在相近的要素市场扭曲环境中，相对于外向度较低的高技术企业来说，较高外向度的企业会有较高的创新绩效。基于此，在这里提出如下有待检验的假说 5.3：在外向度较高的高技术企业中，要素市场扭曲对创新绩效的抑制效应要小些。

第三，企业经济绩效的好坏对要素市场扭曲的创新效应可能也会产生重要的影响。这是因为，经济绩效较好的高技术企业有能力采用更先进的技术和设备，也能够为员工提供更好的工作环境和福利（杰弗逊等，2006；吴延兵，2006），这两个方面都有助于企业生产效率和创新效率的提高（戴魁早和刘友金，2013）；而创新绩效的提高反过来也会促进企业经济绩效的进一步提高。因而，在相同的要素市场扭曲环境中，相对于经济绩效较差的企业来说，经济绩效较好企业的创新产出水平也会较高。基于此，有待检验的假说 5.4：在经济绩效较好的高技术企业中，要素市场扭曲对创新产出的抑制程度会低些。

第四，要素市场扭曲对创新绩效的抑制效应，可能还会受到企业技术密集度的影响。相对于低技术密集度企业来说，技术密集度（或资本密度）较高的企业，其产品的生产技术复杂程度更高（文东伟和冼国明，2009）；即便以价值链分工形式将部分非核心的生产环节外包出去，其产品生产的复杂程度也会高于技术密集度较低的产品。在研发新产品过程中（即新思想产生—中试成果—形成新技术—形成新产品的整个过程），复杂程度越高的产品，创新过程的风险程度会更高，创新成功的难度会越大，新产品成功的概率也会越低（柳卸林，2014），因而其创新产出的水平会越低。可见，在要素市场扭曲相似的条件下，技术密集度较高的企业，其创新绩效水平会较低，由此有假说5.5：在技术密集度较高的企业中，要素市场扭曲对创新产出的抑制程度会更高。

第五，企业的所有制性质对要素市场扭曲的创新效应也可能有着重要的影响。这是因为，对于中国这样市场经济尚不成熟的国家而言，产权制度和产权结构是影响创新效率的特殊因素；如鲍莫尔（2002）等研究表明，在一个软预算约束框架下，集权对创新效率的提高起作阻碍作用；杰弗逊等（2006）以及吴延兵（2006，2008）的研究结果也显示，国有企业产权过于集中不利于创新效率的提高；而且姚洋和章奇（2001）以及张等（2003）的研究发现，相对于其他类型的所有制企业来说，国有产权企业的创新效率最低。可见，在要素市场扭曲相似的条件下，国有产权的高技术企业的创新产出水平会较低。由此有假说5.6：在国有产权的企业中，要素市场扭曲对创新产出的抑制程度会更高，或者，随着国有产权比重的下降，要素市场扭曲对创新产出的抑制程度也会降低。

第六，要素市场扭曲对创新产出的抑制程度可能会受到企业市场势力的影响。企业如果市场势力过大，缺乏竞争将会导致企业缺乏研发投入和提高研发活动效率的动力；反过来，企业如果市场势力太低，激烈的竞争可能会对企业产生研发投入资源的约束，不利于企业技术进步，进而会促进企业的研发效率和创新产出。大量的研究证实了市场力量与创新产出数量之间存在这种非线性的倒U型关系（盖尔，2001；戴魁早，2013）。可见，在要素市场扭曲相似的条件下，不同市场势力的高技术企业，其创新产出水平也会存在差异。由此有假说5.7：要素市场扭曲的创新产出抑制效应与高技术企业的市场势力存在倒U型的关系。

第七，企业的生产效率对要素市场扭曲的创新效应也可能有着重要的影响。这是因为，生产效率较高企业的产品成本较低，成本优势明显，产品具有显著的竞争优势，因而企业经济绩效会好于生产效率较低的企业；同时，高生产率也意味着企业具有较高的管理效率以及生产、研发活动的效率；这些方面都有助于企业创新产出水平的提高（戴魁早和刘友金，2013a，2013b），反之亦然。可见，在要素市场扭曲相似的条件下，生产效率较高的企业，其创新产出水平也会较高。由此有假说5.8：在生产效率较高的企业中，要素市场扭曲对创新产出的抑制程度会低些。

第三节　要素市场扭曲对产业技术创新产出的总体影响

一　计量模型

为了检验前文的假说，借鉴国内外相关领域实证文献的通常做法（杰弗逊等，2006；吴延兵，2006；戴魁早和刘友金，2013b），用柯布-道格拉斯函数形式来定义高技术产业的创新产出函数：

$$Y_{it} = A_{it}(FMD_{it})F(K_{it}, L_{it}) = A_{it}(FMD_{it})K_{it}^{\alpha}L_{it}^{\beta} \qquad (5.1)$$

式（5.1）中，下标 i 表示地区，t 表示时间。Y_{it} 表示创新产出（即新产品产出或者专利产出），创新产出是创新资本投入（K_{it}）和创新人力投入（L_{it}）的函数；α 和 β 分别是两者的指数，$\alpha+\beta<1$ 说明省际高技术产业创新活动的投入产出不存在规模经济，而 $\alpha+\beta>0$ 则表示存在规模经济。A_{it} 代表创新效率，它反映了其他因素（除了 R&D 资本和 R&D 人力之外）对创新产出的贡献，是要素市场扭曲的函数。根据前文的理论分析，要素市场扭曲还可以通过企业特征等其他途径影响着高技术产业创新效率 A_{it} 的变化。这样，本章将 A_{it} 定义为如下的自然生产率形式：

$$A_{it} = Ae^{\rho FMD_{it}+\phi X_{it}+\lambda_i+\varepsilon_{it}} \qquad (5.2)$$

上式中，FMD_{it} 表示要素市场扭曲指数，反映各地区要素市场扭曲程度的高低；X_{it} 为影响创新效率 A_{it} 的其他因素，主要包括企业特征、技术溢出和市场化进程等因素。λ_i 是不可观测的地区效应，ε_{it} 为随机扰动项。将式（5.2）代入式（5.1），并取自然对数，得到如下的计量模型：

$$\ln Y_{it} = \ln A + \rho FMD_{it} + \phi X_{it} + \alpha \ln K_{it} + \beta \ln L_{it} + \lambda_i + \varepsilon_{it} \qquad (5.3)$$

上式中，X_{it} 代表影响高技术产业创新效率 A_{it} 的控制变量；根据创新领域的相关文献，本章的控制变量①由企业规模②、外向度、企业绩效和技术密集度等重要企业特征变量，以及反映新技术溢出效应的技术市场交易量、知识产权保护和市场化程度构成③。理由是：（1）规模等企业特征变量是影响企业创新产出的重要因素（具体见本章理论部分的分析）。（2）新技术的应用所带来的溢出效应（或者扩散效应）可以推动技术水平的提高（柳卸林等，2014），进而能够提升高技术产业的创新产出。（3）知识产权保护的改善可以为企业 R&D 活动提供良好的制度环境（樊纲等，2011），是影响中国企业创新效率的重要因素（李平等，2007；Lin 等，2010；胡凯等，2012）；因而有助于高技术产业创新产出水平的提高。（4）对正处于经济体制转型过程中的发展中国家——中国来说，产业创新产出水平的提高还可能是由其以市场化为导向的制度改革与完善所带来的（杰弗逊 et al.，2006；吴延兵，2006；成力为、孙玮，2012）；而成力为和孙玮（2012）、戴魁早和刘友金（2013b）等的经验研究发现，市场化程度的提高促进了我国产业创新产出的增长。

二　变量选取与数据说明

本章变量的定性描述如表 5.1 所示。要素市场扭曲（FMD）相关说明

---

① 影响技术创新产出的因素可能有很多，实证分析时很难将所有影响因素都包含进来，而且在计量模型中放入过多的影响变量也容易引致多重共线性问题。本章所采用固定效应模型，可以在一定程度上将未纳入因素的影响并入地区特征中。此外，本章稳健性检验时，会采用被解释变量的滞后项来涵盖这些未纳入因素的影响。

② 由于方法和数据的不同，企业规模与创新产出关系的实证研究结论不尽相同。具体来看，大致可以分为三类：一是"大企业创新产出更高论"，如盖尔（2001）的研究表明企业市场份额和企业规模对专利数量和专利被引用次数均有显著正影响。二是"小企业创新产出更高论"，如帕威特（1987）的研究表明小企业有更高的创新产出。三是"不确定论"，如弗雷曼和索伊特（1997）也认为，小企业在进入成本低、资本密集度低的产业中创新份额较大，而在资本密集度高的产业中创新份额较小；吴延兵（2006）也证实，企业规模对我国制造业的创新产出（专利数量或者新产品销售收入）并不确定。

③ 本章的控制变量多于第四章，主要基于如下考虑：一是第四章有被解释变量滞后项，能够反映遗漏变量的信息；二是本章的计量模型设定被解释变量滞后项的理论依据不充分，因而需要尽量多地纳入解释变量。此外，市场化进程所包含的信息也多于第四章的非国有经济发展。

和结果见第二章，企业规模（SIZE）、企业外向度（DOP）、企业绩效（EPER）和技术密集度（TID）、知识产权保护（IPP）和技术溢出（TSP）等变量与第四章一致，其他变量选取说明如下。

创新产出（LNPS）。主要表现在新产品产出和专利产出等方面（吴延兵，2006），专利产出为直接衡量指标，新产品产出为间接指标。在这里，选取新产品产出为被解释变量，并将专利产出作为稳健性检验时的衡量指标。一般来说，新产品产出包括新产品销售收入和新产品产值两个指标，新产品产值没有包含价格信息，因而能够更好地符合计量模型自然生产率的设定。因此，本章选取新产品产值作为创新产出的衡量指标（依据本章计量模型的设定，取自然对数）。

研发资本投入（LRDK）。鉴于创新产出是由研发资本存量和人力投入共同生产，本章的研发资本投入与第三章的研发资本投入存在区别，第三章研发资本投入是流量（LnRDK 表示），体现了当年研发资本的投入量；而本章的研发资本是存量，反映了以往年份投入且当年还没折旧完的资本的资本。而关于研发资本存量则采用第四章测算创新效率时，采用永续盘存法计算的研发资本存量来反映。研发人力投入（LRDL）也采用第四章测算创新效率时使用的指标（依据计量模型的设定，两者需取自然对数值）。

市场势力（POM）。由于市场势力与创新产出之间可能存在非线性的倒 U 型关系，因而为了考察市场势力与高技术产业创新效率的倒 U 型关系，本章用陈和帕斯秋尔（Cheung&Pascual，2004）建立的测量勒纳指数方法来测算，即 $POM_{it} = (VA_{it} - W_{it}) / F_{it}$；其中，POM 为勒纳指数，W 为劳动力成本（即工资水平），VA 为增加值，F 为总产值，i 代表地区；并用 POM2 来表示 POM 的平方项。

产权制度（OWN）。由于缺乏国有产权比重的衡量指标，在这采用地区国有高技术企业的产值占地区高技术总产值之比来间接反映。

劳动效率（LEF）。参考国内大多数研究的做法（杰弗逊 et al.，2006；吴延兵，2006），用地区高技术大中型企业的产值与从业人员数的比值反映。

市场化程度（MAR）。借鉴国内大多数研究的做法（方军雄，2006，2007；樊纲等，2011；陈凌和王昊，2013），采用中国经济改革研究基金会国民经济研究所（樊纲等，2011）编制的中国市场化进程指数①（简称"市场化指数"）来刻画。

表 5.1　　　　　　　　　　　变量的定性描述

变量类型	符号	含义	度量指标及说明	单位	预期符号
被解释变量	LNPS	新产品产出	各地区高技术产业的新产品产值反映	亿元	—
核心解释变量	FMD	要素市场扭曲	根据要素市场发育程度指数测算	%	-
	LRDK	研发资本存量	永续盘存法测算的研发资本存量值	亿元	+
	LRDL	研发人力投入	R&D 活动人员折合全时当量值	人时	+
企业特征变量	SIZE	企业规模	企业销售收入、固定资产和人员数算术平均值	—	不确定
	DOP	外向度	企业出口交货值占总产值的比重	%	+
	EPER	经济绩效	企业利税总额占总销售收入的比重	%	不确定
	TID	技术密集度	根据资本化指数测算	%	+
	OWN	产权制度	国有高技术企业产值占地区总产值的比重	%	-
	POM	市场势力	依据陈和帕斯秋尔（2004）勒纳指数法测算	%	不确定
	LEF	劳动效率	地区高技术企业的产值与从业人员之比	—	+
其他控制变量	IPP	知识产权保护程度	根据各地区产权保护指数测算	分	+
	TSP	技术溢出	各地区技术市场交易总量占 GDP 的比重	%	+
	MAR	市场化程度	以各地区的市场化进程总指数反映	分	+

本章的样本期与前面章节一致，为 1997—2009 年。数据主要来源于

---

① 相对于其他的指标而言，中国市场化进程指数具有如下优势：它是对经济转轨过程中的市场化程度的测度，而不是对"国际竞争力"或"经济自由度"的测度；它的指标体系设置针对我国各地区，获取的资料上具有优势，不仅具有较长期间的数据，而且包括各个地区的明细数据（方军雄，2006）。正是由于该指数能够更为准确地反映我国的市场化进程，在实证研究上得到了较为广泛的应用（夏立军和方轶强，2005；方军雄，2006；樊纲等，2011）。

《中国统计年鉴》《中国高技术产业统计年鉴》《中国市场化指数》以及中经网统计数据库。市场化指数来源于《中国市场化指数》相关年度，其他数据来源于《中国高技术产业统计年鉴》相关年度。在数据处理过程中，为了减轻异常值（或称离群值）对估计结果的影响，本章对所有连续变量均进行缩尾处理，变量描述统计结果如表5.2所示。

图5.1和图5.2的散点图显示，要素市场扭曲指数与我国高技术产业新产品产出和专利产出都存在明显的反向变动特征，二者的负相关关系十分明显，表明了要素市场扭曲程度越高，创新产出水平越低，这很可能意味着要素市场扭曲程度的降低有利于新产品产出和专利产出的增长。这与前文假说5.1的理论预期相符。接下来，将通过计量分析从总体状况、区域差异和企业差异三个层面揭示要素市场扭曲对创新产出的影响。

表 5.2　　　　　　　　　　　主要变量的描述统计

变量	均值			观测值	标准差	最小值	中位数	最大值
	全国	"入世"前	"入世"后	全国				
LNPS	12.371	11.523	12.902	377	2.689	3.714	12.561	16.997
FMD	0.659	0.754	0.599	377	0.185	0.119	0.694	0.940
LRDL	7.475	7.131	7.689	377	1.831	2.303	7.854	10.997
LRDK	11.913	9.554	12.643	377	3.195	3.624	12.012	18.845
SIZE	1.070	0.635	1.341	377	0.767	0.114	0.871	3.618
DOP	0.192	0.149	0.218	377	0.191	0.000	0.102	0.726
EPER	0.061	0.048	0.069	377	0.043	-0.088	0.056	0.192
TID	1.183	0.715	1.475	377	0.743	0.298	0.985	4.523
OWN	0.360	0.458	0.286	377	0.296	0.014	0.998	0.261
POM	0.541	0.558	0.536	377	0.178	0.124	0.548	0.983
LEF	0.314	0.163	0.409	377	0.255	0.026	0.245	1.365
IPP	4.821	1.826	6.211	377	7.108	0.008	1.741	41.120
TSP	0.692	0.607	0.760	377	1.031	0.000	0.343	0.922
MAR	5.857	4.393	6.772	377	2.094	2.010	5.490	11.390

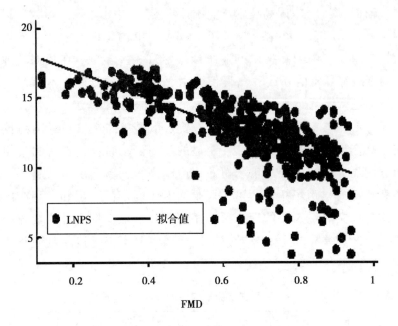

图 5.1   要素市场扭曲与新产品产出散点图

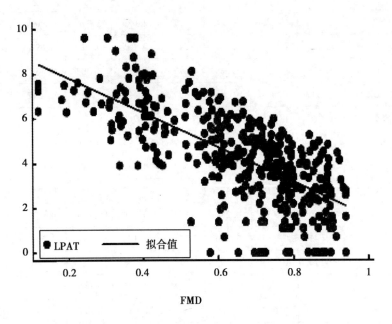

图 5.2   要素市场扭曲与专利产出散点图

三 实证检验与结果分析

由于影响创新产出的因素很多，因而在选取控制变量时可能会遗漏一些变量。为了尽可能降低遗漏变量问题所产生的影响，本节将遵循计量经济学中"从一般到特殊"的正确建模原则①（李子奈，2008），即首先以包含全部控制变量的整体回归模型作为分析对象，对式（5.3）进行"一般性"实证检验，在确定要素市场扭曲对创新效率的具体影响后，再采用在基本控制变量基础上依次添加其他控制变量的"特殊性"方法进行参数估计，以专门考察各控制变量对这种影响的冲击情况。

（一）初步估计的结果分析

加入 WTO 是我国要素市场进一步发育的重大标志，因而"入世"前后我国各地区要素市场扭曲程度可能存在较大差异，其对创新产出的贡献可能也会受到影响。因此，为了考察"入世"前后的市场化进程对创新绩效的影响是否有差异，本章对"入世"前（1997—2001 年）和"入世"后（2002—2009 年）作了分段估计。在对式（5.3）的面板数据模型进行回归时，模型的设置有固定效应（fixed effect）和随机效应（random effect）之分，Hausman 检验都拒绝了原假设（随机效应）；可见，本章的相关估计采用固定效应模型更为合适。为了克服可能存在的异方差问题，相关显著性检验基于组分（cluster）异方差稳健标准差完成，相关估计结果如表 5.3 所示（为了对比，表中列出了随机效应的估计结果）。

从表 5.3 的估计结果中不难发现，1997—2009 年间要素市场扭曲对创新产出显著为正，这说明在整个样本期，要素市场扭曲显著地抑制了高技术产业创新产出水平的提高。但是，分时间段的估计结果显示要素市场扭曲对创新产出的影响不显著且为正，这没有完全验证假说 5.1。此外，企业特征变量（企业规模和经济绩效等）、知识产权保护和市场化进程等控制变量对创新产出的预期影响也都没有得到印证。

---

① 从建模的"一般性"原则看，正确的思路应该是遵循"从一般到特殊"的原则，以能够包容所有经过约化得到的"简洁"模型作为总体模型的建模起点，即最初的模型应该包含所有对被解释变量产生影响的变量，尽管某些变量会因为显著性不高或者不满足正交性条件等原因在后来的约化过程中被排除，这样做无疑可以尽可能降低遗漏变量问题所产生的影响（李子奈，2008）。

表 5.3 　　　　　　　　总体估计结果

	1997—2009		1997—2001		2002—2009	
	模型1	模型2	模型3	模型4	模型5	模型6
LRDK	0.490 *** (11.12)	0.499 *** (11.34)	0.350 *** (4.34)	0.261 *** (2.99)	0.634 *** (6.99)	0.633 *** (6.83)
LRDL	0.158 *** (3.10)	0.127 ** (2.47)	0.128 (1.10)	0.176 (1.52)	0.183 *** (2.76)	0.179 ** (2.66)
FMD	−0.183 *** (−4.14)	−0.130 * (−2.09)	0.047 (0.53)	0.046 (0.45)	0.060 (0.74)	0.166 (1.52)
SIZE	0.010 (0.47)	0.033 (1.11)	0.182 *** (3.73)	0.138 *** (2.82)	−0.026 (−0.69)	−0.046 (−1.05)
DOP	0.002 (0.09)	0.006 (0.23)	0.005 (0.13)	0.005 (0.14)	−0.007 (−0.34)	0.001 (0.04)
EPER	0.372 * (2.17)	0.342 (0.13)	−0.461 (−0.45)	−0.437 (−0.40)	0.105 (0.09)	0.301 * (2.08)
TID	−0.003 (−0.25)	0.003 (0.18)	0.003 (0.13)	0.002 (0.10)	0.022 (1.64)	−0.060 (−0.78)
OWN	0.031 (1.11)	0.022 (0.63)	0.039 *** (4.05)	0.038 *** (3.65)	−0.302 ** (−2.37)	0.034 *** (3.60)
POM2	0.034 * (1.80)	0.044 ** (2.48)	0.050 (1.26)	0.034 (1.27)	0.078 * (1.96)	0.038 (1.08)
LEF	0.003 (0.09)	0.015 (0.37)	−0.000 (−0.01)	−0.060 (−1.29)	−0.038 (−1.20)	−0.060 (−1.60)
IPP	0.071 ** (2.35)	−0.053 ** (−2.23)	0.199 *** (2.82)	−0.083 ** (−2.20)	0.041 (0.84)	−0.002 (−0.05)
TSP	−0.005 (−0.11)	−0.083 (−1.17)	0.124 (1.50)	0.031 (1.11)	0.022 (0.63)	0.039 *** (4.05)
MAR	−0.163 (−0.07)	−0.210 (−0.86)	−0.091 (−1.53)	−0.056 (−1.00)	−0.060 (−1.03)	−0.088 (−1.28)
常数项	0.594 ** (2.59)	0.854 *** (3.50)	1.230 * (1.95)	0.844 (1.37)	0.680 ** (2.51)	0.814 *** (2.71)
估计方法	固定效应	随机效应	固定效应	随机效应	固定效应	随机效应
R²	0.798	0.783	0.584	0.627	0.722	0.729
F 统计值	37.65	30.44	17.10	16.22	20.30	14.69
观测值	377	377	145	145	232	232

　　注：（1）***、**、*分别表示统计值在1%、5%和10%的显著性水平下显著。（2）圆括号内的数值为 t 值。

（二）系统 GMM 方法的估计分析

　　初步估计结果似乎揭示了：要素市场扭曲总体上抑制了我国高技术产业创新产出水平的提高。但是分时间段的结论没有得到验证，并且企业特征等变量对创新产出的影响也没有得到完全的验证。不过，一些理论和实证研究成果发现，创新产出可能与研发投入等解释变量之间存在着相互影响的关系（杰弗逊 et al.，2006；吴延兵，2006，2008）；这说明，在表5.3 的估计中可能存在变量间的内生性问题，这会导致估计结果发生偏差，因而根据表 5.3 估计参数进行统计推断是无效的。针对这种可能存在的内生性问题，阿拿恩欧等（1995）建议采用 GMM 方法来克服。该方法的好处在于它通过差分或使用工具变量来控制未观察到的时间和地区效应，同时还使用前期的解释变量和滞后的被解释变量作为工具变量克服内生性问题。为了说明 GMM 方法的好处，在这将式（5.3）变形为如下的简化形式，即

$$LNPS_{i,\,t} = \phi FMD_{i,\,t} + \varphi Z_{i,\,t} + \tau_i + v_{i,\,t} \qquad (5.4)$$

式（5.4）中，$LNPS_{i,t}$ 是新产品产值（反映创新产出），$Z_{i,t}$ 为影响新产品产出的其他因素，τ_i 是不可观测的地区效应；$v_{i,t}$ 为随机扰动项。为了消除特定地区效应，对式（5.4）进行一次差分，即

$$LNPS_{i,\,t} + LNPS_{i,\,t-1} = \phi(FMD_{i,\,t} - FMD_{i,\,t-1}) + \varphi(Z_{i,\,t} - Z_{i,\,t-1}) + (v_{i,\,t} - v_{i,\,t-1}) \qquad (5.5)$$

从式（5.5）可以看出，它消除了不随时间变化的地区效应，但却包含了被解释变量的滞后项（$LNPS_{i,t} - LNPS_{i,t-1}$）。为了克服所有变量间的内生性问题以及新的残差项（$v_{i,t} - v_{i,t-1}$）与滞后的解释变量（$FMD_{i,t} - FMD_{i,t-1}$）之间的相关性，必须采用工具变量来进行估计。GMM 估计通过下面的矩条件给出工具变量集：

$$E[(v_{i,\,t} - v_{i,\,t-1})v_{i,\,t-s}] = 0;\ s \geqslant 2;\ t = 3, \cdots, T \qquad (5.6)$$

$$E[(v_{i,\,t} - v_{i,\,t-1})Z_{i,\,t-s}] = 0;\ s \geqslant 2;\ t = 3, \cdots, T \qquad (5.7)$$

$$E[(v_{i,\,t} - v_{i,\,t-1})FDM_{i,\,t-s}] = 0;\ s \geqslant 2;\ t = 3, \cdots, T \qquad (5.8)$$

上面的差分转换方法就是差分广义矩（Difference GMM）估计方法。但差分转换也有缺陷，它会导致一部分样本信息的损失；且如果解释变量在时间上有持续性时，工具变量的有效性将减弱，从而影响估计结果的渐进有效性。系统广义矩（System GMM）估计能够较好地解决这个问题，它能同时利用差分和水平方程中的信息，以及差分转换所用到的工具变量（布兰德尔等，1998），即式（5.7）和式（5.8）中的工具变量在系统方程估计中仍可继续使用。在观察不到的各地区固定效应与解释变量的差分［式（5.4）右边的变量］不相关的弱假设下，能够得到额外的矩条件，

从而给出系统中水平方程的工具变量集：

$$E[(v_{i,\,t-1} - v_{i,\,t-2})(\tau_i + v_{i,\,t})] = 0 \qquad (5.9)$$

$$E[(Z_{i,\,t-1} - Z_{i,\,t-2})(\tau_i + v_{i,\,t})] = 0 \qquad (5.10)$$

系统 GMM 由于利用了更多的样本信息，在一般情况下比差分 GMM 更有效。但这种有效性依赖于解释变量的滞后项作为工具变量是否有效。本章依据两种方法来识别模型设定是否有效：第一种是采用汉森检验来识别工具变量的有效性，如果不能拒绝零假设就意味着工具变量的设定是恰当的；第二种是检验残差项非自相关假设，即检验 GMM 回归系统中差分的残差项是否存在二阶序列自相关。系统 GMM 可以分为一步估计和两步估计，两步估计结果对异方差和截面相关性具有较强的稳健性，因而在一般情况下，两步估计都优于一步估计。基于此，本章还是主要依据两步系统 GMM 的估计结果进行分析，结果如表 5.4 所示（便于对比，表中列出了一步系统 GMM 的估计结果）。

表 5.4 中模型 1、模型 3 和模型 5 为不同时间段的两步估计结果，模型 2、模型 4 和模型 6 为一步估计的结果。容易看出，两步系统 GMM 估计结果的残差序列相关性检验和汉森过度识别检验的结果，说明了模型设定的合理性和工具变量的有效性，且估计系数大部分都显著。比较而言，一步系统 GMM 估计结果的系数显著性明显低于两步估计，因而本章根据两步估计的结果进行分析。表 5.4 不同时间段的回归结果都显示，要素市场扭曲对创新产出的影响系数始终显著为负，并且各变量的系数方向基本相同并且变化不大，这表明估计结果具有稳健性。可见，要素市场扭曲显著地抑制了我国高技术产业创新产出水平的提高，这验证了假说 5.1。这也意味着，要素市场扭曲改善有助于提升高技术产业的创新产出水平。

表 5.4   系统 GMM 方法的估计结果

	1997—2009		1997—2001		2002—2009	
	模型 1	模型 2	模型 3	模型 4	模型 5	模型 6
LRDK	0.274 *** (6.08)	0.258 *** (3.57)	0.352 *** (4.12)	0.214 * (1.89)	0.173 ** (2.43)	0.210 ** (2.72)
LRDL	0.432 *** (5.27)	0.480 *** (4.93)	0.384 *** (3.20)	0.618 *** (4.38)	0.639 *** (9.86)	0.652 *** (5.90)
FMD	−0.156 * (−1.90)	−0.160 * (−1.73)	−0.201 *** (−3.86)	−0.163 *** (−6.07)	−0.188 ** (−2.28)	−0.091 (−1.53)
SIZE	0.118 ** (2.47)	0.129 (0.31)	0.082 * (2.03)	0.138 (0.82)	0.226 *** (2.69)	0.116 (1.35)

续表

	1997—2009		1997—2001		2002—2009	
	模型 1	模型 2	模型 3	模型 4	模型 5	模型 6
DOP	0.171 *** (3.21)	0.144 ** (2.33)	0.160 *** (5.67)	0.017 (0.41)	0.134 *** (4.69)	0.148 *** (6.23)
EPER	0.017 (0.19)	0.105 (0.62)	−0.009 (−0.18)	−0.160 (−1.31)	0.172 (1.18)	−0.182 (−0.48)
TID	−0.213 *** (−3.25)	0.042 (0.91)	−0.079 * (−2.13)	0.019 (0.95)	−0.091 (1.39)	−0.039 (−1.29)
OWN	−0.131 ** (−2.21)	0.122 (0.21)	−0.039 *** (−4.05)	−0.038 (−0.65)	−0.302 (−0.37)	0.052 (0.60)
POM2	−0.234 * (−1.80)	0.044 ** (2.48)	−0.250 *** (−3.26)	−0.134 (1.27)	−0.378 * (−1.96)	0.038 (1.08)
LEF	0.071 *** (3.17)	0.342 (0.13)	0.161 * (1.95)	0.437 (0.40)	0.305 * (2.09)	0.184 (1.21)
IPP	0.038 ** (2.35)	0.069 (0.23)	0.019 ** (2.63)	−0.052 (−0.34)	0.086 *** (2.84)	−0.029 (−0.64)
TSP	0.125 (0.91)	0.034 (1.02)	0.104 *** (3.03)	0.046 (1.31)	0.107 ** (2.77)	0.059 (1.67)
MAR	0.262 *** (5.22)	0.245 (1.02)	0.122 ** (2.86)	0.028 (1.04)	0.316 * (1.95)	0.206 *** (5.79)
估计方法	两步系统 GMM	一步系统 GMM	两步系统 GMM	一步系统 GMM	两步系统 GMM	一步系统 GMM
观测值	377	377	145	145	232	232
AR（1）检验值［p］[a]	−2.129 [0.033]	−2.155 [0.031]	−2.149 [0.032]	−2.059 [0.039]	−2.129 [0.033]	−2.073 [0.038]
AR（2）检验值［p］[b]	−0.885 [0.376]	−0.814 [0.416]	−0.939 [0.348]	−0.806 [0.420]	−0.930 [0.353]	−0.820 [0.412]
汉森检验值［p］[c]	17.012 [1.000]	—	16.093 [1.000]	—	20.606 [1.000]	—

注：（1）***、**、*分别表示统计值在1%、5%和10%的显著性水平下显著。（2）圆括号内的数值为 t 值；方括号内的数值为概率 p 值。（3）a 零假设为差分后的残差项不存在一阶序列相关［若差分后的残差项存在一阶序列相关，系统 GMM 依然有效，参见罗德曼（2006）］；b 零假设为差分后的残差项不存在二阶序列相关（若差分后的残差项存在二阶序列相关，则系统 GMM 为无效）；c 为汉森检验的零假设为过度识别约束是有效的。（4）考虑到样本观察值的有限性，这里以解释变量的一阶滞后值作为工具变量。（5）GMM 方法所用的软件包是 stata /MP 11.0，所用的程序是 xtabond2。

　　从"入世"前后看，要素市场扭曲"入世"前的系数显著为负，值为 −0.201（见模型3）；"入世"后的系数值也显著为负，值为 −0.188（见模型5）；这表明，"入世"后要素市场扭曲对高技术产业创新产出的负向影响下降了，但下降幅度不。这也说明，"入世"后要素市场的发展有利于高技术产业创新产出的提高，但是效果并不显著。这种结果的可能原因是，加入 WTO 以后，各地区要素市场扭曲程度（包括价格扭曲和市场分割程度）的降低便利了 R&D 资源在要素市场的合理流动，更加真实和灵敏要素价格信号更好地引导 R&D 要素在企业间或项目间的转移调整，而且"入世"后更激烈的国际市场竞争也激励着企业不断地提高创新活动的效率，这三个方面的影响促进了高技术产业创新产出水平的提高。但是，由于要素市场扭曲与创新产出之间可能的非线性关系，"入世"后要素市场扭曲程度的改善对高技术产业创新效率的提升效果并不显著；而这种非线性关系可能源于要素市场的发展对创新产出的促进作用存在着边际效应递减规律，即随着要素市场的发展或改善要达到一个临界点后，才能显著地降低要素市场扭曲对创新产出的抑制效应。

此外，企业特征等控制变量也是影响我国高技术产业创新产出的重要因素。表 5.4 的结果显示：首先，企业规模（SIZE）、外向度（DOP）和劳动效率（LEF）对创新产出的影响系数显著为正，表明高技术企业规模的适当扩大以及外向度和劳动效率的提高能够促进产业创新产出的增长；这与理论预期相符，也验证了国内外相关的研究结论（杰弗逊等，2006；吴延兵，2006；戴魁早和刘友金，2013a，2013b）。其次，技术密集度（TID）和所有制（OWN）对新产品产出的影响系数显著为负，说明高技术企业技术密集度和国有比重的提高不利于创新产出水平的提升；而市场势力二次项（POM2）的系数显著为负则表明，市场势力过大或者市场竞争过于激烈都不利于高技术企业创新产出水平的提高。再次，经济绩效（EPER）对创新产出的影响系数不显著为正，表明经济绩效的好坏并没有显著改变高技术企业的创新产出，这与吴延兵（2006）的研究结论一致。究其原因，可能在于：较好的经济绩效虽然有利于提高企业的技术水平和管理水平，但也可能导致企业缺乏动力去提升创新效率（吴延兵，2006），结果是，经济绩效较好的企业并没有显著提高其创新产出水平。最后，知识产权保护（IPP）、技术溢出（TSP）和市场化进程（MAR）的系数都显著为正，表明了这些控制变量都是影响我国高技术产业创新产出的重要因素，这与理论预期相符，也验证了国内外的相关研究结果（李平等，2007；Lin 等，2010；胡凯等，2012；成力为和孙玮，2012；戴魁早和刘友金，2013b）。

（三）分步估计的结果分析

在验证假说5.1成立的基础上，接下来将通过依次添加控制变量的方式进行"特殊性"分析，以考察各控制变量对要素市场扭曲的创新效应产生了怎样的影响。从表5.5的两步系统GMM方法的估计结果可以看出，模型1—模型11的残差序列相关性检验和汉森过度识别检验结果表明了模型设定的合理性和工具变量的有效性。从系数的显著程度来看，除了经济绩效和产权制度变量不显著之外，其他变量的系数大多在10%水平上显著，而且随着控制变量的逐步引入，控制变量的符号均保持不变，且无异常波动，这表明估计结果具有稳健性，所选的控制变量大多对高技术产业创新产出都具有重要的影响。

从表5.5中模型2—模型4可以看出，依次引入企业规模（SIZE）、外向度（DOP）和企业绩效（EPER）三个特征控制变量后，要素市场扭曲的系数值依次分别由-0.341变为-0.273、-0.227和-0.211，负值的绝对值显著变小了，而且三个特征变量系数都显著为正。这说明，上述企业规模、外向度和企业绩效三个因素不仅有助于高技术产业创新产出的提高，而且在规避要素市场扭曲对创新产出的抑制效应方面也发挥着积极的促进作用。这些结论支持盖尔（2001）、吴延兵（2009）关于"企业规模对创新产出的影响"结论，即大企业由于资金实力雄厚、人员素质和管理水平较高，并且存在着规模经济和范围经济，因而其创新产出水平也更高；也支持"企业外向度以及企业绩效对创新产出影响"的相关结论（杰弗逊等，2006；吴延兵，2006；戴魁早和刘友金，2013b），即外向度较高和经济绩效较好的企业，创新产出水平也较高。

表5.5的模型5是引入技术密集度变量（TID）后的估计结果，显而易见，技术密集度在5%的显著水平上与创新产出负相关，而且要素市场扭曲的系数由-2.11变为-0.278，负值的绝对值变大了。这样的结论，既表明技术密集度较高的企业创新产出水平较低，又说明较高的技术密集度强化了要素市场扭曲对高技术企业创新产出的抑制效应。这支持了戴魁早和刘友金（2013b）关于"技术密集度抑制创新产出"的结论，也在一定程度上验证了假说5.5。

表 5.5　两步系统 GMM 分步估计的结果

	模型 1	模型 2	模型 3	模型 4	模型 5	模型 6	模型 7	模型 8	模型 9	模型 10	模型 11
LRDL	0.179*** (2.90)	0.185*** (3.08)	0.197*** (3.22)	0.162*** (2.62)	0.171*** (2.76)	0.170*** (2.70)	0.169*** (2.69)	0.168** (2.56)	0.170*** (2.70)	0.169*** (2.69)	0.274*** (6.08)
LRDK	0.631*** (11.04)	0.540*** (9.10)	0.552*** (9.12)	0.512*** (8.30)	0.489*** (7.84)	0.488*** (7.76)	0.465*** (7.03)	0.464*** (6.70)	0.488*** (7.76)	0.465*** (7.03)	0.432*** (5.27)
FMD	-0.341*** (-4.56)	-0.273** (-2.15)	-0.227* (-1.95)	-0.211* (-1.79)	-0.278** (-2.05)	-0.291* (-1.66)	-0.290* (-1.86)	-0.237* (-1.83)	-0.201* (-1.79)	-0.176*** (-2.86)	-0.156* (-1.90)
SIZE	—	0.143*** (4.43)	0.126*** (3.45)	0.114*** (3.12)	0.092** (2.43)	0.184*** (2.93)	0.134*** (3.22)	0.185** (2.21)	0.192* (2.09)	0.162*** (2.65)	0.118** (2.47)
DOP	—	—	0.091* (2.00)	0.045*** (2.77)	0.043*** (3.12)	0.048*** (3.65)	0.051** (2.52)	0.043** (2.47)	0.058*** (2.65)	0.094*** (3.58)	0.171*** (3.21)
EPER	—	—	—	0.081 (1.62)	0.086* (1.72)	0.063 (1.46)	0.052 (1.28)	0.069 (0.65)	0.055 (0.84)	0.062 (1.62)	0.017 (0.19)
TID	—	—	—	—	-0.049** (-2.08)	-0.078** (-2.06)	-0.086* (-1.96)	-0.095* (-1.92)	-0.149** (-2.32)	-0.141* (-2.12)	-0.213*** (-3.25)
OWN	—	—	—	—	—	-0.091* (-1.96)	-0.168 (-1.39)	-0.102** (-2.15)	-0.125 (-1.39)	-0.129 (-1.12)	-0.131** (-2.21)
POM2	—	—	—	—	—	—	-0.243* (-2.12)	-0.185*** (-3.08)	-0.148 (-1.59)	-0.208*** (3.18)	-0.234* (-1.80)

续表

	模型 1	模型 2	模型 3	模型 4	模型 5	模型 6	模型 7	模型 8	模型 9	模型 10	模型 11
LEF	—	—	—	—	—	—	—	0.183*** (2.76)	0.097*** (3.92)	0.118* (1.86)	0.071*** (3.17)
IPP	—	—	—	—	—	—	—	—	0.056*** (4.18)	0.049*** (3.93)	0.038** (2.35)
TSP	—	—	—	—	—	—	—	—	—	0.197 (1.65)	0.125 (0.91)
MAR	—	—	—	—	—	—	—	—	—	—	0.262*** (5.22)
观测值	377	377	377	377	377	377	377	377	377	377	377
AR (1) 值 [p]ᵃ	-1.64 [0.101]	-1.89 [0.059]	-1.60 [0.109]	-1.63 [0.094]	-2.10 [0.036]	-1.96 [0.051]	-3.16 [0.002]	-3.20 [0.001]	-1.46 [0.144]	-1.64 [0.100]	-1.20 [0.231]
AR (2) 值 [p]ᵇ	-0.52 [0.600]	-0.70 [0.484]	-0.22 [0.823]	-0.27 [0.785]	-1.14 [0.255]	-1.14 [0.256]	-0.87 [0.387]	-0.94 [0.346]	-0.18 [0.860]	-0.29 [0.773]	0.17 [0.865]
汉森 值 [p]ᶜ	8.33 [1.000]	8.03 [1.000]	11.85 [1.000]	11.23 [1.000]	14.54 [1.000]	14.14 [1.000]	16.25 [1.000]	16.01 [1.000]	14.08 [1.000]	15.95 [1.000]	12.64 [1.000]

注：同表 5.4。

表 5.5 模型 6 引入了国有产权变量（OWN），估计结果显示了产权制度的系数显著为负，这说明国有产权比重的增加对高技术产业创新产出产生了负向的影响，这验证了张等（2003）、杰弗逊等（2006）以及吴延兵（2006，2008）的研究结论，即国有企业产权过于集中不利于创新产出水平的提高。同时，引入产权制度变量后，FMD 的系数由 -0.278 变为 -0.291，说明要素市场扭曲对创新产出的抑制程度上升了，这在一定程度上验证了假说 5.6。

从表 5.5 模型 7 结果可以看出，市场势力二次项（POM2）的系数在 10% 的显著水平上与创新产出负相关，值为 -0.243。在引入市场势力二次项后，要素市场扭曲的系数显著性和大小都没有明显变化；这样的结论说明，市场势力过大或者市场竞争过于激烈都不利于高技术企业创新产出水平的提高，而且市场势力二次项对要素市场扭曲的创新产出影响不明显。同时，模型 8 引入了劳动效率（LEF），估计结果显示了其系数显著为正，值为 0.183，说明劳动效率的提高能够促进高技术企业创新产出的增长，也与国内外相关领域的研究结论一致；而且，引入劳动效率变量后，FMD 的系数由 -0.290 变为 -0.237，说明劳动效率能够有效地弱化要素市场扭曲对创新产出的抑制效应，这在一定程度上验证了假说 5.8。

表 5.5 模型 9 报告了引入知识产权保护（IPP）估计结果，其系数值在 1% 水平上显著为正，值为 0.056；而且 FMD 的系数值由 -0.237 变为 -0.201，要素市场扭曲对创新产出的负向影响变小了。这样的结论说明，知识产权保护的加强既有利于高技术产业创新效率的提高，又能缓解要素市场对创新效率的扭曲效应。这也印证了李平等（2007）、Lin 等（2010）以及胡凯等（2012）"加强知识产权保护有利于改善创新活动效率"的结论。

表 5.5 中模型 10 引入了技术市场交易量所表征的技术溢出（或技术扩散）变量（TSP），估计结果显示了技术溢出的系数不显著为正，这说明新技术的市场交易增长对高技术产业创新产出的提升虽然有一定程度的正向影响，但是影响的效果并不显著。该结论没有印证柳卸林等（2014）的理论预期，即技术交易所带来的技术溢出或技术扩散能够有效地提升企业或产业的创新效率。对此可能的解释是：作为要素市场组成部分的技术市场也存在着一定程度的价格扭曲或者市场分割，技术市场的扭曲抑制了新技术的溢出或扩散，不利于创新产出的提升。该结论从另一个角度验证

了我国的新技术交易过程中存在着市场扭曲。从要素市场扭曲的系数来看，加入技术溢出变量后，要素市场扭曲的系数负值显著地降低了；这意味着，虽然技术溢出或扩散对提升创新效率的效果不明显，但是新技术交易的增长能够有效地弱化要素市场扭曲对创新产出的抑制效应。

最后，表5.5模型11反映了引入市场化进程变量（MAR）后的估计结果，其的系数显著为正，而要素市场扭曲的系数由－0.176变为－0.156，负值却显著地变小了。这说明，各地区的市场化改革既显著地提升了高技术产业创新产出水平，又能够显著地降低要素市场扭曲对创新产出的抑制效应。这既验证了成力为和孙玮（2012）、戴魁早和刘友金（2013b）的研究结论，即市场化程度的提高能够促进我国产业创新产出的增长；也表明市场化改革能够有效地弱化要素市场扭曲对高技术产业创新产出的抑制效应。

第四节　要素市场扭曲对技术创新产出影响的区域差异

一　估计方法说明

上文"入世"前后的实证结果表明，要素市场扭曲与创新产出之间可能存在着非线性关系，而厘清两者是否存在这种关系是认识两者内在规律的前提条件。基于此，本章引入面板分位数方法进行检验。面板分位数回归模型可以分析不同分位点要素市场扭曲对高技术产业新产品产出的不同边际效应克伊恩科（Koenker，2004）[①]。这样，上文式（5.3）可以由如下的分位数方程表示：

$$Q_\theta[\ln Y_{it} \mid Z_{it}(FMD)] = Z'_{it}(FMD)\beta_k(\theta) \qquad (5.11)$$

上式中，$\ln Y_{it}$为对数形式的新产品产出；$Z_{it}(FMD)$是创新产出的影响因素，包括要素市场扭曲变量；$Q_\theta[\ln Y_{it} \mid Z_{it}(FMD)]$为给定影响因素$Z_{it}(FMD)$的情况下，创新产出在第$\theta$分位数上的值；$\beta_k(\theta)$为影响因

---

① 面板固定效应模型采用固定效应作为惩罚项的分位检验函数最小化方法。与传统面板数据模型相比，面板分位数模型具有一些优点：不假设数据分布服从正态分布，不受离群值的干扰，可以分析解释变量对被解释变量在不同分位点上的边际影响（克伊恩科，2004）。

素 Z_{it}（FMD）在第 θ 分位数上的估计系数向量，而且估计量可以由下面的极小化问题定义：

$$\min \sum_{i:\ \ln Y_{it} \geq Z'_{it}\beta_k(\theta)}^{n} \theta \mid \ln Y_{it} - Z'_{it}\beta_k(\theta) \mid + \sum_{i:\ \ln Y_{it} < Z'_{it}\beta_k(\theta)}^{n}$$
$$(1 - \theta) \mid \ln Y_{it} - Z'_{it}\beta_k(\theta) \mid \qquad (5.12)$$

其中 n 为样本容量，其他字符的含义与式（5.11）相同。众所周知，在估计过程中，分位点越多越能够直观反映条件分布的全貌，鉴于可行性与篇幅所限，参考大多数文献的做法，在这里选取极具代表性的七个分位点（5%，10%，25%，50%，75%，90%，95%）进行分析说明。在被解释变量没有滞后项的情况下，克伊恩科（2004）建议采用面板固定效应分位数方法对式（5.12）进行估计，相关估计结果如表 5.6 所示。

表 5.6　　　　　　分位数估计结果（面板固定效应分位数估计）

	(1)	(2)	(3)	(4)	(5)	(6)	(7)
	5%	10%	25%	50%	75%	90%	95%
LRDL	0.515 ** (2.20)	0.381 *** (2.72)	0.074 (0.99)	0.014 (0.17)	0.018 (0.26)	0.077 (0.92)	0.156 (0.69)
LRDK	0.469 (1.57)	0.541 *** (3.20)	0.766 *** (8.61)	0.719 *** (7.25)	0.645 *** (7.75)	0.477 *** (4.65)	0.377 (1.43)
FMD	-0.202 * (-1.87)	-0.146 ** (-2.01)	-0.077 ** (-2.48)	-0.082 * (-1.74)	-0.038 (-0.83)	-0.053 (-1.33)	-0.013 (-0.14)
SIZE	0.125 (0.78)	0.067 (0.67)	0.058 (1.30)	0.018 (0.40)	0.055 ** (2.57)	0.098 *** (2.98)	0.106 * (1.92)
DOP	0.160 (1.21)	0.104 (1.44)	0.119 *** (3.35)	0.105 ** (2.51)	0.138 *** (4.28)	0.141 *** (4.15)	0.179 ** (2.01)
EPER	0.026 (0.33)	-0.010 (-0.17)	-0.018 (-0.72)	0.005 (0.20)	0.017 (0.85)	0.006 (0.26)	0.022 (0.27)
TID	-0.144 ** (-2.00)	-0.107 *** (-2.71)	-0.039 (-1.55)	-0.010 (-0.37)	-0.021 (-0.82)	-0.023 (-1.52)	-0.039 (-0.91)
OWN	-0.152 * (-1.86)	-0.129 *** (-2.92)	-0.137 (-0.46)	-0.108 (-0.90)	-0.051 (-0.74)	-0.026 (-0.70)	-0.038 (-0.89)
POM	-0.266 *** (-3.39)	-0.208 *** (-6.59)	-0.188 ** (-2.47)	-0.135 *** (-3.27)	-0.151 *** (-4.66)	-0.094 (-1.21)	-0.053 (-0.99)
LEF	0.086 (0.71)	0.053 (0.65)	0.096 (0.37)	0.103 *** (3.99)	0.131 *** (5.82)	0.126 *** (5.82)	0.178 *** (3.37)
IPP	0.077 (0.78)	0.103 (0.27)	0.133 (0.95)	0.175 *** (3.62)	0.123 ** (2.57)	0.155 * (1.93)	0.203 *** (3.99)

续表

	（1）	（2）	（3）	（4）	（5）	（6）	（7）
	5%	10%	25%	50%	75%	90%	95%
TECH	0.031 （0.26）	0.008 （0.14）	0.045 （1.24）	0.056* （1.77）	0.092*** （3.16）	0.088*** （5.46）	0.123*** （3.25）
MAR	0.028 （0.09）	0.164 （0.31）	0.077*** （3.80）	0.057** （2.57）	0.153*** （3.99）	0.201* （1.73）	0.333*** （3.51）
PseudoR^2	0.728	0.708	0.678	0.681	0.697	0.687	0.682
观测值	377	377	377	377	377	377	377

注：所有估计均使用自抽样稳健标准差，抽样次数为300次。

二 估计结果解释

（一）要素市场扭曲的影响

本章主要关注要素市场扭曲影响的地区差异。从估计结果可以看出，要素市场扭曲变量在创新产出分布的不同分位数上，对高技术产业创新产出水平的影响有着显著的差异，在创新产出分布的低分位数上时，要素市场扭曲的系数显著为负，而在75分位数以上时，其系数负值并不显著。而且随着创新产出分布由低位数向高位数上升，其系数负值的绝对值总体上呈现出波动式下降趋势，在5分位数上，要素市场扭曲对创新效率的负向影响最大，为-0.202，而到95分位数上时，其负向影响下降为-0.013，整体的下降幅度达15倍左右。这些结果表明：第一，在创新产出较低的地区（50分位数以下），要素市场扭曲显著地抑制了高技术产业创新效率的提升；而在创新产出较高的地区（75分位数以上），虽然要素市场扭曲也抑制了创新效率的提升，但是影响效果不明显。第二，要素市场扭曲对产出较低地区创新效率的抑制程度要显著大于对绩效较高地区的影响。第三，要素市场扭曲的改善对绩效较低地区的创新效率提升更为有利；因此，如果需要提高绩效较低地区的高技术产业创新产出，可以将促进地区要素市场的发展放在重中之重的位置。由此可见，分位数估计结果证实了要素市场扭曲与高技术产业创新产出之间存在着非线性关系，而且前者是地区间创新产出差异的重要影响因素。

（二）企业特征的影响

企业特征控制变量中，各变量对创新产出的影响方向与上文总体估计的结果大都相一致。具体来说：（1）企业规模变量在所有分位数上都表现出正向影响，尤其是在几个高分位数上非常显著，体现了企业规模对提高产业创新产出的积极贡献。除了两个低分位数不显著之外，企业外向度的系数始终显著为正，反映了高技术企业的国际化对提升创新产出水平的积极影响。技术密集度在所有分位数上的影响都一致为负，而且在两个低分位数上显著，这说明了高技术密集度不利于产业创新产出水平的提升，尤其是对创新产出水平较低的地区更为不利。（2）在不同的分位数上，市场势力的影响差异较为明显，在 75 分位数以下，市场势力的系数显著为负，说明了市场势力对分位数较低地区的负面影响更为显著，且影响程度也大于分位数 75 以上的地区。同时，在不同的分位数上，国有产权的影响也存在着差异，在 10 分位数以下时产权制度的影响显著为负，而在 25 分位数以上时，国有产权的影响变得不显著了；这说明在新产品产出较低地区，对国有产权高技术企业进行改革更能够促进创新产出水平的提高。（3）在不同的分位数上，劳动效率对新产品产出的影响始终为正；在低于新产品产出 25 分位数的地区，劳动效率对新产品产出的正向影响并不显著，而在高于 50 分位数的地区，劳动效率的提高能够显著地促进高技术产业创新产出的增长。（4）在企业特征变量中，令人颇感意外的是，企业绩效不同分位数上的影响并不一致而且不显著，这表明在创新产出分布的不同分位数上，企业绩效的影响方向不确定且效果不明显；这与前文总体分析的结论存在差异。对此可能的解释是：由于企业绩效对创新产出的影响存在两种相反的效应，一种是经济绩效较好的企业可以采用更先进的技术和设备、为员工提供更好的福利和工作环境，这为提高生产效率和创新效率提供了必要的条件；另一种是较好的经济绩效也可能导致企业危机感和紧迫感的缺失、竞争意识的淡薄、官僚主义的盛行，从而导致创新产出的降低；不同分位数上企业绩效的影响方向则取决于这两种效应此消彼长的程度。

（三）其他变量的影响

接着，扼要讨论其他控制变量的参数估计：（1）技术溢出变量（TSP）与总体分析的结果一致，即在创新产出所有分位数上的系数都为正，而且在高分位数上都对创新产出水平的提升产生了显著的促进作用。（2）知识产品保护（IPP）与总体分析结果一致，即在新产品产出是所有分位数上，知识产权保护对创新产出产生了积极的促进作用。而且随着地区创新产出水平的不断提高，知识产权保护的积极影响越来越显著且越来越大。（3）市场化进程（MAR）的影响也与总体分析结果一致。地区差异的结果显示，在新产品产出分位数较低的地区（10分位以下），市场化进程的积极影响较小且不显著；而在新产品产出10分位以上的地区，市场化进程对创新产出的影响才变得显著，而且影响大小与新产品产出分位数变化的趋势相一致。

最后，研发资本投入和研发人力投入也有着不同程度的影响：（1）总体层面估计结果显示，创新资本投入和人力投入均对创新产出有显著的影响作用。比较起来，创新资本投入的产出弹性大于创新人力投入，这与吴延兵（2006）等"创新人力投入贡献更大"的结果不同。其原因可能是高技术新产品的研发需要更多的资本和技术投入，因而表现为创新资本投入的贡献更大。两者的总弹性小于1，这说明高技术产业创新过程表现出规模报酬递减的特征，这与针对中国制造业的大多数研究结论相一致（吴延兵，2006；戴魁早，2013）。对此可能的解释在于两个方面，一方面源于某种稀缺投入要素的限制，例如某种专用设备、核心技术或高科技人才的缺乏，使得创新过程中投入要素不能按比例地增加，进而导致规模报酬递减，并且企业出于竞争的需要，对于创新出来的成果采取保密措施，有些成果无法转化为新产品，创新成果中只有部分地转化为新产品，这也可能会导致新产品产出的规模报酬递减。另一方面，在新产品研发过程中，需要良好的信息沟通和人际关系的协调，存在着大量的协调成本和交易成本，这可能也会导致规模报酬递减。（2）分位数估计结果显示了创新产出的所有分位数上，两种要素投入的影响均始终为正，但不同分位数上的贡献大小和显著程度存在明显的差异；创新人力投入在低分位数上的影响大且显著，而创新资本投入则在10—90分位数之间影响大且显著。这表明，创新人力投入的增加对绩效较低地区更为有利，创新资本投入则对绩效处于中间位地区的效果更好。

第五节　要素市场扭曲对技术创新产出影响的企业差异

一　检验方法说明

上文分步估计的结果初步回答了企业特征变量如何影响要素市场扭曲

的创新效应，本章则进一步运用国内外文献通常使用方法——乘积项形式
进行检验，以考察要素市场扭曲对不同特征企业创新产出的影响。在根据
式（5.3）对假说5.1进行验证的基础上，为了考察假说5.2至假说5.8
是否成立，本章借鉴国内外研究企业差异时的通常做法（张杰等，
2011a），采用要素市场扭曲与各企业特征变量的乘积项来刻画这些企业特
征的影响，从而将式（5.3）构造为如下的形式：

$$
\ln Y_{it} = \ln A + \rho FMD_{it} + \phi_1 FMD_{it} \times SIZE_{it} + \phi_2 FMD_{it} \times DOP_{it} + \phi_3 FMD_{it} \times
$$
$$
EPER_{it} + \phi_4 FMD_{it} \times TID_{it} + \phi_4 FMD_{it} \times OWN_{it} + \phi_5 FMD_{it} \times TID_{it} +
$$
$$
\phi_6 FMD_{it} \times POM2_{it} + \phi_7 FMD_{it} \times LEF_{it} + \phi_8 X_{it} + \alpha \ln K_{it} + \beta \ln L_{it} +
$$
$$
\lambda_i + \varepsilon_{it} \tag{5.13}
$$

式（5.13）中，FMD乘积项是要素市场扭曲与各企业特征变量的乘
积项，包括企业规模（SIZE）、企业外向度（DOP）、企业绩效（EPER）、
技术密集度（TID）、市场势力二次项（POM2）、产权制度（OWN）和劳
动效率（LEF），X_{it}代表影响高技术产业创新效率A_{it}的控制变量，根据创
新领域的相关文献，本章的控制变量与总体估计一致。两步系统GMM方
法估计结果报告见表5.7，其中，模型1—模型7分别考察各个企业特征
变量的影响。从结果可以看出，残差序列相关性检验和汉森过度识别检验
结果表明了模型设定的合理性和工具变量的有效性；此外，所有模型中各
变量的系数方向基本相同且变化不大，这说明了表5.7的估计结果具有稳
健性。

二　检验结果解释

在表5.7模型1中，要素市场扭曲与企业规模乘积项（*FMD×SIZE*）
对创新产出的影响显著为正，这说明随着企业规模的扩大，要素市场的发
展能够更加有效地改善企业的创新产出；换句话说，在规模较大的高技术
企业中，要素市场扭曲对创新产出的抑制程度要低于规模较小的企业；这
验证了假说5.2。从表5.8中高技术细分行业的规模来看，飞机制造及修
理、计算机整机制造和通信设备制造等企业的规模较大；而医疗设备及器
械制、仪器仪表制造等企业的规模较小。可见，在飞机制造及修理、计算
机整机制造等规模较大的企业中，要素市场扭曲对其创新产出的抑制作用
较小。

表5.7模型2的结果显示，要素市场扭曲与外向度乘积项（*FMD×*

DOP）对创新产出的影响显著为正，这说明在外向度较高的企业中，要素市场扭曲对其创新产出的抑制程度要低于外向度较低的企业；也可以说，随着企业外向度的提高，要素市场扭曲的改善对其创新产出的提升效果会更好；这验证了假说5.3。从高技术细分行业来看，计算机整机制造业和通信设备制造业等企业的外向度较高，而航天器制造业和中药材及中成药加工业等企业的外向度较低（见表5.8）。这意味着，在航天器制造业等外向度较低的高技术企业中，要素市场扭曲对创新产出的抑制程度更高，而在计算机整机制造和通信设备制造等外向度较高的企业，其抑制程度则较低。

要素市场扭曲与企业绩效乘积项（*FMD×EPER*）对创新产出的影响不显著为正（见表5.7模型3），这说明企业经济绩效的提高虽然能够改善要素市场扭曲的创新效应，但是改善效果并不明显；也就是说，在经济绩效较好的高技术企业中，虽然要素市场扭曲对创新产出的抑制程度要低些，但是低的程度并不明显；这仅在一定程度上印证了假说5.4的预期。对此可能的解释是：较好的经济绩效虽然有利于提高企业的技术水平和管理水平，但也可能导致企业缺乏动力去提升创新效率（吴延兵，2006），结果是，经济绩效较好的企业并没有显著改善要素市场扭曲的创新效应。表5.8显示了生物制品制造、医疗设备及器械制造、中药材及中成药加工等高技术企业的经济绩效较高，航天器制造业和计算机整机制造业等企业的经济绩效较差。可见，在航天器制造等经济绩效较差的企业中，要素市场扭曲对创新产出的抑制程度要高于生物制品制造等高技术企业。

从表5.7的模型4可以发现，要素市场扭曲与技术密集度乘积项（*FMD×TID*）的系数为负但不显著，表明了技术密集度的降低虽然能够在一定程度改善要素市场扭曲的创新效应，但是改善效果不显著。这意味着，在技术密集度较高的企业中，要素市场扭曲对创新效应并不显著大于技术密集度较低的企业。这仅在一定程度上验证了假说5.5。对此可能的解释是：技术密集度较高的企业可以通过将非核心业务外包出去，积累起关于消费者需求、产业发展方向、研发以及生产组织等方面的知识，因而能够更好地针对其核心产品进行创新（李晓华，2005）；同时企业还能够在增加外购中间投入获得更多的技术溢出和扩散等动态收益（刘海云和唐玲，2009）；这两个方面都有利于企业提高新产品的创新绩效。比较而言，航天器制造业和生物制品制造业的技术密集度较高，而计算机整机制造和通信设备制造等企业的技术密集度较低（见表 5.8）；这意味着，在计算机整机制造等企业中，要素市场扭曲对创新绩效的负向影响相对小些。

表 5.7　　要素市场扭曲对不同特征企业创新产出的影响

	模型 1	模型 2	模型 3	模型 4	模型 5	模型 6	模型 7
	企业特征变量						
	SIZE	DOP	EPER	TID	OWN	POM2	LEF
LRDL	0.150 ** (2.40)	0.163 *** (2.60)	0.171 *** (2.71)	0.165 *** (2.63)	0.148 ** (2.33)	0.194 *** (3.28)	0.186 (1.01)
LRDK	0.415 *** (6.08)	0.450 *** (6.76)	0.467 *** (7.03)	0.441 *** (6.45)	0.418 *** (6.03)	0.325 *** (6.26)	0.470 *** (2.86)
FMD	−0.127 ** (−2.34)	−0.090 * (−1.70)	−0.024 * (−1.74)	−0.091 ** (−2.58)	−0.101 ** (−2.46)	−0.056 ** (−2.38)	−0.092 * (−1.90)
SIZE	0.022 (0.39)	0.112 *** (2.71)	0.086 ** (2.23)	0.096 ** (2.46)	0.085 * (1.85)	0.026 (0.48)	0.086 *** (4.26)
DOP	0.125 ** (2.39)	0.004 (0.06)	0.088 * (1.67)	0.100 * (1.93)	0.152 ** (2.39)	0.002 (0.18)	0.088 ** (2.76)
EPER	0.022 (0.55)	0.025 (0.63)	0.040 (1.00)	0.032 (0.82)	0.024 (0.58)	0.003 (0.09)	0.032 (0.77)
TID	−0.037 (−1.56)	−0.043 * (−1.81)	−0.046 * (−1.94)	−0.033 (−0.54)	−0.099 (−1.17)	−0.044 ** (−2.17)	−0.073 * (−1.97)
OWN	−0.021 (−0.23)	−0.027 (−0.17)	−0.068 (−0.19)	−0.052 (−0.04)	−0.035 (−0.12)	−0.031 (−1.58)	−0.019 (−0.63)
POM2	−0.053 * (−1.70)	−0.097 ** (−2.66)	−0.291 (−1.38)	−0.111 * (−1.99)	−0.151 ** (−2.37)	−0.075 (−0.71)	−0.141 * (−1.99)
LEF	0.256 * (2.01)	0.170 (1.28)	0.197 ** (3.06)	0.176 (1.08)	0.145 * (1.79)	0.306 ** (2.36)	0.151 *** (2.92)
IPP	0.034 ** (2.04)	0.038 ** (2.33)	0.084 (0.81)	0.038 ** (2.31)	0.057 ** (2.48)	0.089 * (1.94)	0.072 * (2.04)
TECH	0.227 * (2.06)	0.258 * (1.75)	0.238 ** (2.33)	0.108 * (1.89)	0.133 * (3.25)	0.298 * (3.69)	0.291 (1.38)
MAR	0.256 * (2.01)	0.279 ** (2.30)	0.114 * (2.16)	0.126 ** (2.67)	0.346 * (4.44)	0.484 *** (2.39)	0.218 ** (2.27)
FMD×SIZE	0.105 *** (2.64)	—	—	—	—	—	—

续表

	模型 1	模型 2	模型 3	模型 4	模型 5	模型 6	模型 7
	企业特征变量						
	SIZE	DOP	EPER	TID	OWN	POM2	LEF
FMD×DOP	—	0.071 * (1.68)	—	—	—	—	—
FMD×EPER	—	—	0.073 (1.40)	—	—	—	—
FMD×TID	—	—	—	−0.044 (−1.27)	—	—	—
FMD×OWN	—	—	—	—	−0.128 (−1.22)	—	—
FMD×POM2	—	—	—	—	—	−0.061 * (2.17)	—
FMD×LEF	—	—	—	—	—	—	0.251 *** (3.56)
观测值	377	377	377	377	377	377	377
AR（1） 检验值［p］[a]	−1.94 [0.053]	−2.11 [0.035]	−2.76 [0.006]	−3.01 [0.003]	−3.54 [0.000]	−3.25 [0.001]	−1.78 [0.075]
AR（2） 检验值［p］[b]	−1.38 [0.169]	−1.35 [0.177]	−1.38 [0.168]	−1.16 [0.247]	0.51 [0.612]	−0.04 [0.971]	−0.99 [0.321]
汉森 检验值［p］[c]	12.49 [1.000]	15.61 [1.000]	16.70 [1.000]	16.53 [1.000]	8.03 [1.000]	14.95 [1.000]	9.33 [1.000]

注：同表 5.4。

表 5.8　　高技术细分行业的企业特征均值（1997—2009 年）

行业	SIZE	DOP	EPER	TID	OWN	POM	LEF
化学药品制造业	1.387	0.217	0.106	0.385	0.184	0.243	0.637
中药材及中成药加工业	0.825	0.042	0.113	0.426	0.169	0.266	0.480
生物制品制造业	0.558	0.191	0.147	0.529	0.124	0.215	0.760
飞机制造及修理业	6.505	0.388	0.066	0.430	0.878	0.838	0.420
航天器制造业	2.984	0.002	0.093	0.686	0.980	0.879	0.351
通信设备制造业	4.855	1.564	0.064	0.159	0.174	0.260	0.954
雷达及配套设备制造业	2.176	0.044	0.086	0.392	0.877	0.656	0.345
广播电视设备制造业	0.524	0.877	0.063	0.243	0.060	0.165	0.424

续表

行业	SIZE	DOP	EPER	TID	OWN	POM	LEF
电子器件制造业	2.344	1.526	0.025	0.478	0.092	0.178	0.622
电子元件制造业	1.001	1.289	0.044	0.323	0.039	0.133	0.373
家用视听设备制造业	3.241	1.283	0.037	0.174	0.187	0.220	0.724
其他电子设备制造业	0.661	1.145	0.058	0.413	0.051	0.162	0.444
计算机整机制造业	5.456	3.162	0.016	0.044	0.038	0.134	1.745
计算机外部设备制造业	5.084	2.296	0.042	0.155	0.040	0.121	0.647
办公设备制造业	2.728	1.750	0.060	0.196	0.031	0.189	0.703
医疗设备及器械制造业	0.383	0.646	0.119	0.380	0.052	0.143	0.418
仪器仪表制造业	0.394	0.394	0.086	0.317	0.168	0.182	0.503

注：表中数据由作者整理而得。

要素市场扭曲与企业所有制乘积项（$FMD \times OWN$）对创新产出的影响显著为负（见表5.7模型5），这说明国有产权比重过高会强化要素市场扭曲对创新产出的抑制效应；也就是说，产权制度的明晰化，有利于改善要素市场扭曲对新产品产出的负面影响；这印证了假说5.6的理论预期。表5.8显示了飞机制造及修理业、航天器制造业和雷达及配套设备制造业的国有产权比重较高，而计算机整机制造业、计算机外部设备制造业和办公设备制造业等细分行业的国有产权比重较低。由此可见，在航天器制造等国有产权比重较高的企业中，要素市场扭曲对创新产出的抑制程度要高于计算机整机制造等国有产权比重较低的高技术企业。

从表5.7的模型6可以发现，要素市场扭曲与市场势力平方项的乘积项（$FMD \times OPM2$）系数显著为负，说明了市场势力过大或者竞争程度过于激烈都会强化要素市场扭曲的创新产出抑制效应。这意味着，在市场势力居中的高技术企业中，要素市场扭曲对创新产出的抑制程度最低。这验证了假说5.7。对此可能的解释是：高技术企业如果市场势力过大，缺乏竞争将会导致企业缺乏研发投入和提高研发活动产出水平的激励；反过来，企业如果市场势力太低，激烈的竞争可能会对企业产生研发投入资源的约束，不利于企业技术进步，进而会影响到企业的研发活动的效率以及创新产出水平（盖尔，2001）。比较起来，飞机制造及修理业、航天器制造业和雷达及配套设备制造业等行业中的企业市场势力过大，广播电视制造业和医疗设备制造业等行业中的企业市场势力过低，而家用视听设备制造等企业的市场势力居中（见表5.8）；这意味着，在家用视听设备制造等企业中，要素市场扭曲对创新产出的抑制程度相对低些。

要素市场扭曲与企业劳动效率乘积项（*FMD*×*LEF*）对创新产出的影响显著为正（见表5.7模型7），这说明劳动效率的提高能够弱化要素市场扭曲对创新产出的抑制效应。也就是说，在劳动效率较高的高技术企业中，要素市场扭曲对新产品产出的负面影响相对低些，这验证了假说5.8。对此可能的解释是：高生产率有利于提升企业的管理效率以及生产、研发活动的效率，进而促进了企业创新产出水平的提高。表5.8显示计算机整机制造业、计算机外部设备制造业和通信设备制造业等的劳动效率较高，而航天器制造业和雷达及配套设备制造业的劳动效率较低。可见，在计算机整机制造业等劳动效率较高的企业中，要素市场扭曲对创新产出的抑制程度相对低些。

综上所述，对我国高技术产业来说，在规模较大、外向度较高、经济绩效较好、技术密集度较低、国有产权比重较低、市场势力适中和劳动效率较高的企业中，要素市场扭曲的改善对创新产出水平的积极贡献更大。

三　稳健性检验

为了确保估计结果的有效性，除了采用上述估计中变量控制等措施外，本章还做了以下的稳健性检验：第一，考虑遗漏变量引起的内生性问题。即在式（5.3）和（5.13）中加入被解释变量——新产品产值（LNPS）的滞后一阶作为解释变量；在控制内生性问题的条件下，重新估计了要素市场扭曲对创新绩效的影响（估计结果如表5.9所示）。第二，创新产出衡量指标的重新选取。专利产出也是衡量创新产出的常用指标，由于专利授权数的滞后性较为突出，且受到较多人为因素的影响（成力为和孙玮，2012），因而在这里采用专利申请数作为创新产出（用LPAT表示）的衡量指标（估计结果如表5.10所示）。

两种稳健性两步系统GMM估计的结果都表明，残差序列相关性检验和汉森过度识别检验的结果表明模型设定的合理性和工具变量的有效性；各变量系数的符号、显著性以及绝对值与前文的相关估计结果都很接近。可见，此前得出的结论具有较好的稳健性。

表5.9　稳健性分析 I（被解释变量 LNPS 滞后一期）

	模型 1	模型 2	模型 3	模型 4	模型 5	模型 6	模型 7	模型 8
	整体估计	SIZE	DOP	EPER	TID	OWN	POM	LEF
LNPS 滞后一期	0.370*** (5.44)	0.364*** (2.90)	0.461*** (9.92)	0.438*** (4.70)	0.184 (1.62)	0.212*** (4.65)	0.376*** (5.14)	0.124* (1.98)
LRDL	0.210*** (4.16)	0.196*** (3.83)	0.144* (2.03)	-0.006 (-0.05)	0.150** (2.25)	0.137 (1.23)	0.182** (2.48)	0.158 (0.73)
LRDK	0.345*** (6.58)	0.268*** (3.18)	0.253*** (3.52)	0.343*** (4.30)	0.394*** (5.84)	0.417*** (3.69)	0.497*** (4.01)	0.381** (2.26)
FMD	-0.037* (-1.89)	-0.068** (-2.68)	-0.160* (-2.01)	-0.096* (-1.71)	-0.086*** (-3.23)	-0.151** (-2.91)	-0.184* (-1.96)	-0.226*** (-2.81)
企业特征变量								
SIZE	0.052* (2.01)	0.050* (1.94)	0.006 (0.27)	0.396* (1.79)	0.069*** (3.15)	0.149*** (3.43)	0.102** (2.68)	0.169** (3.29)
DOP	0.170** (2.29)	0.231** (2.51)	-0.060 (-0.63)	0.235** (2.36)	0.317*** (3.75)	0.183 (0.99)	0.057** (2.94)	0.131 (0.36)
EPER	0.000 (0.02)	0.019* (1.91)	0.008 (0.75)	0.004 (0.46)	0.087 (1.28)	0.082 (0.91)	0.036 (0.41)	0.057 (0.93)
TID	-0.047** (-2.22)	-0.001 (-0.01)	-0.001 (-0.02)	-0.023 (-0.70)	-0.065** (-2.61)	-0.128 (-0.93)	-0.074 (-0.82)	-0.025*** (-2.98)
OWN	-0.054*** (-2.79)	-0.019 (-0.88)	-0.050* (-1.79)	-0.063* (-1.83)	-0.020 (-0.64)	-0.226 (-1.26)	-0.187 (-0.83)	-0.092 (-1.41)

续表

	模型 1	模型 2	模型 3	模型 4	模型 5	模型 6	模型 7	模型 8
	整体估计	企业特征变量						
		SIZE	DOP	EPER	TID	OWN	POM	LEF
POM2	-0.112** (-2.43)	-0.093 (-0.87)	-0.048 (-1.09)	-0.105 (-1.57)	-0.154** (-2.58)	-0.153 (-0.63)	-0.206 (-1.21)	-0.186 (-1.46)
LEF	0.129*** (2.81)	0.193* (2.01)	0.148 (1.21)	0.321*** (3.73)	0.186* (1.79)	0.173*** (2.87)	0.104*** (3.28)	0.215 (0.81)
IPP	0.106** (2.74)	0.183 (1.56)	0.131 (1.51)	0.081 (1.39)	0.191*** (2.89)	0.126* (0.81)	0.137 (0.26)	0.173 (1.42)
TECH	0.030 (1.36)	0.081* (1.84)	0.016 (0.80)	0.069** (2.64)	0.110*** (2.81)	0.121 (0.81)	0.089* (2.05)	0.108 (1.12)
MAR	0.293*** (2.61)	0.148 (1.37)	0.193 (0.95)	0.226*** (3.19)	0.296 (0.83)	0.142*** (2.85)	0.241 (0.62)	0.168* (0.36)
FMD× SIZE	—	0.018* (1.78)	—	—	—	—		
FMD× DOP	—	—	0.097* (1.70)	—	—	—		
FMD× EPER	—	—	—	0.371 (1.52)	—	—		
FMD× TID	—	—	—	—	-0.067 (-1.04)	—		

续表

	模型 1	模型 2	模型 3	模型 4	模型 5	模型 6	模型 7	模型 8
	整体估计	企业特征变量						
		SIZE	DOP	EPER	TID	OWN	POM	LEF
FMD×OWN						-0.134^{***} (-2.70)	—	—
FMD×POM2						—	-0.183 (-0.97)	—
FMD×LEF						—	—	0.285^{*} (2.04)
观测值	348	348	348	348	348	348	348	348
AR (1) 检验值 [p]^a	-2.258 [0.024]	-2.106 [0.035]	-2.921 [0.003]	-2.476 [0.013]	-1.914 [0.056]	-2.825 [0.005]	-1.77 [0.077]	-1.98 [0.047]
AR (2) 检验值 [p]^b	-0.469 [0.639]	-0.491 [0.623]	-0.237 [0.813]	-0.138 [0.890]	-0.720 [0.472]	-0.361 [0.718]	-1.22 [0.222]	0.46 [0.642]
汉森 检验值 [p]^c	18.146 [1.000]	17.351 [1.000]	16.504 [1.000]	14.805 [1.000]	14.201 [1.000]	23.155 [1.000]	16.51 [1.000]	14.98 [1.000]

注：同表 5. 4。

表 5.10　稳健性分析 II（被解释变量 LPAT）

	模型 1	模型 2	模型 3	模型 4	模型 5	模型 6	模型 7	模型 8
	整体估计	企业特征变量						
		SIZE	DOP	EPER	TID	OWN	POM	LEF
LRDL	0.018 (0.17)	0.192 (1.49)	0.139 (1.16)	0.115 (0.91)	0.181* (1.84)	0.127 (0.76)	0.139* (1.93)	0.148 (0.83)
LRDK	0.733*** (7.88)	0.790*** (7.38)	0.695*** (7.17)	0.668*** (3.92)	0.957*** (6.02)	0.636*** (3.15)	0.729*** (4.37)	0.624* (1.97)
FMD	-0.149* (-1.92)	-0.343*** (-4.89)	-0.073** (-2.55)	-0.159* (-1.89)	-0.170* (1.97)	-0.261* (-2.03)	-0.162*** (2.84)	-0.218*** (-3.45)
SIZE	0.157*** (3.30)	0.574*** (7.03)	-0.098** (-2.14)	0.163*** (2.91)	0.107** (2.19)	0.096** (2.43)	0.102 (1.03)	0.073 (1.37)
DOP	0.258** (2.11)	0.166*** (5.54)	0.248*** (3.32)	0.030 (1.05)	0.087** (2.61)	0.124 (0.73)	0.058*** (2.95)	0.081 (0.59)
EPER	-0.061 (-0.78)	0.069*** (2.84)	0.098*** (4.69)	0.638** (2.22)	0.053 (1.40)	-0.092 (-0.74)	0.027 (0.62)	0.096 (1.15)
TID	-0.020 (-0.63)	-0.063** (-2.26)	-0.035** (-2.28)	-0.038 (-1.27)	-0.285 (-1.28)	-0.023 (-0.91)	-0.097 (-1.32)	-0.042 (-1.65)
OWN	-0.008 (-0.17)	-0.053 (-1.46)	-0.116*** (-3.21)	-0.083** (-2.20)	-0.020 (-0.41)	-0.088 (-0.56)	-0.036 (-1.46)	-0.072 (-1.28)
POM2	-0.126* (-1.78)	-0.092 (-0.93)	-0.067*** (-3.27)	-0.061 (-1.27)	-0.097 (-0.57)	-0.026* (-1.97)	-0.045 (-0.82)	-0.152 (-1.56)

续表

	模型 1	模型 2	模型 3	模型 4	模型 5	模型 6	模型 7	模型 8
	整体估计	SIZE	DOP	EPER	TID	OWN	POM	LEF
					企业特征变量			
LEF	0.087*** (3.53)	0.112** (2.36)	0.216 (1.37)	0.151 (1.32)	0.195 (1.60)	0.132 (0.59)	0.052*** (3.81)	0.172 (0.82)
IPP	0.071* (1.89)	0.175 (1.35)	0.086 (0.74)	0.138 (0.78)	0.175** (2.56)	0.138 (0.93)	0.054 (0.86)	0.043 (1.45)
TECH	0.186*** (3.72)	0.214*** (6.02)	0.152*** (3.97)	0.158*** (4.57)	0.207*** (5.39)	0.194*** (2.83)	0.157*** (4.01)	0.191*** (2.67)
MAR	0.165** (2.32)	0.213*** (3.02)	0.146 (1.39)	0.205** (2.25)	0.096 (1.38)	0.142 (0.83)	0.137*** (2.93)	0.116 (0.29)
FMD× SIZE	—	0.485*** (6.90)	—	—	—	—	—	—
FMD× DOP	—	—	0.255*** (4.89)	—	—	—	—	—
FMD× EPER	—	—	—	0.661** (2.30)	—	—	—	—
FMD× TID	—	—	—	—	-0.264* (-1.93)	—	—	—
FMD× OWN	—	—	—	—	—	-0.255 (-0.45)	—	—

续表

	模型1	模型2	模型3	模型4	模型5	模型6	模型7	模型8
	整体估计	企业特征变量						
		SIZE	DOP	EPER	TID	OWN	POM	LEF
FMD×POM2	—	—	—	—	—	—	-0.172** (2.46)	—
FMD×LEF	—	—	—	—	—	—	—	0.315* (2.07)
观测值	377	377	377	377	377	377	377	377
AR (1) 检验值 [p][a]	-3.056 [0.002]	-3.050 [0.002]	-2.954 [0.003]	-3.224 [0.001]	-3.005 [0.003]	-3.114 [0.002]	-3.25 [0.006]	-2.77 [0.001]
AR (2) 检验值 [p][b]	-0.97 [0.334]	-0.77 [0.441]	-0.18 [0.860]	-0.50 [0.620]	-0.39 [0.698]	-0.40 [-0.688]	-1.08 [0.268]	-0.76 [0.448]
汉森检验值 [p][c]	24.276 [1.000]	26.086 [1.000]	22.862 [1.000]	17.212 [1.000]	19.271 [1.000]	21.189 [1.000]	16.78 [1.000]	12.90 [1.000]

注：同表5.4。

第六节　本章总结

本章在对要素市场扭曲影响创新绩效的机理进行理论分析的基础上，将要素市场扭曲纳入技术创新产出分析框架，实证考察了要素市场扭曲对技术创新绩效的影响，以及要素市场扭曲对规模、外向度、经济绩效和技术密集度等不同的企业创新绩效的影响是否存在着差异，并进一步运用门槛检验方法，探讨了企业规模等特征变量如何显著改变要素市场扭曲对创新绩效的影响。

实证结果支持了理论分析的预期，即要素市场扭曲抑制了我国高技术产业技术创新绩效的提高。"入世"前后比较来看，"入世"后要素市场的发展或者扭曲程度的改善，在一定程度扭转了我国高技术产业创新绩效较低的局面，但效果并不显著；其原因可能在于，要素市场的发展对创新绩效的促进作用存在着边际效应递减规律。这样的结论表明了要素市场扭曲与创新绩效之间可能存在非线性关系，而本章的面板分位数估计则证实了两者间存在着非线性关系，在创新绩效较低（50分位数以下）的地区，要素市场扭曲的抑制效应显著，而在创新绩效较高（75分位数以上）的地区，其抑制效果则不明显了。可见，分位数估计的结果支持"要素市场扭曲是地区创新绩效差异的重要影响因素"的结论。

关于要素市场扭曲对不同特征企业创新绩效的影响，本章的研究发现，在规模较大、外向度较高、经济绩效较好、技术密集度较低、国有产权比重较低、市场势力适中和劳动效率较高的企业中，要素市场扭曲对创新绩效的抑制程度更低；或者说，对我国高技术产业来说，在规模较大、外向度较高、经济绩效较好、技术密集度较低、国有产权比重较低、市场势力适中和劳动效率较高的企业中，要素市场扭曲的改善对创新产出水平的积极贡献更大。

本章为创新绩效的影响因素研究提供了一个新视角，也为我国产业创新绩效较低这一问题的解决引入了一条新思路。同时，本章证实的结论"企业规模等企业特征变量可以显著地改变要素市场扭曲对创新绩效的影响"表明，企业特征的变化可以成功地规避要素市场对创新绩效的扭曲效应。这也意味着，各地区不仅可以通过推进要素市场的发育和发展来提升产业创新绩效，还可以根据本地区企业特征的自身状况，在企业规模、外向度、经济绩效和技术密集度等方面下足功夫来有效规避要素市场对技术创新绩效的扭曲效应。

第六章

要素市场扭曲影响产业
技术创新的机制

本章以 FCPP 为理论框架，着重探讨以下三个问题：（1）运用面板门槛模型和面板 GMM 估计相结合的方法，实证考察要素市场扭曲如何通过改变企业或行业特征进而影响技术创新行为（研发投入）。（2）以理论分析为依据，对要素市场扭曲影响产业技术创新效率（技术创新过程）的传导机制进行经验验证。（3）从理论和实证两个层面探究要素市场扭曲影响产业技术创新产出（技术创新绩效）的途径和机制。

第一节　引言

只有把握了要素市场扭曲影响产业技术创新的机制，才能更好地揭示要素市场扭曲影响产业技术创新的内在规律。然而，国内外学术界尚缺乏相关的研究。基于此，本章运用面板门槛模型和面板 GMM 估计相结合的方法，从理论和实证两个层面考察了要素市场扭曲影响产出技术创新行为（研发投入）、技术创新过程（技术创新效率）和技术创新绩效（技术创新产出）的途径和机制。

本章主要做出了以下三个方面的贡献：（1）拓展了要素市场扭曲和技术创新的研究领域。首次将运用面板门槛模型和面板 GMM 估计方法，从理论和实证两个层面考察了要素市场扭曲影响产出技术创新行为（研发投入）、技术创新过程（技术创新效率）和技术创新绩效（技术创新产出）的途径和机制。这是技术创新和要素市场扭曲领域研究没有的。这丰富了相关领域的研究，是对现有文献的有益补充。（2）深化和丰富了技术创新的影响因素研究。现有研究大多定量分析重要因素对技术创新的影响，尚未深入探讨一些重要因素影响技术创新的内在机制。本章理论和实证两个层面的研究，这是对现有文献的深化和丰富。（3）为变量之间传导机制的研究提供了有力的经验证据。现有的实证研究大多考察变量之间的影响程度和显著性，较少涉及变量之间内在机制的经验研究。本章运用面板门槛模型和面板 GMM 估计方法实证考察了要素市场扭曲影响技术创新的机制，这既为变量之间传导机制研究增添了经验证据，又为变量之间传导机制研究提供了研究思路和研究方法。

第二节　要素市场扭曲影响技术创新投入的机制

一　研究设计

第三章的理论和实证结果表明，要素市场扭曲抑制了我国高技术产业研发资本投入的增长[①]，本节尝试对要素市场扭曲影响研发资本投入增长的机制提供经验证据。由第三章的理论分析可知，要素市场扭曲主要通过资源误置效应、寻租效应、挤出效应和需求抑制效应等影响着企业的研发投入。这样，实证考察要素市场扭曲如何通过四种效应影响研发资本投入，就需要回答以下三个问题：（1）哪些变量能够较好地反映这四种效应，能够作为影响要素市场扭曲与研发资本投入之间关系的中间变量；（2）要素市场扭曲对反映四种效应的中间变量有着怎样的影响；（3）中间变量对高技术产业研发资本投入产生了怎样的影响。对于第一个问题，这里可以通过梳理相关领域的实证文献并考虑数据的可获得性进行确定。而对于后面两个问题可以通过建立面板估计模型进行判断。

通过对已有文献的梳理，可以确定能够反映资源误置效应、寻租效应、挤出效应和需求抑制效应的中间变量。

（一）资源误置效应

选用生产率变量的变化刻画资源配置效率的变化。如果要素市场扭曲导

---

① 第三章的实证研究发现，要素市场扭曲对高技术产业研发资本投入和研发人力投入的影响存在差异，抑制了研发资本投入增长却促进了研发人力投入增长，这种影响差异主要归因于研发资本和研发人力不同的流动性，即研发人力投入的流动性远远低于研发资本。限于两种投入流动性衡量的难度以及本书的研究重点未包括两种投入的流动性问题，因此，本节主要实证考察要素市场扭曲影响研发资本投入的传导机制。

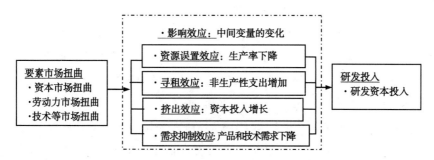

图 6.1　要素市场扭曲影响研发投入机制的理论框架

致了生产率的下降，则说明要素市场扭曲产生了资源误置效应。由于劳动效率或者投资效率仅从某一方面反映企业或者产业生产率的变化，因而国内外关于资源误置的相关文献，大多数采用全要素生产率来反映生产率变动（Jones，2011；Yao，2010；聂辉华和贾瑞雪，2011）；实证检验过程中，鉴于索洛残余衡量全要素生产率的前提条件较难满足，最近的研究大多采用 DEA 方法来测算（海尔森和克勒劳，2009；聂辉华和贾瑞雪，2011）。有鉴于此，本节借鉴学术界采用的 DEA 方法（梁平等，2009；成立为等，2013），即采用基于 DEA 方法的 Malmquist 指数测算各地区高技术产业的生产率变化。

在用 Malmquist 指数测算生产率时，用地区高技术产业总产值代表产出，并以价格指数进行平减。用地区高技术产业从业人员来代表劳动力投入，数据用当年平均从业人员数来表示。用地区高技术产业实际资本存量来代表资本投入，对于实际资本存量，采用以下公式估算：

$$K_t = I_t/P_t + (1 - \delta_t)K_{t-1} \qquad (6.1)$$

式（6.1）中，K_t 为 t 年的实际资本存量，K_{t-1} 为 t-1 年的实际资本存量，P_t 为固定资产投资价格指数，I_t 为 t 年的名义投资，δ_t 为 t 年的固定资产的折旧率。由于数据问题，在估算资本存量时存在两个难点：一是基期的资本存量的确定；二是实际净投资（包括固定资产投资价格指数和资本折旧）的确定。以 1995 年年底我国高技术产业的固定资产净值来表示基期的资本存量；P_t 选取以 1995 年为基期的固定资产投资价格指数；对于资产折旧，采用相关研究的通常做法，取 5%。

（二）寻租效应

采用非生产性支出的变化反映寻租效应。如果要素市场扭曲促进了非生产性支出的增加，则表明要素市场扭曲导致寻租活动更多了，因而产生了寻租效应。国内外关于寻租活动的衡量指标主要包括行贿与偷税漏税、招待与差旅费等指标；如李雪灵等（2012）的研究采用行贿和偷税漏税两个指标，行贿定义为对公职人员的非正常支付，是指为了在海关、税务、许可、规管、服务等方面"办事顺利"预期会给公职人员非正常支付；而偷税漏税则采用所处行业隐藏销售量占总销售量百分比刻画。由于寻租活动具有很强的隐秘性，较难准确地度量，结合中国实际情况，Cai等（2011）、黄玖立和李坤望（2013）、刘锦和王学军（2014，2015）提出以招待和差旅费作为企业寻租活动的衡量指标，依据是，这两种费用会被要求公开在会计名目中，而且很有可能被用来掩盖企业用于腐败的支出。

因数据的限制，有些研究采用了企业或者行业的非生产性支出的变化来反映企业或者行业的寻租活动（魏志华等，2015）；非生产性支出虽然没有直接衡量指标（行贿与偷税漏税、招待和差旅费）有效，但在无法获得直接衡量指标的情况下，也不失为一个较好的替代指标；理由是，非生产性支出是指那些对私人经济没有直接影响的支出（Aschauer，1998），主要包括公司的代理成本和寻租成本。代理成本为组织内部交易成本，主要取决于企业内部契约能否及多大程度上有效降低代理人的道德风险和机会主义行为；而寻租成本可视为企业外部交易成本，主要取决于宏观制度因素的影响。在代理成本既定的条件下，寻租成本的变化与非生产性支出的变化存在一一对应的关系。因而，在缺乏直接衡量数据的情况下，非生产性支出作为一个替代指标，能够较好地反映寻租成本的变化。基于此，这里选择非生产性支出反映寻租活动的成本变化。

（三）挤出效应

选用资本投入的变化作为反映要素市场扭曲挤出效应的中间变量。如果要素市场扭曲促进了高技术产业资本投入的增长，而资本投入的增长导致了研发资本投入的下降，则表明要素市场扭曲对研发资本投入产生了挤出效应。理由是：理论上，挤出效应表现为其他投资活动对企业研发投资的替代或者挤占，要素价格扭曲会吸引企业将更多的社会资源和人才从R&D活动等实体投资领域转移到非生产的寻租活动中去，这对企业 R&D 活动产生转移效应和挤出效应（克拉森斯等，2008，余明桂等，2010）。关于挤出效应的实证研究，大多考察的是一种投资对另一种投资的影响；如陈时兴（2012）采用中国 1980—2010 年政府投资、民间投资、收入、税收等数据，分析了政府投资对民间投资的影响；帅雯君（2013）考察了我国财政支出与私人投资的区制状态、转移概率和区制相关性；肖鹏和张秀群（2014）则考察了中国政府实施的财政政策对私人投资的影响。综上所述，本节采用资本投入的变化间接考察要素市场扭曲的挤出效应。

（四）需要抑制效应

选用地区人均可支配收入的变化与技术市场交易量的变化两个指标作为反映要素市场扭曲需要抑制效应的中间变量。如果要素市场扭曲抑制了人均可支配收入的增长和技术市场交易量的提高，而人均可支配收入和技术市场交易量的下降导致了研发资本投入的下降，则表明要素市场扭曲对研发资本投入产生了需求抑制效应。理由是：一方面，要素市场扭曲所导致的劳动者偏低的收入抑制企业新产品的市场需求（李平和季永宝，2014），进而会削弱企业增加研发资本投入的动力；而作为中间变量的可支配收入能够较好地反映这一机制。另一方面，要素市场扭曲既会通过技术交易的高价格抑制新技术的有效需求，又会通过市场分割使得本地企业、单位或个人只能购买和使用本地技术，进而减少了对先进技术的市场需求（孙早等，2014）；而技术交易需求的下降会抑制企业研发技术的动力，进而导致研发资本投入的下降。

二　要素市场扭曲对中间变量的影响

（一）计量模型与变量说明

本章构建如下动态面板估计模型，来考察要素市场扭曲与这四个中间变量之间有什么样的联系。

$$Z_{it} = \gamma_0 + \gamma_1 Z_{i,\,t-1} + \gamma_2 FMD_{it} + \gamma_3 W_{it} + \chi_{it} \tag{6.2}$$

上式中，被解释变量 Z_{it} 是上述四个反映资源误置效应、寻租效应、挤出效应和需求抑制效应的中间变量组成的向量集，γ_0—γ_3 为待估参数，χ_{it} 为随机扰动项，FMD_{it} 为要素市场扭曲变量；$Z_{i,t-1}$ 为解释变量滞后一阶向量集。为了增加分析结果的稳健性，这里将中间变量滞后一期作为解释变量引入模型；理由是：生产率、非生产性支出、资本投入、可支配收入和技术市场交易量这样的中间变量往往存在较为明显的滞后效应；而且影响中间变量的因素很多，实证时无法将所有因素都纳入，而滞后项则可以反映遗漏变量的影响。W_{it} 为控制变量向量集。在这里，借鉴邵帅等（2011，2013）的做法，针对每个中间变量分别选取一些与之密切相关的因素作为控制变量（中间变量与控制变量的定性描述见表6.1）。具体来说：

①影响全要素生产率的因素很多，主要包括技术进步、技术效率的变化（邵帅等，2013）、资本深化（李小平等，2007）、人力资本（魏下海等，2011；王文静等，2014）和FDI（邱斌等，2008；蒋冠宏等，2014）等。通常认为，全要素生产率的提高既可能源于技术效率的改善，以至于产出水平接近现有技术条件下的生产可能性边界；又可能源于技术水平的提高，即市场可行性边界的外移。因此，这里参考张伟和吴文元（2011）、邵帅等（2013）的做法，技术效率的改善和技术进步可能也是影响创新效率提高的重要因素。基于此，这里选择技术进步和技术效率的变化作为全要素生产率的控制变量。预期技术进步和技术效率的变化系数都为正；也即地区技术水平和技术效率水平提高得越快，地区的全要素生产率也增长得越快。

②关于非生产性支出的影响因素，陈冬华等（2005）根据企业家调查系统2000年的研究发现，经营者专车消费（包括司机、维修保养、折旧、油耗、车位等相关费用）每年一般在15万元以上，而且经理人的报酬均远远小于在职消费。孙铮等（2005）、夏立军和方轶强（2005）的研究结果显示，治理环境作为重要的公共治理变量，系统地影响着企业非生产性支出。由此可见，企业薪酬管制以及治理环境都是影响企业非生产性支出的重要因素，地区制度环境越好、企业薪酬管制越弱，企业的非生产性支出水平就越低（陈信元和万华林，2007）。基于此，这里选择地区制度环境作为非生产支出的控制变量，而地区制度环境因素则采用地区市场化程度指数来反映。

③影响资本投入的因素很多，主要包括利率（廖理等，2014；王森等，2014）、资本回报率（蔡真，2014）、金融发展（贺力平，2004；余官胜，2015）以及政府投资（陈时兴，2012；肖鹏和张秀群，2014）等关键因素。由于利率水平缺乏地区差异，资本回报率和金融发展对高技术产业的资本投入较为间接且地区差异不明显；而政府对高技术产业的投资存在较为明显的地区差异，也对高技术企业的投资产生着直接的影响。基于此，这里采用政府对高技术产业的投资额作为高技术产业资本投入的控制变量，如果政府投资的系数为正，则说明政府投资带动了高技术企业的投资，存在挤入效应；如果政府投入的系数为负，则说明政府投资存在挤出效应。

④影响可支配收入的因素很多，主要包括人均 GDP 增长、出口水平、通货膨胀率（王军强等，2013；彭屹松和伍中信，2015）以及政府政策与人力资本（郭剑雄，2007；王引和尹志超，2009；Kashiwa 和 Chib，2013；陈乙酉和付园元，2014）等。由于通货膨胀率缺乏地区差异，政府政策较难衡量，出口水平对可支配收入的影响较为间接且影响不确定，人力资本积累需要一个长期的过程；而人均 GDP 水平对可支配收入的影响较为直接且能够较好地反映可支配收入的变化。基于此，这里采用地区人均 GDP 作为可支配收入的控制变量，预期人均 GDP 的影响系数为正，即地区经济增长会促进当地居民可支配收入的增长。

⑤关于地区技术交易量的影响因素，周燕和郭亮玺（2009）的定性分析发现，技术适用性、供应方输出能力、接受方吸收能力和中介服务能力都是重要的影响因素；李柏洲和孙立梅（2011）的研究显示，地区专利申请数和新产品产值的增长都是影响技术交易量的重要因素；而胡凯等（2013）则认为，地区知识产权保护的程度对技术交易产生了重要的影响。由于技术适用性、供应方输出能力和接受方吸收能力等因素很难衡量，而专利申请数、新产品产值知识产权保护等变量在本书其他研究中都使用了；为了体现研究的创新性，这里采用中介服务能力的变化作为控制变量，预期中介服务能力的影响系数为正，即中介服务能力的提高能够促进地区技术交易量的增长。参考国内学者的通常做法，选取樊纲等（2011）的"中国市场化指数"中的"中介组织发育指数"体现。

表 6.1　　　　　　　　　中间变量与控制变量的定性描述

效应类型	变量类型	符号	涵义	度量指标及说明	单位	预期影响
资源误置效应	中间变量	PRO	生产率	根据 DEA - Malmquist 指数测算	%	—
	控制变量	ETE	技术效率	根据 DEA - Malmquist 指数测算	%	+
		LTE	技术水平	根据 DEA - Malmquist 指数测算	%	+
寻租效应	中间变量	NPE	非生产性支出	地区高技术产业非生产性开支占总支出比重	%	—
	控制变量	INE	制度环境	根据地区市场化进程总指数测算	分	—

效应类型	变量类型	符号	涵义	度量指标及说明	单位	预期影响
挤出效应	中间变量	INV	资本投入	依据地区高技术产业的投资额测算	亿元	—
	控制变量	GOV	政府投资	依据地区政府对高技术产业的投资额测算	亿元	+/-
需求抑制效应	中间变量	DIN	可支配收入	地区城乡居民可支配收入的均值	元/人	—
	控制变量	PCG	人均GDP	依据地区国内生产总值测算	元/人	+
	中间变量	TMT	技术交易量	依据地区技术市场交易总量测算	亿元	
	控制变量	ISC	中介服务能力	根据地区中介组织发育指数测算	分	+

（二）实证检验与结果分析

表 6.2 中报告了式（6.2）的两步 SYS-GMM 估计结果，模型 1—模型 5 分别列出各中间变量作为被解释变量的估计结果，各模型的汉森检验和 AB 检验均满足 GMM 估计的要求，即残差显著存在一阶自相关而不存在二阶自相关，且汉森统计量不显著，这表明各个模型采用的工具变量合理有效，不存在工具变量的过度识别问题。

从表 6.2 模型 1 可以看出，要素市场扭曲（FMD）的影响系数显著为负，这说明要素市场扭曲对地区高技术产业的全要素生产率产生了显著的负向影响，也表明要素市场扭曲抑制了地区生产率的提高，这与理论预期相符。此外，生产率的控制变量技术效率（ETE）和技术进步（LTE）的影响系数都显著为正，表明地区高技术产业全要素生产率的提升动力主要来源技术水平和技术效率的提高，这也与理论预期相符，支持了张伟和吴文元（2011）、邵帅等（2013）的研究结论。

表 6.2 模型 2 列出了以非生产性支出为中间变量的估计结果。显而易见，要素市场扭曲（FMD）对非生产性支出（NPE）的影响系数显著为正，说明了要素市场扭曲导致了地区高技术产业的非生产性支出的增加。这意味着，要素市场扭曲促进了高技术企业在寻租活动方面的开支，即导致了企业寻租活动的增加，这印证了理论预期。关于控制变量的影响，制度环境（INE）的影响系数显著为负，说明地区制度环境的改善能够显著地减少高技术企业的非生产性支出，这也与理论预期相符，印证了陈信元和万华林（2007）的研究结论。

表 6.2　　　　　　　　　　　中间变量的参数估计结果

变量类型	解释变量	中间变量（被解释变量）				
		模型 1	模型 2	模型 3	模型 4	模型 5
		PRO	NPE	INV	DIN	TMT
中间变量滞后项	PRO_{t-1}	0.354*** (-4.97)	—	—	—	—
	NPE_{t-1}	—	0.134 (0.67)	—	—	—
	INV_{t-1}	—	—	0.164*** (3.84)	—	—
	DIN_{t-1}	—	—	—	0.083*** (3.48)	—
	PCG_{t-1}	—	—	—	—	0.126* (2.05)
核心变量	FMD	-0.232*** (-5.09)	0.238** (2.43)	0.178* (1.89)	-0.132*** (-2.97)	-0.212*** (-2.75)
控制变量	ETE	0.628*** (7.65)	—	—	—	—
	LTE	0.303*** (6.83)	—	—	—	—
	INE	—	-0.186*** (-3.93)	—	—	—
	GOV	—	—	0.093* (1.94)	—	—
	PCG	—	—	—	0.308** (2.38)	—
	ISC	—	—	—	—	0.168*** (2.83)
观测值		377	377	377	377	377
AR（1）检验值［p］[a]		-2.465 [0.014]	-2.443 [0.015]	-2.543 [0.011]	-1.84 [0.066]	-2.491 [0.013]
AR（2）检验值［p］[b]		-1.040 [0.298]	-1.341 [0.180]	-1.072 [0.284]	0.42 [0.675]	-1.019 [0.308]
汉森检验值［p］[c]		23.973 [1.000]	22.435 [1.000]	18.979 [1.000]	15.32 [1.000]	0.000 [1.000]

注：（1）***、**、*分别表示统计值在1%、5%和10%的显著性水平下显著。（2）圆括号内的数值为 t 值；方括号内的数值为概率 p 值。（3）a 零假设为差分后的残差项不存在一阶序列相关［若差分后的残差项存在一阶序列相关，系统 GMM 依然有效，参见罗德曼（2009）］；b 零假设为差分后的残差项不存在二阶序列相关（若差分后的残差项存在二阶序列相关，则系统 GMM 为无效）；c 为汉森检验的零假设为过度识别约束是有效的。（4）考虑到样本观察值的有限性，这里以解释变量的一阶滞后值作为工具变量。（5）GMM 方法所用的软件包是 stata /MP 11.0，所用的程序是 xtabond2。

表 6.2 模型 3 的结果显示，要素市场扭曲（FMD）对中间变量——资本投入（INV）的影响系数显著为正，这说明要素市场扭曲促进了（非研发活动）投资活动的增加；而关于研发活动与其他投资活动的关系，在企业既定投资约束前提下，其他投资活动的增加会抑制企业的研发活动（克拉森斯等，2008，余明桂等，2010；陈时兴，2012），这意味着要素市场扭曲所导致的其他投资增加会抑制研发活动的投资，这与理论预期相符。关于控制变量对投资活动的影响，政府投资（GOV）的影响系数显著为正，说明政府投入的增加对高技术企业的非研发投资存在挤入效应，即政府投资促进了企业寻租活动方面的资金投入。

从表 6.2 模型 4 可以看出，要素市场扭曲（FMD）对中间变量——可支配收入（DIN）的影响系数显著为负，这说明要素市场扭曲对地区人均可支配收入产生了负向影响，即劳动力等要素价格的低估抑制了地区可支配收入的增长，这与理论预期相符。国内外大量的研究表明，可支配收入与产品消费或者需求呈现出正相关的关系，即可支配收入越高，产品的需求量也越高，反之亦然。这样的结论意味着，要素市场扭曲对可支配收入产生的抑制效应，会进一步抑制高技术产品的需求。关于控制变量对可支配收入的影响，人均 GDP（PCG）的影响系数显著为正，说明地区经济发展促进了人均可支配收入的增长，这与理论预期相符。

表 6.2 模型 5 报告了以技术市场交易量（TMT）为被解释变量的估计结果。从中可以看出，要素市场扭曲（FMD）的影响系数显著为负，这说明，要素市场扭曲抑制了技术市场交易的增长，印证了理论预期。对此可能的解释是：要素市场扭曲通过技术交易的高价格抑制新技术的有效需求，通过市场分割使得本地企业、单位或个人只能购买和使用本地技术，进而减少了对先进技术的市场需求，两个方面的影响导致了技术市场交易量的下降。关于控制变量对技术市场交易量的影响，中介服务能力（ISC）的影响系数显著为正，说明中介服务能力的改善能够显著地促进地区技术市场交易的发展，这也与理论预期相符。

综上所述，全要素生产率（PRO）、非生产性支出（NPE）、资本投入（INV）、可支配收入（DIN）和技术市场交易（TMT）是影响要素市场扭曲与研发投入之间关系的中间变量。至此，已经找到了影响两者之间关系的关键性因素，但是，还不足以对要素市场扭曲影响研发投入的机制提供进一步的解释。接下来，将对上述第三个问题进行解答以验证两者之间的影响机制。

三 传导机制验证与解释

(一) 中间变量对研发资本投入的影响

前文的研究证实了要素市场扭曲对中间变量都产生了显著的影响，接着需要进一步考察中间变量如何影响创新行为——研发资本投入。为了实证考察中间变量对研发资本投入的影响，这里在第三章式（3.1）的基础上，构建如下的计量模型展开实证检验：

$$\ln RDK_{it} = \sigma_0 + \sigma_1 \ln RDK_{i,\,t-1} + \sigma_2 Z_{it}\alpha_0 + \sigma_3 SIZE_{it} + \sigma_4 DOP_{it} + \sigma_5 CTI_{it} +$$
$$\sigma_6 EPER_{it} + \sigma_7 DNP_{it} + \sigma_8 ENF_{it} + \sigma_9 FII_{it} + \sigma_{10} IPP_{it} + \lambda_i + \varepsilon_{it}$$
$$(6.3)$$

式（6.3）中，t 代表时间，下标 i 代表地区，λ_i 是不可观测的地区效应，ε_{it} 为随机扰动项。σ_1—σ_{10} 为各变量的系数。被解释变量 $\ln RDK_{it}$ 表示各省高技术产业的研发资本投入；$\ln RDK_{i,t-1}$ 为研发资本投入的滞后一项，主要反映遗漏变量的影响；Z_{it} 代表要素市场扭曲四种效应的中间变量。其他变量与式（3.2）的含义一致，主要包括企业特征变量中的企业规模（SIZE）、外向度（DOP）、资本密集度（CTI）和企业绩效（EPER），以及市场环境中的新产品需求（DNP）、融资环境（ENF）、财政投入强度（FII）和知识产权保护强度（IPP）。

表 6.3 报告了各中间变量的两步系统 GMM 估计结果。模型1—模型6的残差序列相关性检验表明，差分后的残差存在一阶序列相关性而无二阶序列相关性，因此，从估计的结果可以断定原模型的误差项无序列相关性。同时，汉森过度识别检验的结果也显示，不能拒绝工具变量有效性的零假设（p 值均显著大于 0.1）。这说明了模型设定的合理性和工具变量的有效性。此外，估计结果的系数在方向上保持了一致且大多显著，说明结果具有稳健性。

表 6.3　　中间变量对研发资本投入的影响

变量类型	解释变量	被解释变量：研发资本投入（lnRDK）					
		模型1	模型2	模型3	模型4	模型5	模型6
lnRDK$_{t-1}$		0.126*** (3.77)	0.164*** (2.79)	0.101*** (3.68)	0.089* (1.82)	0.105*** (2.96)	0.116*** (3.45)

续表

变量类型	解释变量	被解释变量：研发资本投入（lnRDK）					
		模型1	模型2	模型3	模型4	模型5	模型6
中间变量	PRO	0.203 *** (2.93)	—	—	—	—	0.178 *** (3.83)
	NPE	—	−0.094 *** (−3.64)	—	—	—	−0.073 * (−1.86)
	INV	—	—	−0.219 *** (−4.03)	—	—	−0.124 *** (−2.74)
	DIN	—	—	—	0.054 ** (2.35)	—	0.028 ** (2.37)
	PCG	—	—	—	—	0.173 *** (3.24)	0.258 *** (3.91)
企业特征变量	SIZE	0.059 * (1.93)	0.032 (1.50)	0.036 * (1.75)	0.059 (1.52)	0.021 (0.20)	0.161 ** (2.67)
	DOP	0.344 * (1.92)	0.331 * (1.94)	0.345 ** (2.27)	0.127 ** (2.20)	0.140 * (1.74)	0.007 (0.23)
	CTI	−0.037 (−1.54)	−0.047 ** (−2.00)	−0.007 (−0.25)	−0.062 ** (−2.29)	−0.055 * (−1.92)	−0.082 ** (−2.21)
	EPER	0.037 (0.95)	0.040 (1.03)	0.026 (0.66)	0.011 (0.71)	−0.003 (−0.18)	0.032 (0.99)
市场环境变量	DNP	0.036 ** (2.18)	0.004 (0.15)	0.038 ** (2.30)	−0.049 (−1.34)	0.003 (0.06)	−0.038 * (−1.74)
	ENF	0.110 *** (2.79)	0.084 ** (2.21)	0.085 ** (2.24)	0.030 (0.47)	0.022 (0.51)	0.020 (0.55)
	FII	0.125 *** (3.12)	0.238 *** (3.21)	0.312 *** (2.30)	0.175 *** (3.64)	0.260 ** (2.57)	0.172 *** (3.10)
	IPP	0.025 (0.45)	0.087 * (1.74)	0.094 * (1.87)	0.104 ** (2.51)	0.178 * (1.74)	0.081 * (1.93)
观测值		377	377	377	377	377	377
估计方法		两步 SYS-GMM	两步 SYS-GMM	两步 SYS-GMM	两步 SYS-GMM	两步 SYS-GMM	两步 SYS-GMM
AR（1）检验值［p］[a]		−2.51 [0.012]	−2.72 [0.007]	−1.84 [0.066]	−2.213 [0.027]	−2.183 [0.029]	−2.240 [0.025]
AR（2）检验值［p］[b]		0.62 [0.534]	−0.35 [0.729]	0.42 [0.675]	−0.505 [0.613]	−0.744 [0.457]	−0.588 [0.557]
汉森检验值［p］[c]		14.86 [1.000]	12.92 [1.000]	15.32 [1.000]	15.196 [1.000]	13.621 [1.000]	17.053 [1.000]

注：同表6.1。

表6.3模型1报告了中间变量——全要素生产率（PRO）对研发资本投入（lnRDK）的影响结果。从中可以发现，生产率的影响系数显著为正，这说明全要素生产率与研发资本投入之间存在正相关关系，即前者的

提高会促进研发资本投入的增长，前者的下降则会导致研发资本投入的减少。这意味着，高技术企业资源配置能力的提高有利于促进研发资本投入的增长，而资源配置能力的下降则会对后者产生抑制作用。这符合理论预期。

表 6.3 模型 2 的估计结果显示，非生产性支出（NPE）对研发资本投入（lnRDK）的影响系数显著为负，说明两者存在负相关关系，即高技术企业非生产性支出的增加会导致企业研发资本投入的下降，而非生产性支出的下降则有利于促进企业研发资本投入的增长。这意味着，企业寻租活动越多，研发资本投入越少；而寻租活动的减少则会有利于研发资本投入的增加。这印证了理论预期。

表 6.2 模型 3 列出了中间变量——资本投入（INV）对研发资本投入估计结果。可以看出，资本投入的影响系数显著为负，说明了高技术企业的研发投资与其他投资存在显著的负相关关系。也就是说，其他投资越多，高技术企业的研发投资越少；反过来，其他投资减少就会促进研发投资的增加。这意味着，研发投资与其他投资存在替代关系，其他投资对研发投资产生挤出效应。这与理论预期相符。

从表 6.3 模型 4 可以看出，中间变量——可支配收入（DIN）对研发资本投入的影响系数显著为正，这说明可支配收入与研发资本投入存在正相关关系；也就是说，可支配收入的提高会通过增加产品的消费，进而促进高技术企业增加研发投资；反过来，可支配收入的下降则会抑制高技术产品的消费，进而导致企业研发投资的减少。同时，模型 5 报告了技术市场交易量（TMT）对研发资本投入的估计结果，可以发现，技术市场交易的影响系数显著为正；这说明，技术市场交易与研发投资存在正相关关系；即技术市场交易的增加会促进高技术企业研发投资的增长，而前者的下降则会抑制企业的研发投资。

（二）要素市场扭曲影响研发资本投入的传导机制

结合前文关于要素市场扭曲对中间变量的影响以及中间变量与研发投资的关系，可以总结出要素市场扭曲如何通过中间变量影响着高技术产业的研发资本投入。具体来说：

①要素市场扭曲对高技术产业的生产率存在显著的负向影响，而全要素生产率与研发资本投入存在正相关关系。这表明，要素市场扭曲导致了高技术产业的资源配置能力下降，而其资源配置能力的下降则抑制了高技

术产业研发资本投入的增长。可见，要素市场扭曲通过损害高技术产业的资源配置效率进而抑制着高技术产业的研发投资。这验证了要素市场扭曲的资源误置效应。

②要素市场扭曲导致了高技术产业非生产性开支的增加，促进了企业寻租活动的增加；而非生产性开支与研发资本投入存在负相关关系。这说明，要素市场扭曲导致了企业寻租活动增加，而寻租活动的增加则抑制了高技术产业的研发资本投入。因而，要素市场扭曲通过对企业寻租活动的影响，进而抑制了高技术产业研发资本投入的增长。这也验证了要素市场扭曲的寻租效应。

③要素市场扭曲促进了高技术产业其他投资的增长，而其他投资活动与高技术产业研发投资存在显著的负相关关系。这说明，要素市场扭曲对高技术产业其他投资的促进作用，会对企业或者产业的研发投资产生负向影响。可见，要素市场扭曲会导致高技术产业增加其他投资，挤占高技术产业研发投资，进而抑制其研发投资的增长。这也验证了要素市场扭曲的挤出效应。

④要素市场扭曲对可支配收入产生了负向影响，而可支配收入与高技术产业的研发投资存在正相关关系。这说明，要素市场扭曲所导致的可支配收入下降会通过对高技术产品需求的抑制，进而对高技术产业的研发投资产生了负向影响。与此同时，要素市场扭曲对技术市场交易量的影响显著为负，而技术市场交易量与高技术产业的研发投资呈现出正相关关系；这表明了，要素市场扭曲通过对技术交易需求的抑制，进而导致了高技术产业研发投资的减少。可见，要素市场扭曲通过对产品需求和技术需求等方面的抑制，进而对研发投资产生了负向影响。这也验证了要素市场扭曲的需求抑制效应。

根据上述的分析结果，可以用图 6.2 来描述要素市场扭曲如何通过中间变量影响高技术产业的研发资本投入。要素市场扭曲既通过对高技术产业资源配置效率的抑制，进而对研发资本投入产生着负向影响；也通过催生更多的寻租空间，抑制了高技术产业的研发动机。同时，要素市场扭曲所导致的高技术产业其他投资增加会抑制产业的研发投资；也通过影响可支配收入和技术市场交易，抑制着高技术产品和新技术的需求，进而对高技术产业研发投资增长产生着负向影响。

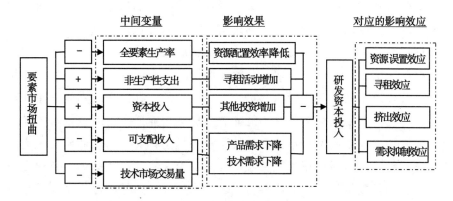

图 6.2　要素市场扭曲影响研发资本投入的传导机制图

第三节　要素市场扭曲影响技术创新效率的机制

第四章的研究结果表明，要素市场扭曲促进了中国高技术产业创新效率的提升。这里尝试对要素市场扭曲影响创新效率（创新过程）的机制提供进一步的解释。为此，需要在第四章的基础上，回答以下三个问题：第一，哪些因素是引起要素市场扭曲与创新效率之间关系的中间变量；第二，这些中间变量在不同的门槛值条件下对两者之间的关系会产生怎样的影响；第三，要素市场扭曲对这些中间变量有着怎样的影响。对于前两个问题，可以借鉴邵帅等（2013）的方法，采用面板门槛估计方法依次对潜在的中间变量予以识别和判断；对于第三个问题，可以通过建立面板估计模型对要素市场扭曲与被识别出来的中间变量之间的作用方向进行判断。

一　理论机制分析

第三章的研究结果显示，要素市场扭曲对高技术产业研发投入（包括研发资本投入和研发人力）有着显著的影响。市场分割和价格扭曲相关领域的研究也表明，要素市场扭曲对企业规模、外向度、技术密集度和经济绩效都有着显著的影响。而国内外创新领域大量研究表明，外向度、经济绩效、企业规模和技术密集度等特征变量以及研发投入的变化，都对企业或者行业的创新效率有着重要的影响。由此，可以推测，研发投入、外向度、经济绩效、企业规模和技术密集度很可能是影响要素市场扭曲与创新效率之间关系的中间变量，即要素市场扭曲通过影响这些中间变量进而促使高技术产业创新效率的变化。通过对现有文献的梳理和归纳，可以从理论层面揭示要素市场扭曲影响创新效率的机制，具体如下：

第一，第三章的研究发现，要素市场扭曲显著地抑制了资本投入的增长，但却促进了研发人力投入的增长。这里知道，在研发资本硬约束的前提下，过度的研发人力投入并不能显著地促进企业或者行业技术水平的提高；或者说仅仅是研发资本投入与技术进步呈正相关关系，而研发人力投入未必与技术进步呈现正相关关系。大量理论和实证研究都证实，研发资本投入的增长能够提高企业或者行业的技术进步，这能够促进企业或者行业研发活动的效率（杰弗逊等，2006；吴延兵，2006；戴魁早和刘友金，2013a）；但是，研发人力投入对创新效率的影响却不一定显著为正。由此可见，要素市场扭曲很可能会通过抑制研发资本投入的增长进而损害高技术产业的创新效率。

第二，理论与实证研究发现，由于地方保护主义的存在，企业进行异地并购困难重重，抑制着企业规模的扩大（方军雄，2009）；这表明，地区要素市场扭曲可能抑制了企业规模的扩大。而关于企业规模对创新效率的影响，大量研究支持了"企业规模越大越有可能产生创新的规模经济效应"这一观点，即在创新过程中，较大规模的企业越有可能产生创新的规模经济效应，因而可能有着较高的创新效率（布兰德尔等，1999；盖尔，2001；戴魁早和刘友金，2013b）。由此可知，要素市场扭曲所导致的企业规模下降可能会抑制高技术产业创新效率的提升。

第三，在出口导向的发展战略下，地方政府普遍采取要素市场控制策略。企业将要素市场扭曲产生的低成本因素转化为出口竞争优势。国内众多的经验研究证实了要素市场扭曲激励了中国企业出口（张杰，2011；施炳展和冼国明，2012），进而导致了企业或者行业外向度的提高。而第四章的研究结果表明，行业或者企业外向度的提高，既使得企业在国际分工中获得了更多的收益，又使得企业会面临越来越激烈的国际市场竞争，而激烈竞争激励着企业不断提高其创新效率。因此，要素市场扭曲很可能会通过促进企业或者行业外向度的提高，进而提升高技术产业的创新效率。

第四，理论与实证研究发现，要素市场扭曲能够促进地区企业的出口（张杰，2011；施炳展和冼国明，2012）；而戴小勇和成力为（2014）的研究表明，在要素市场扭曲程度导致了出口企业的资本密集度低于非出口企业。由此可以推测，要素市场扭曲通过促进地区企业出口水平的提高进而导致了地区企业或者行业技术密集度的下降。而关于技术密集度对创新效率的影响，戴魁早（2013a）、戴魁早和刘友金（2013c）以及第四章的研究表明，技术密集型越高，新产品创新的复杂程度越高，创新风险越大，因而会导致较低的创新效率。由此可知，要素市场扭曲很可能能够通过降低企业或者行业的技术密集度，进而促进高技术产业创新效率的提高。

第五，大量的理论与实证研究发现，要素市场扭曲（市场分割和价额扭曲）损害了企业或者产业的效率（聂辉华和贾瑞雪，2011；袁鹏和杨洋，2014），而较低的生产效率或者管理效率会导致企业或者产业经济绩效的下降。严太华和李建新（2013）的研究发现了要素市场的不断发育能够有效地促进民营上市公司经营业绩的提高。国内外大量的研究表明，经济绩效越好的企业或者行业，越有能力采用更先进的技术和设备，以及为员工提供更好的工作环境和福利（杰弗逊等，2006；吴延兵，2006），这两个方面都有助于企业创新效率的提高（戴魁早和刘友金，2013a）。因此，要素市场扭曲很可能通过抑制促进企业或行业经济绩效的提高，进而损害高技术产业的创新效率。

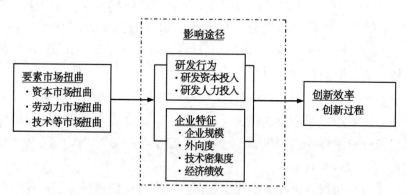

图 6.3　要素市场扭曲影响创新效率的理论框架

综上所述，研发投入、外向度、企业规模、经济绩效和技术密集度等因素很可能是影响要素市场扭曲与创新效率关系的中间变量，由此可以构建如图 6.3 所示的理论分析框架。而为了检验这些因素是否是两者的中间变量及其对两者关系产生了怎样的影响，接下来，借鉴邵帅等（2013）的方法，采用面板门槛模型来进行检验。

二　门槛效应验证

汉森（1999）发展的门槛面板模型，可以避免人为划分研发投入、企业特征变量区间所带来的偏误（李平和许家云，2011），能够根据数据本身的特点内生地划分研发投入、企业特征变量的区间，进而研究这些变量不同门槛值区间内要素市场扭曲对创新过程（创新效率）的影响。下面，先重点介绍在第四章式（4.30）基础上单一门槛模型的设定，进而扩展到多门槛模型。单一门槛回归的基本思想是，在模型内的某一企业特征变量存在一个门槛水平的情况下，对于 $T_{it} \leqslant \omega$ 与 $T_{it} > \omega$ 两种情况而言，要素市场扭曲对被解释变量创新效率的影响存在着明显差异。单一门槛模型可以表述如下：

$$TG_{it} = \gamma_1 + \gamma_2 EF_{it} + \gamma_3 TE_{it} + \gamma_4 FMD_{it} I(T_{it} \leqslant \omega) + \gamma_5 FMD_{it} I(T_{it} > \omega) + \sigma_i Z_{it}^* + \lambda_i + \varepsilon_{it} \tag{6.4}$$

上式中，T_{it} 为门槛变量，包括研发投入与各企业特征变量；ω 为这些变量的门槛值，γ_4 和 γ_5 分别为门槛变量在 $T_{it} \leqslant \omega$ 与 $T_{it} > \omega$ 时解释变量——要素市场扭曲 FMD_{it} 对被解释变量 TG_{it} 的影响系数，$I(\cdot)$ 为一个指标函数，$\varepsilon_{it} \sim iidn(0, \sigma^2)$ 为随机干扰项；其他符号的含义与第四章式（4.31）相同。如果 ω 越接近门槛水平，模型的残差平方和 $S(\omega) = \hat{e}(\omega)'\hat{e}(\omega)$ 就越小（Chan，1993），这样，可以通过最小化 $S(\omega)$ 获得 ω 的估计值。进而估计出其他参数。参数估计值后，还需要检验系数 γ_4 和 γ_5 是否存在显著性的差异以及企业特征变量门槛的估计值是否等于其真实值。前者可以采用自抽样法（Bootstrap）获得其渐近分布，并估计门槛值的统计显著性 p 值（汉森，1999）；后者需要使用极大似然估计量检验门槛值（汉森，1996）。

以上只是假设各个企业特征变量存在一个门槛的情况，但从计量的角度看可能会存在多个门槛，在此以双重门槛模型为例做以下简要说明，模型设定如下：

$$TG_{it} = \gamma_1 + \gamma_2 EF_{it} + \gamma_3 TE_{it} + \gamma_4 FMD_{it} I(T_{it} \leqslant \omega_1) + \gamma_5 FMD_{it} I(\omega_1 < T_{it} < \omega_2) + \gamma_6 FMD_{it} I(T_{it} > \omega_2) + \sigma_i Z_{it}^* + \lambda_i + \varepsilon_{it} \tag{6.5}$$

式（6.5）的估计方法为先假设单一模型中估计出的 $\dot{\omega}_1$ 是已知的，再进行 ω_2 的搜索，得到误差平方和最小时的 $\widehat{\omega_2}$ 值；$\widehat{\omega_2}$ 值是渐近有效的，

$\hat{\omega}_1$ 却不具有此性质（Bai，1997）。这样再固定 $\hat{\omega}_2$ 对 $\hat{\omega}_1$ 进行重新搜索，可得到优化后的一致估计量。以此类推，多重门槛模型可在单一和双重门槛模型的基础上进行扩展，在此不再赘述。

通过上述分析，将研发资本投入（LRDK）、研发人力投入（LRDL）、企业规模（SIZE）、外向度（DOP）、企业绩效（EPER）和技术密集度（TID）等企业特征变量作为门槛变量，依次在不存在门槛、一个门槛和两个门槛的设定下估计，可以得到 F 统计量和自抽样法的显著性及 10% 水平临界值（见表6.4）。结果显示，四个企业特征变量在 10% 的显著水平上均存在单一的门槛效应，研发资本投入存在两个门槛值，而研发人力投入没有门槛值。门槛值的估计结果如表 6.5 所示，研发资本投入的两个门槛值分别是 3.346 和 5.874；企业规模的门槛值为 1.274，外向度、经济绩效和技术密集度的门槛值则分别为 0.158、0.066 和 0.914（95% 置信区间见表 6.5）。

表 6.4　门槛效果检验

		门槛变量					
		研发资本投入（LRDK）	研发人力投入（LRDL）	企业规模（SIZE）	外向度（DOP）	企业绩效（EPER）	技术密集度（TID）
单一门槛检验		3.732* [0.100]	2.754 [0.248]	3.732* [0.100]	4.795* [0.100]	5.801* [0.100]	4.468* [0.100]
双重门槛检验		2.836* [0.088]	1.983 [0.431]	1.183 [0.600]	1.181 [0.200]	5.520 [0.200]	2.297 [0.300]
三重门槛检验		1.930 [0.523]	0.946 [0.783]	0.600 [0.600]	1.841 [0.200]	1.615 [0.200]	1.019 [0.500]
10% 临界值	单一	3.728	3.723	2.646	2.959	6.499	3.783
	双重	2.457	4.129	4.457	4.682	7.102	6.349
	三重	3.786	2.829	4.786	10.601	4.429	6.282

注：（1）***、**、*分别表示统计值在 1%、5% 和 10% 的显著性水平下显著。（2）表中的数字为门槛检验对应的 F 统计量，临界值为自抽样法（Bootstrap）反复抽样 300 次得到的结果。

表 6.5　门槛值估计结果

门槛变量	门槛值 1		门槛值 2	
	估计值	95% 置信区间	估计值	95% 置信区间
研发资本投入（LRDK）	3.346	[2.982, 3.782]	6.306	[6.032, 6.696]

续表

门槛变量	门槛值 1		门槛值 2	
	估计值	95%置信区间	估计值	95%置信区间
企业规模（SIZE）	1.274	[0.451, 1.946]	—	—
外向度（DOP）	0.158	[0.081, 0.171]	—	—
企业绩效（EPER）	0.066	[0.035, 0.099]	—	—
技术密集度（TID）	0.914	[0.564, 1.937]	—	—

　　将门槛变量对应的门槛值代入式（6.4）或（6.5），可以估计出各门槛变量的不同门槛值区间要素市场扭曲变量的影响系数。表6.6报告了面板固定效应和两步 SYS-GMM 两种方法的估计结果。因两步 SYS-GMM 估计结果的系数更为显著，且能较好地控制变量间的内生性问题，本章主要依据其估计结果进行分析。两步 SYS-GMM 估计的残差序列相关性和汉森过度识别结果显示了表6.6中相应模型设定的合理和工具变量的有效。

　　表6.6模型2结果显示，在研发资本投入不同的门槛值区间，要素市场扭曲对高技术产业创新效率的影响大小和显著性存在明显的差异。当研发资本投入小于第一个门槛值3.346时，要素市场扭曲的影响系数为 -0.078且显著，说明要素市场扭曲水平每增加1%，高技术产业创新效率显著下降7.8%。当研发资本投入大于3.346时，要素市场扭曲每增加1%，高技术产业创新效率下降的幅度变小了，为2.4%。然而，当研发资本投入大于第二个门槛值6.476时，要素市场扭曲的影响方向由负变正了（尽管不显著），值为0.053。可见，在研发资本投入不同门槛值区间，要素市场扭曲对高技术产业创新效率的影响大小和显著性都存在显著的差别；这说明研发资本投入是影响要素市场扭曲与技术创新效率之间关系的中间变量。

　　从表6.7各细分高技术行业研发资本投入的数据可以发现，低于3.346门槛值的行业主要包括广播电视制造业和航天器制造业等；跨过第一个门槛值而低于第二个门槛值6.306的行业主要有化学药品制造业和飞机制造及修理业等；而研发资本投入大于6.476的行业仅通信设备制造业

表6.6　门槛模型的参数估计结果

解释变量	门槛变量									
	LRDK		SIZE		DOP		EPER		TID	
	模型1	模型2	模型3	模型4	模型5	模型6	模型7	模型8	模型9	模型10
EF	0.812*** (9.23)	0.806*** (27.53)	0.951*** (72.81)	0.962*** (299.41)	0.952*** (73.02)	0.965*** (275.21)	0.951*** (73.59)	0.952*** (174.51)	0.953*** (72.88)	0.961*** (227.29)
TE	0.317*** (3.38)	0.373*** (3.57)	0.577*** (43.38)	0.573*** (140.57)	0.578*** (43.45)	0.577*** (154.06)	0.577*** (43.72)	0.561*** (87.47)	0.578*** (43.45)	0.571*** (104.54)
FMD_1	-0.067*** (-3.85)	-0.078* (-1.81)	-0.017 (-0.42)	-0.023** (-2.47)	-0.023 (-0.55)	-0.028*** (-3.01)	-0.060** (-2.51)	-0.011** (-2.21)	-0.020 (-0.49)	-0.001 (-0.18)
FMD_2	-0.045** (-2.04)	-0.024** (2.39)	-0.029 (-1.36)	-0.009 (-1.11)	-0.032 (-1.61)	-0.007 (-0.87)	-0.015* (-1.84)	-0.005 (-0.51)	-0.032 (-1.58)	-0.027*** (-2.93)
FMD_3	0.112 (1.08)	0.053 (0.87)	—	—	—	—	—	—	—	—
SIZE	0.012 (1.23)	0.039* (1.87)	0.016 (0.41)	0.012 (1.23)	0.031 (0.77)	0.029*** (3.54)	0.006 (0.15)	0.018** (2.18)	0.018 (0.45)	0.024** (2.75)
DOP	0.052 (1.02)	0.030*** (3.06)	0.052 (1.02)	-0.030*** (-3.06)	0.014 (0.26)	0.041*** (3.70)	0.077 (1.51)	0.030** (2.54)	0.049 (0.97)	0.038*** (4.05)
EPER	0.002 (0.11)	0.001 (0.07)	0.002 (0.11)	0.001 (0.07)	0.007 (0.41)	0.007 (0.76)	0.004 (0.16)	-0.014 (-0.80)	0.007 (0.43)	-0.003 (-0.39)
TID	-0.015 (-0.69)	-0.002 (-0.74)	0.015 (0.69)	-0.002 (-0.74)	0.019 (0.89)	-0.005* (-1.71)	0.013 (0.62)	-0.004 (-0.94)	0.005 (0.24)	-0.004 (-0.88)
IPP	0.166*** (4.34)	0.060*** (5.40)	0.015 (0.60)	0.024*** (3.79)	0.017 (0.68)	0.028*** (3.62)	0.008 (0.32)	0.022*** (3.55)	0.016 (0.63)	0.024*** (3.09)
PRS	-0.017 (-0.42)	-0.023** (-2.47)	-0.005 (-0.15)	-0.003 (-0.60)	-0.002 (-0.05)	-0.008 (-1.10)	0.013 (0.39)	0.002 (0.35)	-0.007 (-0.19)	0.004 (0.59)

续表

解释变量	门槛变量									
	LRDK		SIZE		DOP		EPER		TID	
	模型 1	模型 2	模型 3	模型 4	模型 5	模型 6	模型 7	模型 8	模型 9	模型 10
TSP	0.101*** (2.93)	0.097*** (3.75)	0.166*** (4.34)	0.060*** (5.40)	0.171*** (4.44)	0.070*** (6.78)	0.158*** (4.22)	0.054*** (4.21)	0.173*** (4.46)	0.067*** (5.24)
估计方法	动态 FE	两步系统 GMM	动态 FE	两步系统 GMM	动态 FE	两步系统 GMM	动态 FE	两步系统 GMM	动态 FE	两步系统 GMM
参数联合检验值 [p]	554.370 [0.000]	3.1×10^4 [0.000]	554.370 [0.000]	3.1×10^4 [0.000]	555.767 [0.000]	7.7×10^4 [0.000]	520.769 [0.000]	3.6×10^4 [0.000]	555.539 [0.000]	1.5×10^4 [0.000]
观测值	348	348	348	348	348	348	348	348	348	348
R^2 值	0.928	—	0.952	—	0.952	—	0.953	—	0.952	—
AR (1) 值 [p][a]	—	-6.242 [0.000]	—	-2.73 [0.006]	—	-2.98 [0.003]	—	-2.74 [0.006]	—	-3.38 [0.001]
AR (2) 值 [p][b]	—	-1.157 [0.247]	—	-1.024 [0.306]	—	-1.026 [0.305]	—	-1.020 [0.308]	—	-1.020 [0.308]
汉森值 [p][c]	—	22.142 [1.000]	—	18.524 [1.000]	—	22.508 [1.000]	—	11.478 [1.000]	—	20.339 [1.000]

注: 同表 6.1。

和计算机外部设备制造业两个行业；这也表明，在这两个行业中，要素市场扭曲没有抑制行业创新效率的提升。

表 6.7　　　研发资本投入的行业差异（1997—2009 年均值）

行业	LRDK	行业	LRDK
化学药品制造业	5.921	电子元件制造业	6.159
中药材及中成药加工业	4.650	家用视听设备制造业	5.367
生物制品制造业	3.984	其他电子设备制造业	4.064
飞机制造及修理业	5.557	计算机整机制造业	5.404
航天器制造业	3.116	计算机外部设备制造业	6.331
通信设备制造业	6.893	办公设备制造业	2.666
雷达及配套设备制造业	3.790	医疗设备及器械制造业	4.291
广播电视设备制造业	3.059	仪器仪表制造业	5.644
电子器件制造业	5.766		

表 6.6 中模型 4 结果显示，在企业规模大于和小于 1.274 的两个区间，要素市场扭曲对创新效率的影响大小和显著性存在明显的差异。也就是说，当企业规模小于 1.274 时，要素市场扭曲对创新效率的影响系数为 -0.023 且在 5% 水平上显著，说明要素扭曲程度每增加 1%，就会使得创新效率下降 2.3%。反过来，当企业规模大于 1.274 时，要素市场扭曲程度每增加 1%，创新效率仅下降 0.9% 且不显著（各地区企业特征值见表 6.7，下文同）。同样，从表 6.6 中模型 6 可以看出，在企业外向度低于和高于 0.158 的两个门槛值区间时，要素市场扭曲对创新效率的抑制程度和显著性也存在显著的差异。当企业外向度低于 0.158 时，要素市场扭曲对创新效率的影响在 1% 水平上显著，系数值为 -0.028，说明要素扭曲程度每增加 1%，就会使得创新效率显著下降 2.8%。而当企业外向度高于 0.158 时，要素市场扭曲程度每增加 1%，创新效率不显著下降 0.7%。

从表 6.6 中模型 8 可以看出，在企业绩效高于和低于 0.066 的不同门槛值区间里，要素市场扭曲对创新效率的影响大小和显著性存在显著的差异。当企业绩效低于 0.066 时，要素市场扭曲对创新效率的影响在 5% 水平上显著为负，系数值为 -0.023，说明要素市场扭曲程度每增加 1%，就会使得创新效率下降 2.3%。而当企业绩效高于 0.066 时，要素市场扭曲程度每增加 1%，创新效率下降幅度不显著了。模型 10 的结果显示，在企业技术密集度低于和高于 0.914 的两个区间时，要素市场扭曲对创新效率的影响大小和显著性也存在明显的差异。当企业技术密集度低于（高于）0.914 时，要素市场扭曲对创新效率的影响不显著（显著）为负，说明当要素扭曲程度每增加 1%，就会使得创新效率不显著（显著）下降-0.001（-0.027）。

从企业特征变量的年均比重来看（见表 6.8），企业规模跨过门槛值 1.274 的地区约占 27.58%，代表性地区有北京、天津、上海和广东等；而约有 31.03%地区跨过企业外向度门槛值 0.158，代表性的地区有北京、天津、上海、江苏、浙江和广东等。企业绩效超过 0.066 门槛值的地区占比达 34.48%，代表性地区有天津、上海、浙江和广东等；而约有 27.59%的地区没有企业跨过技术密集度的门槛值 0.914，代表性地区有山西、浙江和广东等。由此可见，各地区可以根据自身企业特征值的实际状况，在适当改变企业规模、经济绩效、外向度和技术密集度等方面做工作，以有效地规避要素市场扭曲对高技术产业创新效率的抑制效应。

表 6.8　　　　各地区门槛变量的均值（1997—2009 年）

地区	LRDK	SIZE	DOP	EPER	TID	地区	LRDK	SIZE	DOP	EPER	TID
北京	6.156	1.760	0.271	0.059	1.827	河南	5.292	0.727	0.065	0.067	1.109
天津	5.967	2.026	0.480	0.106	2.143	湖北	5.042	0.835	0.117	0.074	1.055
河北	5.180	0.880	0.133	0.072	1.580	湖南	5.293	0.632	0.099	0.055	1.270
山西	4.734	0.546	0.090	0.037	0.865	广东	6.593	2.296	0.606	0.101	0.742
内蒙古	3.266	1.073	0.081	0.067	0.983	广西	4.173	0.466	0.069	0.070	0.653
辽宁	4.733	1.060	0.394	0.033	1.414	海南	3.794	0.582	0.051	0.041	1.036
吉林	4.823	0.636	0.033	0.076	1.082	重庆	5.432	0.897	0.083	0.048	1.033
黑龙江	5.154	1.283	0.065	0.057	1.541	四川	5.172	1.255	0.111	0.055	1.100
上海	6.745	2.329	0.535	0.136	2.482	贵州	3.849	0.841	0.049	0.043	0.942
江苏	5.927	1.858	0.507	0.045	1.219	云南	3.384	0.525	0.091	0.043	1.340
浙江	5.963	0.719	0.332	0.068	0.690	陕西	4.037	1.357	0.072	0.051	1.259
安徽	4.953	0.530	0.075	0.046	0.794	甘肃	3.826	0.522	0.044	0.040	1.001
福建	5.793	2.065	0.501	0.055	0.838	青海	3.297	0.382	0.018	0.062	0.602
江西	5.352	0.856	0.095	0.041	0.835	宁夏	3.155	0.813	0.242	0.027	1.804
山东	5.963	1.332	0.255	0.052	1.445	比重	—	27.58%	31.03%	34.48%	72.41%

综上所述，在研发资本投入、企业规模、外向度、经济绩效和资本密集型等不同的门槛值区间，要素市场扭曲对创新效率的影响大小和显著性存在明显的差异。这说明，这些门槛变量是影响要素市场扭曲与创新效率之间关系的中间变量。至此，本研究找到了影响两者之间关系的关键性因素，但是，还不足以对要素市场扭曲影响创新效率的传导机制提供进一步的解释。下面这里将对上述第三个问题的解答以验证两者之间的影响机制。

三　传导机制检验

参考邵帅等（2013）研究变量间影响机制的思路，这里构建如下动态面板估计模型，来考察要素市场扭曲与中间变量之间有什么样的联系。

$$Z_{it} = \sigma_0 + \sigma_1 Z_{i,\ t-1} + \sigma_2 FMD_{it} + \sigma_3 W_{it} + \xi_{it} \qquad (6.6)$$

上式中，被解释变量 Z_{it} 为上述中间变量组成的向量集，σ_1—σ_3 为待估参数，ξ_{it} 为随机扰动项，FMD_{it} 为要素市场扭曲变量，$Z_{i,t-1}$ 为解释变量滞后一阶向量集。为了增加分析结果的稳健性，这里将中间变量滞后一期作为解释变量引入模型。理由是：企业特征的变化往往存在较为明显的滞后效应；而且影响这些特征的因素很多，实证时无法将所有因素都纳入，而滞后项则可以反映遗漏变量的影响。W_{it} 为控制变量向量集；而引入控制变量是为了增加结果的稳健性。这里针对每一个中间变量分别选取一个与之密切相关的因素作为控制变量。

（一）企业规模的控制变量

影响企业规模的因素很多，包括市场需求规模、进入壁垒、交易费用、资本获取的成本和生产工艺特点等；而对于我国的高技术企业来说，进入壁垒是与企业规模关系很密切的影响因素，因此这里选择进入壁垒（ENB）作为其控制变量。借鉴戴魁早（2011）的做法，选取地区高技术国有及国有控股大中型企业产值与总产值的比重来反映，预期其系数为正；即进入壁垒越高，企业规模也越大。

（二）企业外向度的控制变量

影响一个外向度的因素也有很多，主要包括贸易结构、汇率水平、人均收入水平、加工贸易比重、外商直接投资水平和经济规模等。而对于高技术企业来说，地区外商投资水平对外向度有着直接且重要的影响。同时，考虑数据的可获得性，这里选择外商投资水平（FDI）作为其控制变量。与大多数文献一致，这里选择地区高技术产业外商投资量与总投资量的比重来刻画，预期其系数为正；即外商投资水平越高，高技术企业的外向度也越高。

（三）企业绩效的控制变量

影响企业经济绩效的因素也有很多，如技术进步、生产效率、资本效率、劳动效率、初始规模、所有制结构、企业创新、市场结构、资本集中度、融资约束、企业成本和利润率、沉淀成本和最小有效规模等都是重要的影响因素。其中，生产效率和资本效率是对经济绩效有着直接且重要的影响，考虑到数据的可获得性，在这里选择资本效率（CEF）作为经济绩效的控制变量。借鉴大多数文献的做法，这里用地区高技术产业增加值与资本存量之比来反映，预期其系数为正；即资本效率越高，企业的经济绩效也越好。

（四）企业技术密集度的控制变量

影响我国企业技术密集度的因素主要有资本积累程度、产业承接国外高端中间品加工贸易的水平（Assche，2006；Naughton，2007；陈晓华和刘慧，2014），以及发达国家对我国的产业转移或者技术转移（Branstetter和Lardy，2006）等。其中资本积累程度对高技术企业的技术密集度有着重要的影响，基于此，这里选择资本积累（CAP）作为其控制变量。借鉴黄健柏等（2008）的做法，选取地区高技术大中型企业的资本存量与总产值的比例反映，预期其系数为正；即资本积累程度越高，企业技术密集度就越高。

表6.9　　　　　　　　　　企业特征的控制变量定性描述

中间变量	控制变量	符号	度量指标及说明	单位	预期影响
企业规模（SIZE）	进入壁垒	ENB	根据地区国有大中型企业产值占比测算	%	+
外向度（DOP）	外商直接投资	FDI	依据地区高技术产业外商投资占比测算	%	+
企业绩效（EPER）	资本效率	CEF	根据大中型企业增加值与资本存量之比测算	%	+
技术密集度（TID）	资本积累	CAP	依据大中型企业资本存量与总产值之比测算	%	+

在对式（6.6）进行估计时，由于被解释变量滞后项与随机扰动项相关而可能产生的内生性问题，这里采用广义矩估计方法（GMM）来克服

动态面板数据中出现的这个问题。为了提高结果的稳健性，采用两步 SYS-GMM 进行估计，相关结果报告见表 6.10。从估计的结果可以断定原模型的误差项无序列相关性。同时，汉森过度识别检验的结果也显示，不能拒绝工具变量有效性的零假设（p 值均显著大于 0.1）。这说明了模型设定的合理性和工具变量的有效性。各变量的系数都显著，而且各控制变量的系数符号都与预期的相符，说明模型设定是合理的。

　　从表 6.10 控制变量对中间变量的影响来看：①进入壁垒（ENB）对企业规模（SIZE）的影响系数在 1% 水平上显著为正，值为 0.108，表明进入壁垒越高的地区，高技术企业的规模越大，这与预期相符。②外商直接投资（FDI）对外向度（DOP）的影响系数显著为正，表明外商直接投资的增加能够促进高技术企业外向度的提高，这印证了理论预期。③资本效率（CEF）对经济绩效（EPER）的系数显著为正，值为 0.236，表明了资本效率越高的高技术企业，经济绩效就越好，这也与理论预期相符。④资本积累（CAP）对技术密集度（TID）的影响显著为正，表明了资本积累是技术密集度的重要影响因素，印证了大多数研究的结论。

　　关于要素市场扭曲对中间变量的影响，要素市场扭曲对企业规模（SIZE）、经济绩效（EPER）和技术密集度（TID）的系数显著为负，而其对外向度两个特征变量的系数显著为正。这表明，要素市场扭曲显著地降低了高技术企业的规模、经济绩效和技术密集度；同时，也显著地促进了高技术企业外向度的提高，这与理论预期相符。第三章的研究表明了要素市场扭曲对高技术产业研发资本投入有着显著的抑制作用，至此，本研究已经对上述第三个问题提供了答案。已有的研究结果也为要素市场扭曲影响高技术产业创新效率的传导机制提供了进一步解释。具体说明如下：

表 6.10　　　　　　　　　要素市场扭曲对中间变量的影响

解释变量	被解释变量			
	SIZE	DOP	EPER	TID
FMD	-0.068*** (-3.54)	0.034* (2.06)	-0.104* (-1.97)	-0.086* (-1.89)
SIZE$_{t-1}$	0.108* (1.89)	—	—	—
ENB	0.118*** (2.84)	—	—	—
DOP$_{t-1}$	—	0.198*** (3.69)	—	—

续表

解释变量	被解释变量			
	SIZE	DOP	EPER	TID
FDI	—	0.156 ** (2.23)	—	—
EPER$_{t-1}$	—	—	0.194 *** (3.89)	—
CEF	—	—	0.236 *** (2.89)	—
TID$_{t-1}$	—	—	—	0.308 *** (3.28)
CAP	—	—	—	0.209 ** (2.39)
观测值	348	348	348	348
AR（1）检验值［p］^{a}	−2.63 ［0.009］	−1.82 ［0.069］	−1.98 ［0.047］	−2.52 ［0.012］
AR（2）检验值［p］^{b}	−0.32 ［0.747］	−1.06 ［0.289］	−0.46 ［0.642］	−0.15 ［0.878］
汉森检验值［p］^{c}	13.69 ［1.000］	15.37 ［1.000］	16.92 ［1.000］	19.47 ［1.000］

注：同表6.1。

第一，要素市场扭曲抑制了中国高技术产业研发资本投入增长，而随着研发投入水平跨过对应的门槛值水平，要素市场扭曲对创新效率的影响程度和显著性都发生了显著的改变。由此可知，要素市场扭曲通过抑制了高技术研发投入的增长，进而抑制了高技术产业创新过程中效率水平的提升。

第二，要素市场扭曲对企业规模的系数显著为负，表明要素市场扭曲导致了高技术企业规模的变小。对此可能的解释是，要素市场扭曲越高的地区，企业进行异地并购和重组的难度也越大，企业较难通过兼并扩大规模，因而企业规模相对较小。第四章的实证结果显示了，企业规模与高技术产业创新效率之间存在正相关关系，规模较大的企业能够产生较大的规模经济效应，具有较高的创新效率；而规模较小的企业则较难形成规模经济效应，创新效率较低。由此，可以得到这样的结论，要素市场扭曲通过促使企业规模的下降，进而抑制了高技术产业创新效率的提升。

第三，被解释变量为外向度时，要素市场扭曲的系数显著为正。这表明要素市场扭曲水平促进了高技术产业的对外开放和外向度的提高，这印证了张杰（2011）、施炳展和冼国明（2012）的研究结论。第四章研究表明，外向度的提高显著地促进了高技术产业的创新效率。可见，要素市场扭曲所导致的高技术企业外向度的提高，有利于产业创新效率的提高。

第四，要素市场扭曲对经济绩效的系数显著为负，值为-0.104。这表明，要素市场扭曲对高技术企业的经济绩效产生了负向影响，这也验证了前文的理论预期。国内外的一些研究表明，经济绩效较好的企业或者行业有能力采用更先进的技术和设备，也能够为员工提供更好的工作环境和福利（杰弗逊等，2006；吴延兵，2006），反之亦然。由此可知，要素市场扭曲导致的经济绩效下降，抑制了高技术产业创新效率的提升。

第五，被解释变量为技术密集度时，要素市场扭曲的系数显著为负，值为-0.086。这表明要素市场扭曲促进了高技术企业技术密集度的下降。对此可能的解释是：要素市场扭曲对高技术企业出口的促进作用，有利于企业将产品的非核心环节外包出去，这降低了产品的生产或者创新环节，因而能够降低企业产品的技术复杂度。第四章的研究表明，技术密集度越高，高技术企业的创新效率会越低。由此，可以得到这样的结论，要素市场扭曲所导致的高技术企业的技术密集度下降，有利于高技术产业创新效率的提高。

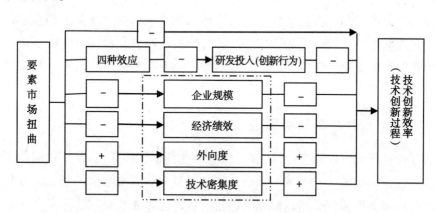

图 6.4　要素市场扭曲影响技术创新效率的传导机制图

根据上述的分析结果，可以借助图 6.4 描述要素市场扭曲通过中间变量影响高技术产业创新效率的传导机制。根据表 4.5 中模型 1 估计结果，要素市场扭曲对高技术产业效率的影响大小约为-0.031。除了对高技术产业创新效率的直接影响之外，要素市场扭曲通过对研发投入的负向影响抑制了高技术产业创新效率的提升。同时，要素市场扭曲还通过改变高技术企业的特征进一步影响产业的创新效率：一方面，通过提高企业外向度和降低企业技术密集度对高技术产业创新效率产生积极影响；另一方面，要素市场扭曲所导致的企业规模下降和经济绩效变差，会对高技术产业创新效率的提高产生抑制作用。

第四节　要素市场扭曲影响技术创新产出的机制

从第五章的研究结果可知，要素市场扭曲抑制了中国高技术产业创新绩效的提升。本章则尝试对其传导途径和机制提供一些解释。为了进一步揭示要素市场扭曲影响创新产出的机制，需要回答以下三个问题：第一，哪些因素是影响要素市场扭曲与创新产出之间关系的中间变量；第二，这些中间变量在不同的门槛值条件下对要素市场扭曲与创新产出之间的关系会产生怎样的影响；第三，要素市场扭曲对这些中间变量有着怎样的影响。

相关的研究思路和研究方法与第三节一致。这里余下的结构安排是：一是理论分析与研究假说；定性地归纳出要素市场扭曲影响创新产出的途径和机制，为实证检验提供理论依据。二是中间变量识别与影响；依据理论分析设定面板门槛模型，并检验待检中间变量的门槛值及其对要素市场扭曲与创新产出之间关系的影响。三是传导机制检验与解释；考察要素市场扭曲对中间变量的影响，进而对要素市场扭曲影响创新产出的机制提供进一步解释。

一　理论分析与研究假说

第五章研究发现，企业特征可以改变要素市场扭曲对创新绩效的抑制效应，因而根据前文相关章节的研究结论以及对现有文献的梳理，可以从理论层面归纳出要素市场扭曲影响创新产出的途径和机制。具体来说：

第一，第四章的研究发现，要素市场扭曲抑制了高技术产业创新效率的提高。理论上，在研发投入既定的条件下，创新效率越低，创新产出也越低，反之亦然。大量经验研究证实，随着创新效率的提高，创新产出水平也越高（戴魁早和刘友金，2013b；柳卸林，2014）。由此，可以提出假说 6.1：要素市场扭曲会通过抑制创新效率的提高，进而对高技术产业的创新产出产生负向影响。

第二，本章第三节的理论与经验研究都表明，要素市场扭曲水平的提高会导致企业规模的下降。而大量经验研究的结论表明，企业规模对专利数量、专利被引用次数和新产品销售收入等创新产出均有显著正影响（杰弗逊等，2006；布兰德尔等，1999；盖尔，2001；戴魁早和刘友金，2013）。由此有假说6.2：要素市场扭曲所导致的企业规模变小，不利于高技术产业创新产出水平的提高。

第三，本章第三节的研究发现，要素市场扭曲促进了高技术企业外向度的提高。研究发现，外向度越高的企业，拥有着获取竞争性中间投入品的渠道以及较低的沉没成本，能够从国际分工中获得更多的利益（Gorg等，2008），而且企业面临的激烈国际竞争，激励着企业不断提高创新绩效水平（刘海云和唐玲，2009）；戴魁早和刘友金（2013）证实了"外向度促进了高技术产业创新产出的提高"。基于此，有假说6.3：要素市场扭曲通过促进高技术企业的外向度，进而有利于高技术产业创新产出的提高。

第四，本章第三节的理论与经验研究都表明，要素市场扭曲导致了高技术企业经济绩效变差。而国内大量研究表明（杰弗逊等，2006；吴延兵，2006；戴魁早和刘友金，2013），经济绩效与创新产出存在正相关关系；经济绩效较好的企业有能力采用更先进的技术和设备，能够为员工提供更好的工作环境和福利，这提升了企业创新过程的效率水平，进而会促进创新产出水平的提高，反之亦然。据此，有假说6.4：要素市场扭曲导致的企业绩效变差会进一步抑制高技术产业创新产出水平的提高。

第五，本章第三节的研究发现，要素市场扭曲导致了高技术企业技术密集度的下降。理论上，技术密集度较低的企业，其产品的生产技术复杂程度较低（文东伟和冼国明，2009）；在研发新产品过程中，复杂程度越低的产品，创新过程的风险程度会较低，研发成功的概率会较高，创新产出的水平也会越高（柳卸林，2014）。经验研究支持了"技术密集度对创新产出的负向影响"（戴魁早和刘友金，2013）。由此，可以提出有待检验的假说6.5：要素市场扭曲导致的企业技术密集度的下降，有利于高技术产业创新产出水平的提高。

第六，要素市场扭曲环境中，地方政府给予那些创造更多产值、财税收入及就业机会的出口型和高利润的大型国有企业各种优惠的要素供给（包括减免税收、税收返还、补贴和人才引进政策等），通过扶持这些企业发展来拉动地区经济增长（张杰等，2011），这不利于当地非国有企业的发展。而针对中国的大量研究发现，相对于其他类型的所有制企业来说，国有产权企业的创新效率最低（姚洋和章奇，2001；张等，2003；杰弗逊等，2006；吴延兵，2006，2008）。由此，可以提出有待检验的假说6.6：要素市场扭曲对国有产权企业的保护不利于高技术产业创新绩效的提升。

第七，要素市场扭曲使得与政府建立寻租联系的企业可以获得低成本资金和其他稀缺生产要素，企业能够以较低的边际成本获得超额利润（张杰等，2011），因而表现出较强的市场势力（克拉森斯等，2008；余明桂等2010）。理论上，企业市场势力过大，将会导致企业缺乏提高研发活动效率的激励，不利于企业创新绩效的提高。大量的研究证实了"市场力量过大与企业专利产出存在负相关关系"（盖尔，2001；戴魁早，2013）。据此，有假说6.7：要素市场扭曲所造成的市场势力抑制了高技术产业创新绩效的提高。

第八，要素市场扭曲不仅阻碍了要素在地区之间的自由流动，而且还导致价格信号失真（李善同，2004；罗德明等，2012）；使得要素资源无法实现最优配置，会造成劳动力等要素使用的低效率（银温泉和才婉茹，2001；毛其淋，2013）。而大量研究发现，劳动效率与创新产出存在正相关关系，劳动效率较高的企业，成本优势明显，产品具有显著的竞争优势，因而企业经济绩效较好，这有助于企业创新产出水平的提高（戴魁早和刘友金，2013a，2013b），反之亦然。由此有假说6.8：要素市场扭曲导致的企业较低的劳动效率，抑制着高技术产业创新产出水平的提升。

综上所述，创新效率、外向度、企业规模、经济绩效、技术密集度、产权制度、市场势力和劳动效率等因素很可能是影响要素市场扭曲与创新产出关系的中间变量。而为了检验这些因素变量是否是中间变量及其对两者关系的影响，接下来，将采用本章第三节的面板门槛模型进行检验。

二　中间变量的识别与影响

(一) 门槛模型设定

与本章第三节一样，这里先重点介绍单一门槛模型的设定，进而扩展到多门槛模型。单一门槛回归的基本思想是，在模型内的门槛变量（创新效率或者企业特征变量）存在一个门槛水平的情况下，对于 $g_u \leq \gamma$ 与 $g_u >$

γ 两种情况而言，要素市场扭曲对被解释变量创新产出（新产品销售收入）的影响存在着明显差异。第五章方程式（5.3）的单一门槛模型可以表述如下：

$$\ln Y_{it} = \ln A + \alpha \ln K_{it} + \beta \ln L_{it} + \rho_1 FMD_{it} I(g_{it} \leq \gamma) + \rho_2 FMD_{it} I(g_{it} > \gamma) + \phi X_{it} + \lambda_i + \varepsilon_{it} \tag{6.7}$$

式（6.7）中，g_{it} 为门槛变量，包括创新效率与七个企业特征变量；γ 为创新效率变量与企业特征变量的门槛值；ρ_1、ρ_2 分别为门槛变量在 $g_{it} \leq \gamma$ 与 $g_{it} > \gamma$ 时解释变量——要素市场扭曲变量（FMD_{it}）对被解释变量 $\ln Y_{it}$ 的影响系数；$I(\cdot)$ 为一个指标函数；$\varepsilon_{it} \sim iidN(0, \sigma^2)$ 为随机干扰项；其他符号的含义与式（5.3）相同。参数估计值后，还需要检验系数 ρ_1 和 ρ_2 是否存在显著性的差异以及创新效率、各企业特征变量门槛的估计值是否等于其真实值。

以上只是假设各个企业特征变量存在一个门槛的情况，但从计量的角度看可能会存在多个门槛，参照前文式（6.3）的说明，以双重门槛模型为例做以下简要说明，模型设定如：

$$\ln Y_{it} = \ln A + \alpha \ln K_{it} + \beta \ln L_{it} + \rho_1 FMD_{it} I(g_{it} \leq \gamma_1) + \rho_2 FMD_{it} I(\gamma_1 < g_{it} \leq \gamma_2) + \rho_3 FMD_{it} I(g_{it} > \gamma_2) + \phi X_{it} + \lambda_i + \varepsilon_{it} \tag{6.8}$$

式（6.8）的估计方法为先假设单一模型中估计出的 $\hat{\gamma}_1$ 是已知的，再进行 γ_2 的搜索，得到误差平方和最小时的 $\hat{\gamma}_2$ 值；$\hat{\gamma}_2$ 值是渐近有效的，$\hat{\gamma}_1$ 却不具有此性质（Bai，1997）。这样再固定 $\hat{\gamma}_2$ 对 $\hat{\gamma}_1$ 进行重新搜索，可得到优化后的一致估计量。以此类推，多重门槛模型可在单一和双重门槛模型基础上进行扩展，在此不赘述。

（二）门槛模型检验

通过上述分析，可见将创新效率变量和企业特征变量作为要素市场扭曲影响创新产出的门槛变量，依次在不存在门槛、一个门槛和两个门槛的设定下进行估计，可以得到 F 统计量和自抽样法（Bootstrap）的显著性及 10% 水平临界值（如表 6.11 所示）。从表 6.11 中的门槛检验结果可以看出，企业规模（SIZE）、外向度（DOP）、企业绩效（EPER）、市场势力（POM）和技术密集度（TID）的单一和双重门槛效果都通过 1% 或 10% 水平下的显著性检验，且企业规模和技术密集度通过三重门槛效果的显著性检验。对这些可能有三重门槛变量的进一步估计发现，第三个门槛值与第

表6.11　门槛效果检验

| | | 门槛变量 | | | | | | |
		TG	SIZE	DOP	EPER	TID	POM	OWN	LEF
单一门槛		3.532** [0.045]	28.898*** [0.000]	6.107*** [0.000]	8.897*** [0.000]	9.256*** [0.000]	10.5696** [0.039]	5.754*** [0.004]	7.834** [0.023]
双重门槛		2.235 [0.230]	7.722*** [0.000]	6.087*** [0.000]	2.293* [0.100]	9.753*** [0.000]	6.934*** [0.006]	3.647 [0.193]	6.087 [0.155]
三重门槛		1.539 [0.670]	3.685* [0.100]	1.126 [0.400]	1.060 [0.300]	3.095* [0.100]	2.453 [0.285]	2.321 [0.216]	4.023 [0.285]
10%临界值	单一	2.749	4.843	3.994	7.078	3.798	8.213	4.012	6.012
	双重	3.293	1.648	1.854	3.254	3.980	4.027	4.218	6.568
	三重	2.812	4.107	4.888	4.473	3.441	4.945	3.056	5.241

注：(1) ***、**、* 分别表示统计值在1%、5%和10%的显著性水平下显著。(2) 表中的数字为门槛检验对应的F统计量，临界值为自抽样法（Bootstrap）反复抽样300次得到的结果。

二个门槛值较为接近，且对应参数估计结果中解释变量的系数也很接近；针对这种情况，汉森（1999）建议不考虑第三个门槛值。因此，企业规模、外向度、企业绩效、市场势力和技术密集度在样本研究期间都包含两个门槛值。此外，创新效率（TG）、产权制度（OWN）和劳动效率（LEF）仅单一门槛通过了1%或者5%水平上的显著性检验，可见，这三个变量在样本研究期间都包含一个门槛值。表6.12则列出了各变量对应的门槛估计值和相应的95%置信区间。

　　将各门槛变量对应的门槛值代入式（6.7）或式（6.8），可以估计出要素市场扭曲变量的影响系数。为了控制变量之间的内生性问题，这里使用两步系统GMM方法进行估计，相关结果报告见表6.13。可以看出，表6.13模型1—模型8的残差序列相关性和汉森过度识别结果显示了模型设定的合理性和工具变量的有效性。

表 6.12　　　　　　　　　**门槛值估计结果**

门槛变量	门槛值 1		门槛值 2	
	估计值	95%置信区间	估计值	95%置信区间
创新效率（TG）	0.043	[0.006, 0.014]		
企业规模（SIZE）	0.948	[0.925, 1.026]	1.505	[0.389, 1.946]
外向度（DOP）	0.158	[0.081, 0.171]	0.360	[0.310, 0.457]
企业绩效（EPER）	0.046	[0.032, 0.071]	0.094	[0.032, 0.100]
技术密集度（TID）	0.667	[0.494, 1.125]	1.820	[0.846, 1.906]
市场势力（POM）	0.283	[0.243, 0.328]	0.618	[0.429, 0.803]
产权制度（OWN）	0.318	[0.282, 0.346]		
劳动效率（LEF）	0.696	[0.584, 0.806]		

　　表6.13模型1结果显示，在创新效率（TG）不同的门槛值区间，要素市场扭曲对创新产出的影响程度差异明显。当创新效率水平低于0.043时，要素市场扭曲对创新绩效的影响系数为-0.087；即在创新效率年均增长率低于4.3%的高技术企业中，要素市场扭曲程度每增加1%，会对创新产出带来8.7%的负增长。当跨过这个门槛值值时，要素市场扭曲的影响系数由负变正但不显著，值为0.024；这说明，在创新效率年均增长率高于4.3%的高技术企业中，要素市场扭曲并没有抑制企业创新产出的提高，反而有着积极影响（尽管不显著）。可见，在创新效率的不同门槛

值区间，要素市场扭曲对高技术产业创新产出的影响方向及显著性都存在显著的差别。这说明，创新效率是影响两者之间关系的中间变量。

从表 6.13 模型 2 可以看出，企业规模（SIZE）与要素市场扭曲的创新产出效应呈现出显著的非单调关系。当规模小于 0.948 时，要素市场扭曲对创新绩效的影响系数为 -0.092；当大于这个值时，其影响系数为 -0.018；随着跨越第二个门槛值 1.505，要素市场扭曲的系数值由负变正，为 0.034。这表明，对于规模跨过第二个门槛的企业来说，要素市场扭曲不是抑制创新绩效的提升，而是促进了创新绩效的提升，但是提升效果不显著。从地区层面的比较来看，企业规模跨过 1.505 门槛值的地区有北京、天津、上海、福建和广东（见表 6.8）。可见，在企业规模的不同门槛值区间，要素市场扭曲对高技术产业创新产出的影响方向及显著性都存在显著的差别。这说明，企业规模是影响两者之间关系的中间变量。

表 6.13 模型 3 报告的结果显示，在企业外向度（DOP）不同的门槛值区间，要素市场扭曲对创新绩效的大小和方向的影响有着显著的差异。当外向度值低于 0.158 时，要素市场扭曲对创新绩效的影响系数为 -0.059；当大于这个值时，其系数变为 -0.039；随着外向度跨越第二个门槛值 0.360，要素市场扭曲的系数值变得显著为正，值为 0.044。这说明了在外向度小于门槛值 0.360 的企业中，要素市场扭曲抑制了企业创新绩效的提升，而对于跨过第二个门槛的企业来说，要素市场扭曲反而提升了企业的创新绩效（尽管不显著）。比较来看（见表 6.8），企业外向度跨过第二个门槛值的地区有天津、辽宁、上海、江苏、福建和广东。可见，在企业外向度的不同门槛值区间，要素市场扭曲对高技术产业创新产出的影响方向及显著性都存在显著的差别。这说明，企业外向度是影响两者之间关系的中间变量。

由表 6.13 模型 4 的结果可知，企业绩效（EPER）与要素市场扭曲的创新产出效应之间存在着非线性关系。当企业绩效值低于 0.046 时，要素市场扭曲的系数为 -0.032；当大于这个值时，其系数变为 -0.025；而当企业绩效值跨越第二个门槛值 0.094 以后，要素市场扭曲对创新绩效的影响方向改变了，由抑制效应变为了促进作用。依据表 6.8 进行对比分析可以发现，企业绩效跨过第二个门槛值的地区有天津、上海和广东。可见，在经济绩效的不同门槛值区间，要素市场扭曲对高技术产业创新产出的影响方向及显著性都存在显著的差别。这说明，经济绩效是影响两者之间关系的中间变量。

表 6.13　门槛模型的参数估计结果

解释变量	创新效率					企业特征		
门槛变量	模型 1 TG	模型 2 SIZE	模型 3 DOP	模型 4 EPER	模型 5 TID	模型 6 POM	模型 7 OWN	模型 8 LEF
LRDL	0.173*** (2.77)	0.097* (1.98)	0.148*** (2.77)	0.135** (2.13)	0.090*** (2.85)	0.179*** (2.85)	0.167*** (2.68)	0.102*** (3.32)
LRDK	0.459*** (6.97)	0.621*** (13.15)	0.619*** (14.05)	0.633*** (12.71)	0.671*** (15.21)	0.482*** (7.21)	0.438*** (6.51)	0.538*** (5.82)
FMD_1	-0.87* (-1.93)	-0.092*** (-4.16)	-0.059* (-1.93)	-0.032 (-1.50)	0.036* (1.75)	-0.038* (1.90)	-0.109 (-1.15)	-0.076*** (-2.90)
FMD_2	0.024 (1.12)	-0.018 (-0.41)	-0.039 (-0.91)	-0.025 (-0.58)	-0.060 (-1.38)	0.011 (0.96)	-0.145** (-2.27)	0.033 (0.58)
FMD_3	—	0.034* (1.84)	0.044* (1.92)	0.031* (1.94)	-0.045** (-2.27)	-0.118*** (-3.58)	—	—
SIZE	0.110*** (2.79)	0.030 (0.47)	0.022 (0.51)	0.039 (1.35)	0.020 (0.55)	0.084** (2.21)	0.085** (2.24)	0.032*** (3.98)
DOP	0.025 (0.45)	0.104** (2.51)	0.178* (1.74)	0.167** (2.24)	0.081* (1.93)	0.087* (1.74)	0.094* (1.87)	0.183 (1.24)
EPER	0.036** (2.18)	-0.049 (-1.34)	0.003 (0.06)	-0.029 (-0.42)	-0.038* (-1.74)	0.004 (0.15)	0.038** (2.30)	0.011 (0.87)
TID	-0.037 (-1.54)	-0.062** (-2.29)	-0.055* (-1.92)	-0.053 (-0.67)	-0.082** (-2.21)	-0.047** (-2.00)	-0.007 (-0.25)	-0.069*** (-3.73)
OWN	-0.125*** (-3.12)	-0.075*** (-3.64)	-0.060** (-2.57)	-0.058 (-1.05)	-0.072*** (-3.10)	-0.238*** (-3.21)	-0.312** (-2.30)	-0.014 (-1.09)

续表

解释变量	门槛变量							
	创新效率	企业特征						
	模型 1	模型 2	模型 3	模型 4	模型 5	模型 6	模型 7	模型 8
	TG	SIZE	DOP	EPER	TID	POM	OWN	LEF
POM2	0.037 (0.95)	0.011 (0.71)	-0.003 (-0.18)	0.016 (0.85)	0.032 (0.99)	0.040 (1.03)	0.026 (0.66)	0.082 (1.42)
LEF	0.115** (2.42)	0.093* (1.94)	0.136 (1.21)	0.091*** (3.31)	0.101** (2.29)	0.193 (0.43)	0.103*** (3.04)	0.028 (1.47)
IPP	0.114** (2.04)	0.128** (2.33)	0.064 (0.81)	0.098** (2.31)	0.127** (2.48)	0.089* (1.94)	0.072* (2.04)	0.132*** (3.85)
TECH	0.227* (2.06)	0.258* (1.75)	0.238** (2.33)	0.108* (1.89)	0.133* (3.25)	0.298* (3.69)	0.291 (1.38)	0.134** (2.23)
MAR	0.206* (2.01)	0.249** (2.30)	0.114* (2.16)	0.126** (2.67)	0.246* (4.44)	0.184*** (2.39)	0.218** (2.27)	0.301 (1.27)
观测值	377	377	377	377	377	377	377	377
AR (1) 检验值 [p] [a]	-2.51 [0.012]	-2.213 [0.027]	-2.183 [0.029]	-2.205 [0.027]	-2.240 [0.025]	-2.72 [0.007]	-1.84 [0.066]	-3.38 [0.001]
AR (2) 检验值 [p] [b]	0.62 [0.534]	-0.505 [0.613]	-0.744 [0.457]	-0.752 [0.452]	-0.588 [0.557]	-0.35 [0.729]	0.42 [0.675]	-1.020 [0.308]
汉森 检验值 [p] [c]	14.86 [1.000]	15.196 [1.000]	13.621 [1.000]	20.286 [1.000]	17.053 [1.000]	12.92 [1.000]	15.32 [1.000]	20.339 [1.000]

注: 同表 6.1。

表6.13模型5列出了技术密集度（TID）为门槛变量的估计结果，可以发现，在技术密集度的不同门槛值区间，要素市场扭曲对创新绩效的影响呈现出明显的差异。当技术密集度值低于第一个门槛值0.667时，要素市场扭曲的影响系数显著为正，值为0.036；当大于这个值时，其系数变得不显著为负，值为-0.060；随着技术密集度跨越第二个门槛值1.820时，要素市场扭曲的影响变得显著，值为-0.045。以上结果表明，技术密集度与要素市场扭曲的创新效应呈现出显著的非单调关系，对于低于第二个门槛值的企业来说，要素市场扭曲的影响不显著，而在跨过这个门槛值的企业中，要素市场扭曲显著地抑制了企业创新绩效的提升。比较来看，跨过第二个门槛值的地区有北京、天津和上海（见表6.8）。可见，在技术密集度的不同门槛值区间，要素市场扭曲对高技术产业创新产出的影响方向及显著性都存在显著的差别。这说明，技术密集度是影响两者之间关系的中间变量。

从表6.13中模型6可以看出，当市场势力（POM）低于第一个门槛值0.283时，要素市场扭曲的影响系数显著为负，值为-0.038，即对于市场势力低于第一门槛值的企业来说，要素市场扭曲程度每增加1%，会对创新产出带来5.9%的负增长。当市场势力跨过第一门槛值且低于第二门槛值0.618时，要素市场扭曲的影响由负变正但不显著，值为0.011，表明在市场势力的这一区间，要素市场扭曲程度每增加1%，会对创新产出带来1.1%的增长（尽管不显著）。当市场势力大于第二门槛值时，要素市场扭曲的影响系数又变得显著为负，值为-0.118，表明了要素市场扭曲程度每增加1%，会对创新产出带来11.8%的负增长。可见，在市场势力较小和较大的门槛值区间，要素市场扭曲的影响显著为负，这也间接证实"市场势力过大或过小都不利于创新产出的增长"。从表6.14可以看出，处于市场势力门槛值中间的代表性地区有北京、天津、上海和浙江等，市场势力低于第一门槛值区间的地区有山西、辽宁和广西等，市场势力大于第二门槛值地区有海南、贵州和宁夏等。可见，在市场势力的不同门槛值区间，要素市场扭曲对高技术产业创新产出的影响方向及显著性都存在显著的差别。这说明，市场势力是影响两者之间关系的中间变量。

表6.13中模型7报告了以产权制度（OWN）为门槛变量的估计结果，可以看出，在国有产权的不同门槛值区间，要素市场扭曲对创新产出的影响方向和显著性都存在显著的差别。具体来说，当国有产权比重低于

门槛值 0.318 时，要素市场扭曲的影响系数不显著为负，值为 -0.109。而当国有产权比重跨过门槛值时，要素市场扭曲的影响系数变得显著且影响变大了，值为 -0.145，即对于国有产权比重大于门槛值 0.318 的地区来说，要素市场扭曲程度每增加 1%，会对创新产出带来 14.5% 的负增长。从表 6.14 可以看出，国有产权比重跨过门槛值 0.316 的地区有天津、河北、山西、贵州、云南和宁夏等地区。可见，在国有产权比重的不同门槛值区间，要素市场扭曲对高技术产业创新产出的影响方向及显著性都存在显著的差别。这说明，产权制度是影响两者之间关系的中间变量。

由表 6.13 模型 8 的结果可知，劳动效率（LEF）与要素市场扭曲的创新产出效应之间存在着非线性关系。当劳动效率值低于 0.696 时，要素市场扭曲的系数为 -0.076，即要素市场扭曲程度每增加 1%，会对高技术企业创新产出带来 7.6% 的负增长。而当劳动效率大于这一门槛值时，要素市场扭曲的系数值为正但不显著，值为 0.033，即随着劳动效率跨过门槛值，要素市场扭曲对创新绩效的影响由抑制作用变为了促进作用。对表 6.14 进行比较分析可以发现，劳动效率跨过门槛值的地区有北京、内蒙古和上海等。可见，在劳动效率的不同门槛值区间，要素市场扭曲对高技术产业创新产出的影响方向及显著性都存在显著的差别。这说明，劳动效率是影响两者之间关系的中间变量。

表 6.14　　　　　　地区的企业特征变量均值（1997—2009 年）

地区	OWN	POM	LEF	地区	OWN	POM	LEF
北京	0.201	0.381	1.154	河南	0.452	0.523	0.486
天津	0.380	0.338	0.949	湖北	0.428	0.243	0.531
河北	0.503	0.218	0.435	湖南	0.451	0.418	0.502
山西	0.519	0.202	0.210	广东	0.163	0.236	0.549
内蒙古	0.612	0.281	1.016	广西	0.482	0.173	0.338
辽宁	0.412	0.112	0.610	海南	0.623	0.734	0.511
吉林	0.456	0.238	0.499	重庆	0.421	0.412	0.441
黑龙江	0.382	0.212	0.411	四川	0.512	0.223	0.634
上海	0.175	0.312	1.169	贵州	0.572	0.697	0.434
江苏	0.227	0.383	0.677	云南	0.623	0.643	0.575
浙江	0.253	0.368	0.483	陕西	0.485	0.723	0.367
安徽	0.565	0.226	0.402	甘肃	0.483	0.634	0.262

地区	OWN	POM	LEF	地区	OWN	POM	LEF
福建	0.381	0.329	0.729	青海	0.663	0.662	0.370
江西	0.425	0.461	0.407	宁夏	0.712	0.725	0.496
山东	0.392	0.382	0.870				

注：表中数据由作者整理而得。

综上所述，创新效率和企业特征能够显著地改变要素市场扭曲对高技术产业创新绩效的影响，既表明了企业特征的变化可以成功地规避要素市场对创新绩效的扭曲效应，也说明了创新效率和企业特征变量是影响要素市场扭曲与创新产出之间关系的中间变量。至此，已经找到了影响要素市场扭曲与创新产出之间关系的关键性因素。接下来，将对上述第三个问题进行解答以验证两者之间的影响机制。

三　传导机制的检验与解释

关于要素市场扭曲对中间变量的影响，第四章的研究验证了要素市场扭曲对创新效率的负向影响，本章第三节证实了要素市场扭曲对高技术企业的规模、外向度、经济绩效和技术密集度均有显著的影响，至此，还需验证要素市场扭曲是否影响着高技术企业的市场势力、产权制度和劳动效率。为了实证检验要素市场扭曲对这些中间变量的影响，这里还是借鉴本章第三节部分的思路，构建如下动态面板估计模型进行考察：

$$M_{it} = \beta_0 + \beta_1 M_{i,\,t-1} + \beta_2 FMD_{it} + \beta_3 X_{it} + \xi_{it} \qquad (6.9)$$

上式中，被解释变量 M_{it} 是为市场势力、产权制度和劳动效率三个中间变量组成的向量集；β_0—β_3 为待估参数；ξ_{it} 为随机扰动项；FMD_{it} 为要素市场扭曲变量；$M_{i,t-1}$ 为解释变量滞后一阶向量集。为了增加分析结果的稳健性，这里还是将中间变量滞后一期作为解释变量引入模型。X_{it} 为控制变量向量集，而引入控制变量是为了增加结果的稳健性。在这里，还是针对每一个中间变量分别选取一个与之密切相关因素作为控制变量（变量定性描述见表6.15）。具体来说：

第一，关于市场势力的影响因素，主要包括外资进入（陈甬军和杨振，2012）、所有制和销售渠道（黄枫和吴纯杰，2013）、广告支出强度和创新能力（莫长炜等，2014），以及行业进入壁垒等（于良春和付强，2012）。由于销售渠道、广告支出强度无法获得数据，而对于中国高技术企业来说，外资进入、所有制以及创新能力等可能不是关键的影响因素，而进入壁垒对企业的市场势力有着直接且重要的影响（于良春和付强，2012）。基于此，这里采用进入壁垒作为市场势力的控制变量，预期其影响系数为正，也即行业进入壁垒越高，企业的市场势力越大。用地区国有大中型企业产值占高技术产业总产值的比重来测算。

　　第二，产权制度的变迁源于两种推动力，一是企业内部的激励性改革和企业外部的强制性改革，包括国有企业产权改革（徐风华和王俊杰，2006）等；二是企业外部环境的变化，包括经济制度的变迁、非国有经济的发展状况、对外开放的程度等（冀县卿，2010；李勇等，2012）。由于两种类型的改革无法定量测度，实证检验时大多采用反映外部环境变化的指标来刻画，衡量指标包括市场化程度和对外贸易依存度（李勇等，2012）。考虑数据的可获得性，这里采用地区对外贸易依存度作为产权制度的控制变量；一般而言，对外贸易依存度越高的地区，国有产权的比重越低，反之亦然；因而，预期控制变量的影响系数为负。对外贸易依存度用地区进出口总额与地区国内生产总值之比测算。

　　第三，影响劳动效率的因素很多，如杨青青等（2009）的研究发现，人力资本、信息化和市场化是影响劳动效率的关键因素；而董桂才和朱晨（2013）认为，市场结构、对外贸易、产权结构和技术改造经费投入等因素也促进了全要素生产率的增长；钱雪亚和缪仁余（2014）、刘建国（2014）的研究发现，人力资本和要素价格等都影响生产率的变化；赵文军（2015）认为，生产率的提高主要源于物质资本深化、技术进步，人力资本深化和技术效率变化。可见，尽管这些研究结论不尽相同，但是大多数研究都肯定了人力资本对劳动效率的积极作用。基于此，这里选择人力资本水平作为劳动效率的控制变量，预期其影响系数为正，即人力资本水平越高劳动效率则越高。考虑数据的可得性，这里用地区高技术产业科技人员与全部从业人员之比来刻画人力资本水平，比重越高表明人力资本水平越高，反之亦然。

表 6.15　　　　　　　　　　企业特征的控制变量定性描述

中间变量	控制变量	符号	度量指标及说明	单位	预期影响
市场势力（POM）	进入壁垒	ENB	根据地区国有大中型企业产值占比测算	%	+

续表

中间变量	控制变量	符号	度量指标及说明	单位	预期影响
产权制度（OWN）	贸易依存度	DFT	依据地区进出口值占国内生产总值之比测算	%	-
劳动效率（LEF）	人力资本	HCL	依据地区科技人员与从业人员之比测算	%	+

为了对变量间的内生性问题进行控制，这里采用两步 SYS-GMM 对式（6.9）进行估计，相关结果报告见表6.16。从估计的结果可以断定原模型的误差项无序列相关性。同时，汉森过度识别检验的结果也显示，不能拒绝工具变量有效性的零假设（p 值均显著大于 0.1）。这说明了模型设定的合理性和工具变量的有效性。各变量的系数都显著，而且各控制变量的系数符号都与预期的相符，说明模型设定是合理的。

从表6.16中控制变量对中间变量的影响来看：①贸易依存度（DFT）对中间变量——产权制度（OWN）的影响系数在1%水平上显著为负，值为-0.181；这表明了，贸易依存度对国有产权的比重产生了负向影响，贸易依存度较高的地区，高技术企业国有产权的比重较低，这与预期相符。②进入壁垒（ENB）对中间变量——市场势力（POM）的影响系数显著为正，表明进入壁垒较高地区，高技术企业的市场势力较大，这验证了理论预期。③人力资本（HCL）对中间变量——劳动效率（LEF）的系数显著为正，值为0.291，表明了人力资本水平越高的高技术企业劳动效率越高，这也与理论预期相符。

表6.16　　　　　　　　要素市场扭曲对中间变量的影响

	模型1	模型2	模型3
	中间变量		
	OWN	POM	LEF
FMD	0.212 *** (3.65)	0.103 *** (2.93)	-0.219 *** (-4.21)
OWN_{t-1}	0.303 ** (2.31)	—	—
DFT	-0.181 *** (-3.26)	—	—

续表

	模型 1	模型 2	模型 3
	中间变量		
	OWN	POM	LEF
POM$_{t-1}$	—	−0.383* (1.89)	—
ENB	—	0.183*** (3.42)	—
LEF$_{t-1}$	—	—	0.415** (2.28)
HCL	—	—	0.291*** (3.82)
观测值	348	348	348
AR (1) 检验值 [p]^a	−2.12 [0.012]	−2.69 [0.008]	−1.72 [0.082]
AR (2) 检验值 [p]^b	−0.25 [0.812]	−1.18 [0.216]	−0.83 [0.462]
汉森检验值 [p]^c	17.89 [1.000]	18.23 [1.000]	16.45 [1.000]

注：同表 6.1。

关于要素市场扭曲对中间变量的影响，表 6.16 的结果显示了要素市场扭曲对中间变量产权制度（OWN）和市场势力（POM）的影响显著为正，而对劳动效率（LEF）的影响显著为负，表明了要素市场扭曲导致了高技术企业国有产权比重和市场势力上升，而对劳动效率产生了抑制作用，这与理论预期相符。结合第四章和本章第三节部分的研究结果，可知，要素市场扭曲对中间变量产生了显著的影响，至此，本研究对上述第三个问题提供了答案。这样，接下来可以对要素市场扭曲影响高技术产业创新产出的机制进行验证和解释。具体来说：

第一，由于在创新效率不同的门槛值区间，要素市场扭曲对高技术产业创新产出的影响存在显著的差异，这说明，创新效率显著地改变了要素市场扭曲对创新产出的影响。第四章发现，要素市场扭曲对高技术创新效率产生了显著的负向影响。由此，可以得出这样的结论，要素市场扭曲对创新效率的损害，显著地抑制了高技术产业创新产出的增长。这验证了假说 6.1。

第二，面板门槛检验的结果表明，在企业规模不同的门槛值区间，要素市场扭曲对高技术产业创新产出的影响大小和显著性也存在差异，这表明了，企业规模的大小能够显著地改变要素市场扭曲对创新产出的影响，企业规模是影响两者关系的中间变量。本章第三节的研究发现，要素市场扭曲导致了高技术企业规模的下降。可知，要素市场扭曲所导致的企业规模变小，抑制了高技术产业创新产出水平的提高。这也验证了假说 6.2。

第三，在外向度和经济绩效不同的门槛值区间，要素市场扭曲的影响大小和显著性不同，因而，外向度和经济绩效是影响要素市场扭曲与创新产出之间关系的中间变量。本章第三节的结果显示，要素市场扭曲促进了高技术企业外向度提高但是导致了企业经济绩效的下降。由此可知，要素市场扭曲通过促进企业外向度的提高，有利于高技术企业创新产出的增长，但是其所导致企业绩效下降抑制了高技术产业创新产出水平的提高。这验证了假说 6.3 和 6.4。

第四，从前文门槛模型检验的结果可以发现，在技术密集度不同的门槛值区间，要素市场扭曲对创新产出的影响存在明显不同。本章第三节发现了要素市场扭曲显著地降低高技术企业的技术密集度，而技术密集度下降到门槛值水平以下，要素市场扭曲对创新产出的影响大小由负变正。由此可知，要素市场扭曲所导致的企业密集度的下降，有利于高技术产业创新产出的增长。这验证了假说 6.5。

第五，在国有产权比重和市场势力的不同门槛值区间，要素市场扭曲的影响大小和显著性不同，因而，产权制度和市场势力是影响要素市场扭曲与创新产出之间关系的中间变量。表 6.16 结果表明了，要素市场扭曲对国有产权比重和市场势力都具有显著的促进作用。由此可知，要素市场扭曲通过提高企业的国有产权比重和市场势力，进而抑制着高技术产业创新产出水平的提高。这验证了假说 6.6 和 6.7。

第六，表 6.13 的结果显示，在劳动效率的不同门槛值区间，要素市场扭曲对创新产出的影响存在明显不同，表明了劳动效率是影响要素市场扭曲与创新产出之间关系的中间变量。表 6.16 证实了要素市场扭曲对企业的劳动效率有着显著的负向影响，而劳动效率下降到门槛值水平以下，要素市场扭曲对创新产出的影响大小显著为负。由此可知，要素市场扭曲所导致的企业劳动效率下降，抑制了高技术产业创新产出水平的提高。这验证了假说 6.8。

总结上述研究结果，可以用图 6.5 来描述要素市场扭曲影响高技术产

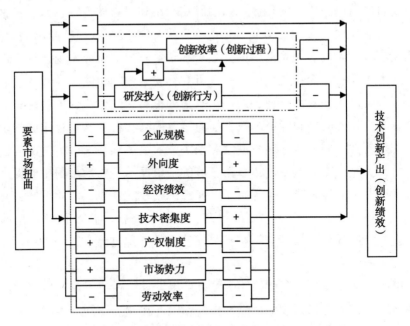

图 6.5　要素市场扭曲影响技术创新产出的机制图

业创新产出的途径和传导机制。根据表 5.4 中模型 1 估计结果,要素市场
扭曲对高技术产业创新产出的直接影响系数约为 −0.156。除了对高技术
产业创新产出的直接影响之外,要素市场扭曲还通过对研发投入(创新行
为)和创新效率(创新过程)产生的负向影响,进而抑制着高技术产业
创新绩效的提高。同时,要素市场扭曲通过改变企业特征影响着高技术产
业的创新绩效,即通过较低企业规模、经济绩效和劳动效率以及提高国有
产权比重和市场势力,抑制着高技术产业创新绩效的提高。但是,要素市
场扭曲所导致的企业外向度提高和技术密集度下降,有助于高技术产业创
新绩效的提高。

第五节　本章总结

本章运用面板门槛模型和面板 GMM 估计方法,从理论和实证两个层
面考察了要素市场扭曲影响产出技术创新行为(研发投入)、技术创新过
程(技术创新效率)和技术创新绩效(技术创新产出)的途径和机制,
主要结论如下:

　　首先，要素市场扭曲不仅通过对高技术产业资源配置效率的抑制，进而对研发资本投入产生着负向影响；也通过催生更多的寻租空间，抑制了高技术产业的研发动机。同时，要素市场扭曲所导致的其他投资增加会挤出研发投资，也通过影响可支配收入和技术市场交易，抑制着高技术产品和新技术的需求，进而对高技术产业研发投资增长产生着负向影响。

　　其次，关于要素市场扭曲影响技术创新效率机制的研究发现，要素市场扭曲不仅对高技术产业创新效率的直接影响，还通过对研发投入的负向影响抑制了高技术产业创新效率的提升。同时，要素市场扭曲还通过改变高技术企业的特征进一步影响产业的创新效率：一方面，通过提高企业外向度和降低企业技术密集度对高技术产业创新效率产生积极影响；另一方面，要素市场扭曲所导致的企业规模下降和经济绩效变差，会对高技术产业创新效率的提高产生抑制作用。

　　最后，要素市场扭曲不仅直接抑制高技术产业技术创新产出，还通过影响研发投入（技术创新行为）和技术创新效率（技术创新过程）间接地抑制着高技术产业技术创新绩效。同时，要素市场扭曲通过改变企业特征影响着高技术产业的创新绩效，即通过较低企业规模、经济绩效和劳动效率以及提高国有产权比重和市场势力，抑制着高技术产业创新绩效的提高；但是，要素市场扭曲所导致的企业外向度提高和技术密集度下降，有助于高技术产业创新绩效的提高。

第七章

主要结论与研究展望

本书在产业组织理论 SCP 分析范式下，构建一个 FCPP 理论分析框架，从理论和实证两个层面探究了要素市场扭曲对中国高技术产业技术创新的影响。本书研究，得出了一些有意义的结论，并由此得到一些很重要的政策启示。然而，本书的研究还存在一些局限，这些局限将成为今后进一步研究的方向。

第一节 主要结论与政策启示

一 主要结论

与已有研究的不同，本书拓展了传统产业组织理论 SCP 的分析范式，构建了一个 FCPP 理论分析框架（Factor Market Distortion，F 反映要素市场扭曲；Conduct，C 表示技术创新行为；Process，P 表示技术创新过程；Performance，P 表示技术创新绩效），从理论和实证两个层面系统地考察了要素市场扭曲对中国高技术产业技术创新的影响及其机制，得到了以下一些重要结论：

（1）中国 1997—2009 年的要素市场扭曲程度呈现出不断下降的趋势，其中 1999—2007 年间下降趋势尤为明显。但是，我国要素市场扭曲程度的改善过程是多有曲折的，1998—1999 年、2008—2009 年两个时间段要素市场扭曲程度呈现出逆向趋势，后一个时间段的趋势尤为显著，这种趋势可能是由于 1997 年东南亚金融危机和 2008 年全球金融危机的不利冲击产生的。

（2）理论分析表明，中国各地区要素市场扭曲受到三个方面因素的共同作用，晋升激励、财政激励和寻租激励等内在因素是导致地区要素市场扭曲的推动力，对外贸易和外商直接投资等外部因素是主要的拉动力，而金融、产权和法律等制度因素是形成要素市场扭曲的环境催化力。

（3）关于要素市场扭曲成因的实证研究发现，地方官员的财政激励、晋升激励和寻租激励对地区要素市场都产生了显著的扭曲效应，而"入世"后地方官员激励对要素市场产生的扭曲效应下降了。外贸依存度（外商直接投资）与要素市场扭曲之间存在倒 U 型的关系，即在对外贸易（外商直接投资）水平较低时，其加剧了地区要素市场扭曲；而随着对外贸易（外商直接投资）水平提高到一个临界值之后，其能够不断缓解地区要素市场的扭曲程度。也就是说，相对于外贸依存度（外商直接投资）处于中间水平的地区，在外贸依存度（外商直接投资）较低和较高地区的要素市场扭曲程度相对低些。

（4）金融环境与法律环境的改善以及产权制度明晰程度的提高，不仅能够缓解地区要素市场的扭曲程度，还能够降低地方官员激励对要素市场产生的扭曲效应。此外，制度环境对地方官员激励三种扭曲效应的影响存在差异：金融环境的改善对财政激励扭曲效应的抑制作用更显著；法律环境的改善则能够更好地抑制晋升激励和寻租激励的扭曲效应；产权制度明晰程度的提高对官员激励的三种扭曲效应都有着显著的抑制作用。门槛检验方法的进一步检验结果显示，在制度环境变量的不同门槛值区间，财政激励、晋升激励和寻租激励对要素市场扭曲的影响明显的差异；这表明制度环境的变化能够在一定程度上规避地方官员激励对要素市场产生的扭曲效应。

（5）要素市场扭曲抑制了中国高技术产业研发资本投入增长，但却显著地促进了研发人力投入的提高，要素市场扭曲对研发活动两种投入要素的影响差异主要归因于研发资本和研发人力不同的流动性。"入世"前后比较来看，"入世"后要素市场的发展或者扭曲程度的改善，有效地缓解了我国高技术产业研发资本投入的不足，也在一定程度上弱化了高技术产业过度的研发人力投入。此外，企业特征影响着要素市场扭曲对技术创新投入的抑制效果；对于企业规模较大、外向度较高、资本密集度较高的企业来说，要素市场扭曲对研发投入的抑制效应要小些。

（6）要素市场扭曲对技术创新投入的影响存在地区差异，对东部地区的抑制效应最小，西部地区次之，中部地区最大；而"入世"后要素市场扭曲程度的降低，显著地缓解了东部地区的抑制效应，但对中西部地区的缓解效果却不显著。从研发人力投入看，要素市场扭曲对西部地区的正向影响最大，中部地区次之，东部地区最小且不显著；"入世"后要素市场扭曲程度的改善，降低了对各地区研发人力投入的正向效应，但仅中部地区显著。这样的结论表明了要素市场扭曲与研发投入之间存在非线性关系，而各地区经济发展水平、人力资本水平、财政收入、产权结构和对外开放程度的差异则共同解释了两者之间的非线性关系。门槛估计结果显示了经济发展水平等因素的不同门槛值区间，要素市场扭曲对研发投入的影响大小和影响方向都存在明显的差异。

（7）要素市场扭曲显著地抑制了产业技术创新效率的提高，而且两者之间还存在 U 型关系。当扭曲程度较高时，要素市场改善对产业创新效率的边际效应较小；而随着扭曲程度的持续下降，其对产业创新效率的边际效应越来越大。这表明，推进我国要素市场的改革和发展可以促进产业创新效率的提高。在扭曲状况改善的初始阶段，产业创新效率的提升效果可能并不明显，而随着要素市场扭曲状况的持续改善，产业创新效率的提升幅度会越来越大。这意味着，推动各地区要素市场的持续改革和扭曲状况的持续改善，对高技术产业技术创新效率的提高有非常重大的意义。

（8）企业特征不仅显著地影响着高技术产业技术创新效率，而且在规模较大、外向度较高、经济绩效较好以及技术密集度较低的企业中，要素市场扭曲对技术创新效率的抑制程度更低。此外，在企业特征变量不同的门槛值区间，要素市场扭曲对创新效率抑制效应的大小和显著性存在明显的区别。这意味着，各地区不仅可以通过推进要素市场的发育和发展来提升产业创新效率，还可以根据本地区企业特征的自身状况，在企业规模、外向度、经济绩效和技术密集度等方面下足功夫来有效规避要素市场对创新效率的扭曲效应。

（9）要素市场扭曲抑制了我国高技术产业技术创新绩效的提高。"入世"前后比较来看，"入世"后要素市场的发展或者扭曲程度的改善，在一定程度上扭转了我国高技术产业创新绩效较低的局面，但效果并不显著。其原因可能在于：要素市场的发展对创新绩效的促进作用存在着边际效应递减规律。这样的结论表明了要素市场扭曲与创新绩效之间可能存在非线性关系，而面板分位数估计则证实了两者之间存在着非线性关系，在创新绩效较低（50 分位数以下）的地区，要素市场扭曲的抑制效应显著，而在创新绩效较高（75 分位数以上）的地区，其抑制效果则不明显了。

可见，分位数估计的结果支持"要素市场扭曲是地区创新绩效差异的重要影响因素"的结论。

（10）要素市场扭曲对不同特征企业技术创新绩效的影响存在差异，在规模较大、外向度较高、经济绩效较好以及技术密集度较低的企业中，要素市场扭曲的抑制程度较低。换句话说，在规模较大、外向度较高、经济绩效较好、技术密集度较低、国有产权比重较低、市场势力适中和劳动效率较高的企业中，要素市场扭曲的改善对高技术企业技术创新产出水平的积极贡献更大。

（11）关于要素市场扭曲影响技术创新投入机制的研究发现，要素市场扭曲不仅通过降低资源配置效率抑制高技术产业的研发资本投入，而且通过催生更多的寻租空间抑制了高技术产业的研发动机。同时，要素市场扭曲所导致的其他投资增加会挤出研发投资，并通过影响可支配收入和技术市场交易等途径抑制着高技术产品和新技术的需求，进而抑制高技术产业研发投资的增长。

（12）要素市场扭曲不仅通过对高技术产业创新效率产生的直接影响，还通过对研发投入的负向影响抑制了高技术产业创新效率的提升。同时，要素市场扭曲还通过改变高技术企业的特征进一步影响产业的技术创新效率；具体来说，一是通过提高企业外向度和降低企业技术密集度对高技术产业创新效率产生积极影响；二是通过缩小企业规模和降低经济绩效对高技术产业技术创新效率产生抑制作用。

（13）要素市场扭曲不仅通过对高技术产业技术创新产出产生的直接影响，还通过对研发投入（技术创新行为）和技术创新效率（技术创新过程）产生的负向影响，进而抑制着高技术产业技术创新产出。同时，要素市场扭曲还通过改变企业特征影响着高技术产业的创新绩效，即通过缩小企业规模、降低经济绩效与劳动效率以及提高国有产权比重和市场势力抑制着高技术产业创新绩效的提高；而通过提高企业外向度和降低技术密集度提高产业技术创新产出。

二　政策启示

发展高技术产业是中国当前乃至今后很长一段时期优化产业结构、转变经济增长方式、培育国家竞争优势的重要战略和必然途径。高技术产业作为高技术的研发成果进行高技术产品生产和服务的产业部门，技术创新在高技术产业发展中起着关键和核心作用。因此，本书的研究结论具有如下重要的政策启示：

（1）要素市场的发展有利于产业研发投入的增长、技术创新效率的提升与技术创新产出的提高。因此，政府制定产业自主创新的促进政策时，应考虑要素市场扭曲对技术创新的影响。而为了引导、支持和激励各地区提升产业自主创新能力，需要依据各地区的实际情况，有所侧重地持续推进要素市场的改革，尤其要将技术创新绩效较低地区的相关改革放在更为突出的位置。具体来说，政府在制定相关政策措施推进要素市场发展时，要着重做好两方面工作：一是推动要素价格改革，构建合理的要素价格体系，使要素价格成为市场配置资源的信号，尤其要通过财税体制和工资制度的不断完善来推动要素的初次分配改革。二是要加快要素市场一体化建设，构建一个合理的、能够反映资源稀缺程度的要素市场体系，消除阻碍要素跨部门、跨地区和跨行业流动的制度障碍，尤其是发展和完善高技术人才自由流动的市场体系。

（2）由于要素市场扭曲问题主要源于地方官员的财政、晋升和寻租等方面的激励，因此，为了更好地推进要素市场改革，中央在制定推进地方要素市场改革的政策措施时，需要特别重视从财税体制改革、晋升激励机制设计和反腐制度建设等方面缓解地方政府官员对要素市场的干预行为。同时，鉴于制度环境的变化能够在一定程度上抑制地方官员激励的扭曲效应，因此中央还需要根据各地区制度环境的现状，在改善法律与金融环境、明晰国有产权制度等方面做工作，以有效地规避地方官员激励对要素市场产生的扭曲效应。此外，地方官员激励和制度环境共同影响要素市场的扭曲状况，所以中国要素市场扭曲的治理需要联动推进上述两个方面的工作。

（3）在推进要素市场发展的同时，中央需要采取政策措施改变现行的地方官员激励。具体来说，中央正在推进的财税体制改革应该注重弱化地方政府官员通过干预要素市场来获取财政收入的动机，这涉及优化地方政府财权与事权的匹配程度、完善税收收入结构和改进预算管理制度；还需要加快完善转移支付制度，完善中央对地方均衡性转移支付增长机制，科学设置转移支付补助系数，逐步补足地方标准收支缺口。中央应加快完善目前正在推进的地方官员考核制度，改变唯 GDP 的政绩观，把地方官员对要素市场干预的隐性和显性行为纳入考核体系，突出经济发展质量和效益方面的评价等。中央正在开展的反腐败斗争和打击权力寻租工作需要长期化和制度化地推进，需要加强反腐败的教育、监督和惩治等方面的工作，健全反腐败的体制机制，真正做到让人民监督官员权力，让权力在阳光下运行。

（4）在推进要素市场发展时，中央政府需要依据各地区制度环境的现状，有所侧重地推动制度环境的建设。具体来说，中央在继续推进金融市场化的过程中，需要不断完善各项金融法律法规、大力打造诚实守信的社会体系、加快银行业等金融机构改革步伐、鼓励金融创新、完善金融监管体制，做大做强金融产业。同时，中央政府要加强法律制度建设，通过完善法律法规体系和加强执法力度等途径来加大对地方政府干预要素市场行为的监管和制约。由于地方官员干预行为的隐蔽化趋势弱化了原有法律法规的抑制效果，因而要注重增加法律法规的可操作性。此外，中央当前正在推进的国有企业分类改革，重点要按照产权清晰、权责明确、政企分开、管理科学的现代企业制度对国有企业进行公司制改革，从而降低地方政府对国有企业的干预能力，还需要完善国有资产监管制度和提高国有资本配置效率。

（5）鉴于高技术产业研发投入的增长既要求要素市场扭曲状况的不断改善，还需要资源配置效率（包括劳动效率和资本效率）的提高、寻租活动的减少、研发动力的增强和新产品需求的增加。因此，为了更有效地促进研发投入的增长，政府的要素市场改革需要与资源配置效率的提高政策、反腐败体制机制建设、研发激励政策和新产品消费的促进政策等相互配合与协调。也就是说，在要素市场改革过程中，需要完善现代企业制度、提高企业管理水平、加强企业员工的教育和培训，以提高企业的资源配置效率；需要加强反腐败的教育、监督和惩治等方面的工作，健全反腐败的体制机制，以降低企业的寻租活动；需要完善企业研发的财税优惠力度和企业研发投入税前抵扣比例等政策，以增强企业的研发动力；需要通过提高可支配收入水平以及完善鼓励高技术产品消费的财税、金融和政府采购政策，以扩大高技术新产品市场需求。

（6）鉴于企业特征的适当变化既能提升产业技术创新效率，又能有效地规避要素市场对技术创新效率的扭曲效应。因而，需要依据各地区的实际情况，不断完善相关政策措施以促进本地区高技术企业的规模、经济绩效、外向度和技术密集度等特征的适度改变。具体来说，通过制定和完善并购税收政策、信贷政策和投资政策，引导和激励企业适度扩大规模；同时，通过税收政策和投资政策的引导，促进飞机制造、计算机整机制造和通信设备制造等企业规模较大的行业发展；通过制定和完善产业升级政策，鼓励和引导企业采用最先进的技术促进产品升级，促进产品在全球价值链不断攀升，提高企业的经济绩效；通过适当调整进出口关税促进高技术产品内贸易的发展来提高企业的外向度；通过完善项目外包的税收和补贴政策，使得航天器制造和生物制品制造等技术密集度较高的企业更容易将非核心业务外包出去，进而提高其核心产品的创新效率。

（7）鉴于要素市场扭曲通过研发投入、技术创新效率、企业特征等途径作用于技术创新产出。因此，为了更有效地提高技术创新产出，政府的要素市场改革措施需要与研发政策、创新效率的提高政策、企业特征的调整政策相互配合与协调。而研发政策需要改善融资环境、加强知识产权保护以及增加政府的财政投入等政策措施与人力资本等相关政策措施结合起来，技术创新效率的提高则需要知识产权保护的政策措施、技术溢出的促进政策、产权结构的完善政策措施与企业特征的调整政策措施相协调。此外，在适度调整企业规模、企业经济绩效、外向度、技术密集度的同时，还需要采取相关政策措施适当提高企业劳动效率与降低市场势力，并推进国有企业分类改革，重点要按照产权清晰、权责明确、政企分开、管理科学的现代企业制度对国有企业进行公司制改革。

第二节　研究局限与研究展望

本书较为系统地揭示了要素市场扭曲影响中国高技术产业技术创新的内在规律，但囿于作者的能力、时间、资料以及数据的限制，本书的研究还存在一些局限，这些局限将留作下一阶段的努力方向。

一　研究存在的局限

本书目前的研究主要还存在以下一些局限：

（1）本书虽然从理论和实证两个层面考察了要素市场扭曲对产业技术创新投入、技术创新过程和技术创新产出的影响。但是，目前界定的技术创新是狭义的，广义的技术创新还包括技术扩散（或技术溢出），而要素市场扭曲包括的市场分割可能对技术扩散也会产生抑制作用，因而，探究要素市场扭曲是否会对高技术产业技术溢出产生影响也具有理论意义和现实价值。

（2）本书虽然从区域层面考察了要素市场扭曲对技术创新的影响，但尚未涉及对技术创新影响的区域间技术溢出研究，而要素市场扭曲包括的市场分割可能会涉及技术创新的空间溢出效应。因此，探究要素市场扭曲空间技术溢出效应的途径和机制就显得十分重要。

二　进一步研究展望

为了弥补本书存在的以上局限，作者计划从以下两个方面展开下一阶段的研究：

（1）在梳理和归纳相关文献的基础上，借助技术溢出理论的建模思路，结合中国各地区要素市场扭曲的实际，构建理论模型探讨要素市场扭曲对企业或者产业技术溢出的影响，揭示要素市场扭曲影响企业或者行业技术溢出的机制。

（2）借助空间计量模型，收集省级层面的相关数据，实证考察要素市场扭曲对高技术产业空间技术溢出的影响，以及这种影响的时间差异、区域差异、企业差异及其传导的途径和机制。

参 考 文 献

[1] 安同良、施浩、Alcorta:《中国制造业企业 R&D 行为模式的观测与实证:基于江苏省制造业企业问卷调查的实证分析》,《经济研究》2006 年第 2 期。

[2] 白重恩、杜颖娟、陶志刚、仝月婷:《地方保护主义及产业地区集中度的决定因素和变动趋势》,《经济研究》2004 年第 4 期。

[3] 白俊红:《企业规模、市场结构与创新效率:来自高技术产业的经验证据》,《中国经济问题》2011 年第 9 期。

[4] 白俊红、卞元超:《要素市场扭曲与中国创新生产的效率损失》,《中国工业经济》2016 年第 11 期。

[5] 陈刚、李树:《中国的腐败、收入分配和收人差距》,《经济科学》2010 年第 2 期。

[6] 陈钊:《经济转轨中的企业重构:产权改革与放松管制》,上海三联书店和上海人民出版社 2004 年版。

[7] 陈敏、桂琦寒、陆铭、陈钊:《中国经济增长如何持续发挥规模效应:经济开放与国内商品市场分割的实证研究》,《经济学(季刊)》2007 年第 10 期。

[8] 陈硕:《分税制改革、地方财政自主权与公共品供给》,《经济学(季刊)》2010 年第 7 期。

[9] 陈硕、高琳:《央地关系:财政分权度量及作用机制再评估》,《管理世界》2012 年第 6 期。

[10] 陈永伟、胡伟民:《价格扭曲、要素错配和效率损失:理论和应用》,《经济学(季刊)》2011 年第 7 期。

[11] 陈晓华、刘慧:《国际分散化生产约束了我国出口技术结构升级?》,《科学学研究》2013 年第 8 期。

［12］陈羽、李小平、白澎：《市场结构如何影响 R&D 投入？》，《南开经济研究》2007 年第 1 期。

［13］陈仲常、余翔：《企业研发投入的外部环境影响因素研究》，《科研管理》2007 年第 3 期。

［14］成力为、孙玮：《市场化程度对自主创新配置效率的影响：基于 Cost-Malmquist 指数的高技术产业行业面板数据分析》，《中国软科学》2012 年第 5 期。

［15］程娅昊、钟声：《中国生产要素价格扭曲的实证分析》，《山东社会科学》2014 年第 1 期。

［16］戴魁早、刘友金：《行业市场化进程与创新绩效：中国高技术产业的经验分析》，《数量经济技术经济研究》2013 年第 9 期。

［17］戴魁早、刘友金：《市场化改革对中国高技术产业研发投入的影响》，《科学学研究》2013 年第 1 期。

［18］戴魁早：《制度环境，区域差异与知识生产效率：来自中国高技术产业的经验证据》，《科学学研究》2015 年第 3 期。

［19］戴魁早、刘友金：《要素市场扭曲、区域差异与 R&D 投入：来自中国高技术产业与门槛模型的经验证据》，《数量经济技术经济研究》2015 年第 9 期。

［20］邓路、高连水：《研发投入、行业内 R&D 溢出与自主创新效率：基于中国高技术产业的面板数据（1999—2007）》，《财贸研究》2009 年第 5 期。

［21］范爱军、李真、刘小勇：《国内市场分割及其影响因素的实证分析》，《南开经济研究》2007 年第 5 期。

［22］樊纲、王小鲁、马光荣：《中国市场化进程对经济增长的贡献》，《经济研究》2011 年第 9 期。

［23］方军雄：《所有制、市场化进程与资本配置效率》，《管理世界》2007 年第 11 期。

［24］傅利平、李永辉：《地方政府官员晋升竞争、个人特征与区域产业结构升级：基于我国地级市面板数据的实证分析》，《经济体制改革》2014 年第 3 期。

［25］高帆：《什么粘住了中国企业自主创新能力提升的翅膀》，《当代经济科学》2008 年第 2 期。

［26］高良谋、李宇：《企业规模与技术创新倒 U 关系的形成机制与动态拓展》，《管理世界》2009 年第 8 期。

［27］苟仲文：《我国电子信息产业创新体系的形成机理研究》，《中国软科学》2006 年第 6 期。

［28］官建成、陈凯华：《我国高技术产业技术创新效率的测度》，《数量经济技术经济研究》2009 年第 10 期。

［29］胡军、郭峰：《企业寻租、官员腐败与市场分割》，《经济管理》2013 年第 11 期。

［30］胡凯、吴清、胡毓敏：《知识产权保护的技术创新效应：基于技术交易市场视角和省级面板数据的实证分析》，《财经研究》2012 年第 8 期。

［31］胡水晶、余翔：《承接研发离岸外包对技术创新能力的作用机理及实证研究》，《中国科技论坛》2009 年第 11 期。

［32］黄玖立、李坤望：《吃喝、腐败与企业订单》，《经济研究》2013 年第 6 期。

［33］黄鹏、张宇：《中国要素价格相对扭曲对企业技术创新影响的研究：基于微观企业数据的检验》，《上海经济研究》2014 年第 7 期。

［34］黄烨菁、张纪：《跨国外包对接包方技术创新能力的影响研究》，《国际贸易问题》2011 年第 12 期。

［35］黄亦君：《技术创新对我国高技术产业出口的影响》，《科技进步与对策》2009 年第 9 期。

［36］黄永明、何伟、聂鸣：《全球价值链视角下中国纺织服装企业的升级路径选择》，《中国工业经济》2006 年第 5 期。

［37］金碚：《高技术在中国产业发展中的地位和作用》，《中国工业经济》2003 年第 12 期。

［38］蒋德权、姜国华、陈冬华：《地方官员晋升与经济效率：基于政绩考核观和官员异质性视角的实证考察》，《中国工业经济》2015 年第 10 期。

［39］蒋殿春、夏良科：《外商直接投资对中国高技术产业技术创新作用的经验分析》，《世界经济》2005 年第 8 期。

［40］姜学勤：《要素市场扭曲与中国宏观经济失衡》，《长江大学学报（社会科学版）》2009 年第 2 期。

［41］李春涛、宋敏：《中国制造业企业的创新活动：所有制和 CEO 激励的作用》，《经济研究》2010 年第 5 期。

［42］李广瑜、史占中、赵子健：《中国高技术产业创新影响因素的实证检验》，《经济与管理研究》2016 年第 2 期。

［43］李培楠、赵兰香、万劲波：《创新要素对产业创新绩效的影响：基于中国制造业和高技术产业数据的实证分析》，《科学学研究》2014 年第 4 期。

［44］李平、季永宝：《要素价格扭曲是否抑制了我国自主创新?》，《世界经济研究》2014 年第 1 期。

［45］李平、崔喜君、刘建：《中国自主创新中研发资本投入产出绩效分析：兼论人力资本和知识产权保护的影响》，《中国社会科学》2007 年第 2 期。

［46］李邃、江可申、郑兵云、白俊红：《高技术产业研发创新效率与全要素生产率增长》，《科学学与科学技术管理》2010 年第 11 期。

［47］李向东、李南、白俊红、谢忠秋：《高技术产业研发创新效率分析》，《中国软科学》2011 年第 2 期。

［48］李小平、朱钟棣：《中国工业行业全要素生产率的测算：基于工业行业的面板数据分析》，《管理世界》2005 年第 4 期。

［49］李小平、朱钟棣：《国际贸易、R&D 溢出和生产率增长》，《经济研究》2006 年第 2 期。

［50］李小平：《自主 R&D、技术引进和生产率增长：对中国分行业大中型工业企业的实证研究》，《数量经济技术经济研究》2007 年第 7 期。

［51］李子奈：《计量经济学应用研究的总体回归模型设定》，《经济研究》2008 年第 8 期。

［52］李文星、徐长生、艾春荣：《中国人口年龄结构和居民消费：1989—2004》，《经济研究》2005 年第 7 期。

［53］李晓华：《产业组织的垂直解体与网络化》，《中国工业经济》2005 年第 7 期。

［54］李雪灵、张惺、刘钊、陈丹：《制度环境与寻租活动：源于世界银行数据的实证研究》，《中国工业经济》2012 年第 11 期。

［55］梁莱歆、马如飞：《R&D 资金管理与企业自主创新：基于我国信息技术类上市公司的实证分析》，《财经研究》2009 年第 8 期。

［56］梁平、梁彭勇、黄馨：《中国高技术产业创新效率的动态变化：基于 Malmquist 指数法的分析》，《产业经济研究》2009 年第 3 期。

［57］林伯强、杜克锐：《要素市场扭曲对能源效率的影响》，《经济研究》2013 年第 9 期。

［58］刘瑞明：《国有企业、隐性补贴与市场分割：理论与经验证据》，《管理世界》2012 年第 4 期。

［59］刘小勇：《市场分割对地方财政收入增长影响的跨地区和跨时效应》，《财贸研究》2011 年第 2 期。

［60］刘岩、蔡虹：《企业知识基础与技术创新绩效关系研究——基于中国电子信息行业的实证分析》，《科学学与科学技术管理》2011 年第 10 期。

［61］刘培林：《地方保护和市场分割的损失》，《中国工业经济》2005 年第 4 期。

［62］刘锦、王学军：《寻租、腐败与企业研发投入：来自 30 省 12367 家企业的证据》，《科学学研究》2014 年第 10 期。

［63］柳卸林：《技术创新经济学（第 2 版）》，清华大学出版社 2014 年版。

［64］陆铭、陈钊：《中国区域经济发展中的市场整合与工业集聚》，上海三联书店、上海人民出版社 2006 年版。

［65］陆铭、陈钊：《分割市场的经济增长：为什么经济开放可能加剧地方保护?》，《经济研究》2009 年第 3 期。

［66］罗德明、李晔、史晋川：《要素市场扭曲、资源错置与生产率》，《经济研究》2012 年第 3 期。

［67］毛其淋：《要素市场扭曲与中国工业企业生产率》，《金融研究》2013 年第 2 期。

［68］聂辉华、贾瑞雪：《中国制造业企业生产率与资源误置》，《世界经济》2011 年第 7 期。

［69］聂辉华、谭松涛、王宇锋：《创新、企业规模和市场竞争：基于中国企业层面的面板数据分析》，《世界经济》2008 年第 7 期。

［70］皮建才：《中国地方政府间竞争下的区域市场整合》，《经济研究》2008 年第 3 期。

［71］皮建才、殷军：《经济全球化背景下的地方政府行为与国内市

场分割》，《经济管理》2012 年第 10 期。

［72］寇宗来、高琼：《市场结构、市场绩效与企业的创新行为：基于中国工业企业层面的面板数据分析》，《产业经济研究》2013 年第 3 期。

［73］邵帅、范美婷、杨莉莉：《资源产业依赖如何影响经济发展效率？——有条件资源诅咒假说的检验及解释》，《管理世界》2013 年第 2 期。

［74］盛誉：《贸易自由化与中国要素市场扭曲的测定》，《世界经济》2005 年第 6 期。

［75］施炳展、冼国明：《要素价格扭曲与中国工业企业出口行为》，《中国工业经济》2012 年第 2 期。

［76］史晋川、赵自芳：《所有制约束与要素价格扭曲：中国工业行业的实证分析》，《统计研究》2007 年第 6 期。

［77］宋河发、穆荣平：《自主创新能力及其测度方法与实证研究：以我国高技术产业为例》，《科学学与科学技术管理》2009 年第 3 期。

［78］孙早、刘李华、孙亚政：《市场化程度、地方保护主义与 R&D 的溢出效应》，《管理世界》2014 年第 8 期。

［79］孙早、郭林生、肖利平：《企业规模与企业创新倒 U 型关系再检验：来自中国战略性新兴产业的经验证据》，《上海经济研究》2016 年第 9 期。

［80］孙玮、王九云、成力为：《技术来源与高技术产业创新生产率》，《科学学研究》2010 年第 7 期。

［81］王贤彬、徐现祥：《地方官员晋升竞争与经济增长》，《经济科学》2010 年第 6 期。

［82］魏江、朱海燕：《高技术产业集群创新过程模式演化及发展研究：以杭州软件产业集群为例》，《研究与发展管理》2006 年第 12 期。

［83］韦倩、王安、王杰：《中国沿海地区的崛起：市场的力量》，《经济研究》2014 年第 8 期。

［84］魏守华、姜宁、吴贵生：《内生创新努力、本土技术溢出与长三角高技术产业创新绩效》，《中国工业经济》2009 年第 2 期。

［85］吴先明、黄春桃、张亭：《后发国家研发投入的影响因素分析：知识产权保护的调节作用》，《科学学研究》2016 年第 4 期。

［86］吴晓辉、徐逢交、娄景辉、姜彦福：《市场制度、市场竞争与

集团化收益：来自中国经验证据》，《金融研究》2008 年第 1 期。

　　[87] 吴延兵：《R&D 存量、知识函数与生产效率》，《经济学（季刊）》2006 年第 4 期。

　　[88] 吴延兵：《企业规模、市场力量与创新：一个文献综述》，《经济研究》2007 年第 5 期。

　　[89] 吴延兵：《市场结构、产权结构与 R&D》，《统计研究》2007 年第 5 期。

　　[90] 吴延兵：《自主研发、技术引进与生产率》，《经济研究》2008 年第 8 期。

　　[91] 冼国明、石庆芳：《要素市场扭曲与中国的投资行为》，《财经科学》2013 年第 10 期。

　　[92] 夏良科：《人力资本与 R&D 如何影响全要素生产率》，《数量经济技术经济研究》2010 年第 4 期。

　　[93] 肖文、林高榜：《政府支持、研发管理与技术创新效率：基于中国工业行业的实证分析》，《管理世界》2014 年第 4 期。

　　[94] 谢子远、黄文军：《非研发创新支出对高技术产业创新绩效的影响研究》，《科研管理》2015 年第 10 期。

　　[95] 徐玲、武凤钗：《我国高技术产业技术创新能力评价》，《科技进步与对策》2011 年第 1 期。

　　[96] 徐毅、张二震：《FDI、外包与技术创新：基于投入产出表数据的经验研究》，《世界经济》2008 年第 9 期。

　　[97] 杨浩昌、李廉水、刘军：《高技术产业聚集对技术创新的影响及区域比较》，《科学学研究》2016 年第 2 期。

　　[98] 杨杰、叶小榕、宋马林：《中国高技术产业技术创新与竞争力的关系》，《大连海事大学学报（社会科学版）》2010 年第 2 期。

　　[99] 姚公安、李琪：《企业绩效与创新资金投入的相关性：基于电子信息百强企业的研究》，《系统工程》2009 年第 7 期。

　　[100] 姚洋、章奇：《中国工业企业技术效率分析》，《经济研究》2001 年第 10 期。

　　[101] 姚战琪：《生产率增长与要素再配置效应：中国的经验研究》，《经济研究》2009 年第 11 期。

　　[102] 银温泉、才婉茹：《我国地方市场分割的成因和治理》，《经济

研究》2001 年第 6 期。

［103］俞立平、李守伟、刘骏：《技术来源对高技术产业创新影响的比较研究》，《科研管理》2016 年第 4 期。

［104］余泳泽：《我国高技术产业技术创新效率及其影响因素研究：基于价值链视角下的两阶段分析》，《经济科学》2009 年第 4 期。

［105］袁鹏、杨洋：《要素市场扭曲与中国经济效率》，《经济评论》2014 年第 2 期。

［106］张海洋：《R&D 两面性、外资活动与中国工业生产率增长》，《经济研究》2005 年第 5 期。

［107］张杰、芦哲、郑文平、陈志远：《融资约束、融资渠道与企业 R&D 投入》，《世界经济》2012 年第 10 期。

［108］张杰、周晓艳、李勇： 《要素市场扭曲抑制了中国企业 R&D?》，《经济研究》2011 年第 8 期。

［109］张杰、周晓艳、郑文平、芦哲：《要素市场扭曲是否激发了中国企业出口》，《世界经济》2011 年第 8 期。

［110］张杰、郑文平、翟福昕：《竞争如何影响创新：中国情景的新检验》，《中国工业经济》2014 年第 11 期。

［111］张军、吴桂英、张吉鹏： 《中国省际物质资本存量估算：1952—2000》，《经济研究》2004 年第 10 期。

［112］张莉、王贤彬、徐现祥：《财政激励、晋升激励与地方官员的土地出让行为》，《中国工业经济》2011 年第 4 期。

［113］张莉、李绍东：《企业规模、技术创新与经济绩效：基于工业企业调查数据的实证研究》，《财经科学》2016 年第 6 期。

［114］张陆洋：《高技术产业发展经济学特性的研究》，《中国软科学》2001 年第 3 期。

［115］张秀武、胡日东：《区域高技术产业创新驱动力分析：基于产业集群的视角》，《财经研究》2008 年第 4 期。

［116］张伟、吴文元：《基于环境绩效的长三角都市圈全要素能源效率研究》，《经济研究》2011 年第 10 期。

［117］张晏、龚六堂：《分税制改革、财政分权与中国经济增长》，《经济学（季刊）》2005 年第 10 期。

［118］赵娜、王博：《知识产权保护对企业技术创新：促进还是抑

制?》,《中央财经大学》2016 年第 5 期。

[119] 赵树宽、胡彩梅:《知识溢出对中国省域知识生产影响的实证研究》,《科研管理》2012 年第 9 期。

[120] 赵玉林、魏芳:《高技术产业发展对经济增长带动作用的实证分析》,2006 年第 6 期。

[121] 郑振雄、刘艳彬:《要素价格扭曲的 R&D 支出效应实证分析》,《社会科学家》2013 年第 7 期。

[122] 支燕:《创新能力、技术转化与创新绩效:来自我国电子信息业上市公司的实证》,《科学学与科学技术管理》2009 年第 3 期。

[123] 周黎安:《晋升博弈中政府官员的激励与合作:兼论我国地方保护主义和重复建设问题长期存在的原因》,《经济研究》2004 年第 6 期。

[124] 周黎安、罗凯:《企业规模与创新:来自中国省级水平的经验证据》,《经济学(季刊)》2005 年第 3 期。

[125] 周明、李宗植:《基于产业集聚的高技术产业创新能力研究》,《科研管理》2011 年第 1 期。

[126] 朱秀梅:《高技术企业集群式创新机理实证研究》,《管理科学学报》2009 年第 8 期。

[127] 朱有为、徐康宁:《中国高技术产业研发效率的实证研究》,《中国工业经济》2006 年第 11 期。

[128] 朱平芳、徐伟民:《政府的科技激励政策对大中型工业企业 R&D 投入及其专利产出的影响》,《经济研究》2003 年第 6 期。

[129] 朱喜、史清华、盖庆恩:《要素配置扭曲与农业全要素生产率》,《经济研究》2011 年第 5 期。

[130] Acemoglu Daron, Linn Joshua. Market Size in Innovation: Theory and Evidence from the Pharmaceutical Industry [J]. Quarterly Journal of Economics, 2004 (3): 1049-1090.

[131] Adams, J.D.and Jaffe, A.B..Bounding the Effects of R&D: An Investigation UsingMatched Establishment Firm Data [J]. Round Journal of Economics, 1996 (4): 700-721.

[132] AdrianSmith , Pickles John, Buček Milan, Pástor Rudolf, Begg Bob. The Political economy of global production networks: regional industrial change and differential upgrading in the East European clothing industry [J].

Journal of Economic Geography.2014, 14 (6): 1023-1051.

[133] Aghion Philippe, Bloom Nick.Competition and Innovation: An Inverted - U Relationship [J]. Quarterly Journal of Economics, 2005 (2): 701-728.

[134] Aidis R., Estrin, S., Mickiewicz, T..Institutions and Entrepreneurship Development in Russia: A Comparative Perspective [J]. Journal of Business Venturing, 2008, 23 (6): 656-672.

[135] Alireza Naghavi, Gianmarco I.P. Ottaviano.Offshoring and product innovation [J]. Economic Theory, 2009, 38 (3): 517-532.

[136] Alireza Naghavi, Gianmarco I.P. Ottaviano.Outsourcing, complementary innovations and growth [J], Industrial and Corporate Change, 2010, 19 (4): 1009-1035.

[137] Arellano M., Bover O..Another look at the instrumental variable estimation of error component models [J]. Journal of Econometrics, 1995, 68 (1): 29-51.

[138] Boldrin M., Levine D. K. Rent - seeking and Innovation [J]. Journal of Monetary Economics, 2004, 51 (1): 127-160.

[139] Blundell, Richard, Griffith, Rachel, John Van Reenen.Dynamic Count Data Models of Technological Innovation [J]. Economic Journal, 1995, (429): 333-344.

[140] Blundell R., Bond S..Initial conditions and moment restrictions in dynamic panel data models [J]. Journal of Econometrics, 1998, 87 (1): 115-143.

[141] Blundell, Richard, Griffith, Rachel, John Van Reenen. Market Share, Market Value and Innovation in a Panel of British Manufacturing Firms [J]. Review of Economic Studies, 1999 (3): 529-554.

[142] Bond S..Dynamic Panel Data Models: A Guide to Micro Data Methods and practice [W].CEMMAP Working paper, 2002, No.CWP09P02.

[143] Brandt L., Tombe, T, Zhu, Xiaodong.Factor market distortions across time, space and sectors in China [J]. Review of Economic Dynamics, 2013, 16 (1): 39-58.

[144] Broadberry Stephen, Nick Crafts. Competition and Innovation in

1950s Britain［J］. Business History, 2001, 43（1）：97-118.

［145］ Brusoni, Prencipe. Knowledge specialization, organizational coupling, and boundaries of the firm［J］. Administrative Science Quarterly, 2001（4）：597-621.

［146］Cameron A.C., Trivedi P.K..Micro econometrics Using Stata［M］. Stata Press, 2009.

［147］Chan K..Consistency and Limiting Distribution of the Least Squares Estimator of a Threshold Autoregressive Model［J］. The Annals of Statistics, 1993, 21（1）：520-533.

［148］Chang, Myong-Hun..Flexible manufacturing, uncertain consumer tastes, and strategic entry deterrence［J］. The Journal of Industrial Economics, 1993（1）：77-90.

［149］Cincer, Michele.Patents, R&D, and Technological Spillovers at the Firm Level：Some Evidence from Econometric Count Models for Panel Data ［J］. Journal of Applied Econometrics, 1997（3）：265-280.

［150］Claessens S., Feijen E., Laeven L., Political Connections and Preferential Access to Finance：The role of Campaign Contributions［J］. Journal of Financial Economics, 2008, 88（3）：554-580.

［151］ Clemenz, G.. Market Structure and R&D Competition［J］. European Economic Review, 1992（36）：847-864.

［152］Clercq D.D., Lim D.S.K., Chang H., O..Individual-level Resources and New Business Activity：The Contingent Role of Institutional Context ［J］. Entrepreneurship Theory and Practice, 2013, 37（2）：303-330.

［153］Cohen, W.M., Klepper S.A Reprise of Size and R&D［J］. Economic Journal, 1996（437）：925-951.

［154］ Crépon, Bruno and Emmanuel Duguet. Estimating the Innovation Function from Patent Numbers：GMM on Count Panel Data［J］. Journal of Applied Econometrics, 1997（3）：243-263.

［155］Cullmann A., Ehmcke J.S., Zloczysti P..Innovation, R&D, Efficiency and the Impact of the Regulatory Environment［R］, 2009, DIW Discussion Papers.

［156］Cusmano Lucia, Mancusi Maria Luisa, Morrison Andrea.Innovation and the Geographical and Organizational Dimensions of Outsourcing: Evidence from Italian Firm-level Data [J]. Structural Change and Economic Dynamics. 2009 (2): 1-13.

[157] Dilling, Hansen, M., Eriksson, T.and Madsen, E.S..The Impact of R&D on Productivity: Evidence from Danish Firm Level Data [J]. International Advances in Economic Research, 2000 (2): 124-135.

[158] Egger H., Egger P.Outsourcing and skill-specific employment in a small economy: Austria after the fall of the Iron Curtain [J]. Oxford Economic Papers, 2003, 55 (4): 625-643.

[159] Egger, H.and Egger P.Labor Market Effects of Outsourcing Under industrial Interdependence [J]. International Review of Economics & Finance, 2005, (14): 349-363.

[160] Fare, R., Grosskopf, S., Lovell, C. A. K. Production Frontiers [M]. Cambridge : Cambridge University Press, 1994.

[161] Fare, R., Grosskopf, S., Norris, M.Productivity Growth, Technical Progress, and Efficiency Change in Industrialized Countries: Reply [J]. American Economic Review, 1997 (87): 1040-1043.

[162] Foster, Lucia, Haltiwanger, John, and Syverson, Chad. Reallocation, Firm Turnover, and Efficiency: Selection on Productivity or Profitability? [J]. American Economic Review , 2008, 98 (3): 394-425.

[163] Freeman Chris, Luc Soete.The Economics of Industrial Innovation [M]. MIT Press, 1997.

[164] Gayle P.G.Market Concentration and Innovation: New Empirical Evidence on the Schumpeterian Hypothesis [W]. Center for Economic Analysis, University of Colorado, 2001: 1-14.

[165] Goto, Endo.Upgrading, Relocating, Informalizing? Local Strategies in the Era of Globalization: The Thai Garment Industry [J]. Journal of Contemporary Asia, 2014, 44 (1): 1-18.

[167] Griliches, Z., Mairesse, J.R&D and Productivity Growth: Comparing Japanese and U.S.Manufacturing Firms [A]. in Charles H. (ed), Productivity Growth in Japan and the United States, Chicago: University of Chicago Press, 1990.

[168] Hall, B.H., Mairesse, J.Exploring the Relationship between R&D and Productivity in French Manufacturing Firms [J]. Journal of Econometrics, 1995 (65): 263-293.

[169] Hansen B.E.Inference when a nuisance parameter is not identified under the null hypothesis [J]. Econometrica, 1996, 64 (2): 413-430.

[170] Hansen B.E.Threshold effects in non-dynamic panels: estimation, testing and inference [J]. Journal of Econometrics , 1999, 93 (2): 345-368.

[171] Hsieh, Chang - Tai, Peter J. Klenow. Misallocation and Manufacturing TFP in China and India [J]. Quarterly Journal of Economics, 2009, 124 (4): 1403-1448.

[172] Hu, Albert, G.Z.Ownership, Government R&D, Private R&D, and Productivity in Chinese Industry [J]. Journal of Comparative Economics, 2001 (1): 136-157.

[173] Hu, Albert, G. Z., Jefferson, G. H., Qian Jinchang. R&D and Technology Transfer: Firm-Level Evidence from Chinese Industry [J]. Review of Economics and Statistics, 2005 (4): 780-786.

[174] Huang, Haizhou, Xu Chenggang. Soft Budget Constraint and the Optimal Choices of Research and Development Projects Financing [J]. Journal of Comparative Economics, 1998 (1): 62-79.

[175] Jefferson, Gary H., Bai Huamao, Guan Xiaojing, Yu Xiaoyun. R&D Performance in Chinese Industry [J]. Economics of Innovation and New Technology, 2006, 15 (4): 2-13.

[176] John Beath, Yannis Katsoulacos and David Ulph.Strategic R&D and Innovation, John Cable: Current Issues in Industrial Economics [M]. The Macmillan Press, 1994.

[177] Klette Tor Jakob, Griliches Zvi.Empirical Patterns of Firm Growth and R&D Investment: A Quality Ladder Model Interpretation [J]. Economic Journal, 2000 (4): 363-387.

[178] Koeller, C.T.Innovation, Market Structure and Firm Size: A Simultaneous Equations Model [J]. Managerial and Decision Economics, 1995 (3): 259-269.

[179] Lee Chang-Yang. A New Perspective on Industry R&D and Market Structure [J]. Journal of Industrial Economics, 2005 (1): 101-122.

[180] Li Jie, Larry D.Qiu, Sun Qun yan.Interegional Protection: Impications of Fiscal De-centralization and Trade Liberalization [J]. China Econoc Review, 2003, (14): 227-245.

[181] Li Y., Zahra S. A. Formal Institutions, Culture, and Venture Capital Activity: A Cross - country Analysis [J]. Journal of Business Venturing, 2012, 27 (1): 95-111.

[182] Lim D.S.K., Morse E.A., Mitchell R.K.Institutional Environment and Entrepreneurial Cognitions: A Comparative Business Systems Perspective [J]. Entrepreneurship Theory and Practice, 2010, 34 (3): 491-516.

[183] Lin C., Lin P., Song F.Property Rights Protection and Corporate R&D: Evidence from China [J]. Journal of Development Economics, 2010, 93 (1): 49-62.

[184] Magee, S.P.Factor Market Distortions, Production, Distribution, and the Pure Theory of International Trade [J]. The Quarterly Journal of Economics, 1971, 85 (4): 623-643

[185] Magee, Stephen P. Factor Market Distortions, Production, and Trade: A Survey.Oxford Economic Papers 1973, 25 (1): 1-43.

[186] Mairesse, J., Hall, B.Estimating the Productivity of Research and Development in French and US Manufacturing Firms: An Exploration of Simultaneity Issues with GMM Methods [A]. in Wagner K.and Van Ark, B. (eds.), International Productivity Difference and their Explanations, Elsevier Science, 1996: 285-315.

[187] Mansfield, E.Industrial R&D in Japan and the United States: A Comparative Study [J]. American Economic Review, 1988 (2) 135-158.

[188] Pedroni, P.Purchasing Power Parity Tests in Co-integrated Panels [J]. Review of Economics and Statistics, 2001, 83: 723- 741.

[189] Pedroni, P. Panel Cointegration: Asymptotic and Finite Sample Properties of Pooled Time Series Tests with an Application to the PPP Hypothesis [J]. Econometric Theory, 2004, 20: 597- 625.

[190] Qian Yingyi, Xu Chenggang.Innovation and Bureaucracy Under Soft

and Hard Budget Constraints ［J］. Review of Economic Studies, 1998 (1): 151-164.

［191］Roodman D.How to do xtabond2: an introduction to difference and system GMM in stata ［J］. The stata Journal, 2009, 9 (1): 86-136.

［192］Skoorka, B.M.Measuring Market Distortion: International Comparisons, Policy and Competitiveness ［J］. Applied Economics, 2000, 32 (3): 253-264.

［193］Sobel R.S.Testing Baumol: Institutional Quality and the Productivity of Entrepreneurship ［J］. Journal of Business Venturing, 2008, 23 (6): 641-655.

［194］Tonoyan V., Strohmeyer R., Habib M, Perlitz M.Corruption and Entrepreneurship: How Formal and Informal Institutions Shape Small Firm Behavior in Transition and Mature Market Economies ［J］. Entrepreneurship Theory and Practice, 2010, 34 (5): 803-831.

［195］Westerlund, J.A Pane CUSUM Test of the Null of Co-integration ［J］. Oxford Bulletin of Economics and Statistics, 2005, 67: 231-260.

［196］Windmeijer F.A finite sample correction for the variance of linear efficient two-step GMM estimator ［J］. Journal of Econometrics, 2005, 126 (1): 25-51.

［197］Young, A.The razor's Edge: Distortions and Incremental Reform in The People's Republic of China ［J］. Quarterly Journal of Economics, 2000, 115 (4): 1091-1135.

［198］Zhang, Anming, Zhang, Yimin, Zhao, Ronald. A Study of the R&D Efficiency and Productivity of Chinese Firms ［J］. Journal of Comparative Economics, 2003, 31 (3): 444-464.